大数据在刑事侦查中的应用研究

李建利　李宇尘　著

吉林大学出版社

图书在版编目(CIP)数据

大数据在刑事侦查中的应用研究/李建利,李宇尘
著.——长春:吉林大学出版社,2017.3
ISBN 978 - 7 - 5677 - 9248 - 7

Ⅰ.①大… Ⅱ.①李… ②李… Ⅲ.①数据处理 - 应
用 - 刑事侦查 - 研究 Ⅳ.①D918 - 39

中国版本图书馆 CIP 数据核字(2017)第 067766 号

书 名 大数据在刑事侦查中的应用研究
DASHUJU ZAI XINGSHI ZHENCHA ZHONG DE YINGYONG YANJIU

作 者 李建利 李宇尘 著
策划编辑 刘 佳
责任编辑 陈颂琴
责任校对 云 宇
装帧设计 卷墨堂
出版发行 吉林大学出版社
社 址 长春市朝阳区明德路 501 号
邮政编码 130021
发行电话 0431 - 89580028/29/21
网 址 http://www.jlup.com.cn
电子邮箱 jlup@ mail.jlu.edu.cn
印 刷 北京市媛明印刷厂
开 本 787 mm × 1 092 mm 1/16
印 张 10.5
字 数 250 千字
版 次 2017 年 7 月第 1 版
印 次 2017 年 7 月第 1 次
书 号 ISBN 978 - 7 - 5677 - 9248 - 7
定 价 40.00 元

前　言

　　大数据是指海量且类型复杂的数据,具有种类多、流量大、容量大、价值高的特点。大数据被称为信息化时代的"石油"。未来国家的核心竞争力将在很大程度上依赖数据转化为信息和知识的速度与能力,而这种转化的速度和能力,实际上取决于数据方面的技术和管理应用到公安刑事侦查决策方面文化的形成。

　　大数据时代的来临,对公安刑事侦查的管理和发展提出了新的挑战。当下,犯罪呈现出更加严峻和复杂的态势。首先是犯罪总量大,犯罪率逐年上升。据统计,仅 2012 年公安机关刑事案件立案的案件数为 6 551 440 起,检察机关批捕、决定逮捕犯罪嫌疑人的案件数为 680 539,人数为 986 056。近二十多年来,中国犯罪率呈逐年上升趋势,刑事案件立案数平均每年增长 22% 以上,超过了全国 GDP 的增长。其次是犯罪智能化。犯罪是一种社会存在,科学的发展渗透到犯罪的方方面面,提升了其能力和危害程度。这表现为两个方面:一是运用科学思维实施的犯罪,主要表现为犯罪思维严密,犯罪前经过周密部署和策划,犯罪过程渗透着科学思维和谋略。二是利用科学技术实施的犯罪,突出表现为数字化犯罪。以利用网络犯罪为例,2012 年,全国公安机关累计破获涉网违法犯罪案件 11.8 万余起,抓获犯罪嫌疑人 21.6 万余人。据赛门铁克公司 2012 年 9 月发布的诺顿安全报告估算,2011年 7 月至 2012 年 7 月,中国有超过 2.57 亿人成为网络违法犯罪的受害者。网络违法犯罪所造成的直接经济损失达 2 890 亿元人民币,受害者人均蒙受的直接经济损失约 1 200 元人民币。再次,犯罪时空的复杂性。现代科技的发展,使得犯罪时间非线性,犯罪空间缺席性,时空组合的多维、多样化和任意性。最后,案件因果联系复杂。相对于传统的静态、单一社会来说,现代社会是一个动态、复杂社会。在动态、复杂社会中,因果联系具有非线性、偶合性、多因性、断裂性,犯罪的因果联系往往难以确定。但是现代社会几乎被数据化了,一旦你与现代社会系统进行交换,就很有可能被数据捕捉和记录。因此,在大数据时代,不要说数字化犯罪,即使传统手段的犯罪,都可以说落入了一种"天网恢恢,疏而不漏"的网络记录和存储体系,数据化就是当下犯罪的现实生态。

　　本书追溯了公安刑事侦查理论基础,阐释了大数据在刑事侦查应用的前景,解析了大数据时代和刑事侦查紧密结合的方法和方案,深刻剖析了典型案例,有针对性地提出了大数据在刑事侦查发展中的展望,希望对我国公安刑事侦查在大数据应用上提供具有借鉴价值的意见和建议。

　　在本书的写作过程中,得到了太原科技大学电子信息工程学院赵志诚教授的细心指导,在此一并表示感谢,敬请读者批评指正。

作者:山西警察学院 李建利

2016 年 12 月 15 日

目　录

第一章 引 言

1.1 研究背景及意义

詹姆斯·邦德在失败数次后,终于攻入到敌人大本营,却惊讶地发现自己的生活起居、政府特工总部的密室等全都置于敌人的监控之中……

这是电影《007幽灵党》中的一个镜头,电影中的"幽灵党"利用大数据技术,实时监控着特工组织的一举一动。电影中的情节看上去似乎离现实生活很远,但在现实生活中,绝大多数人都或多或少接触过大数据技术,如"猜你喜欢"、定位导航、实时路况、自动驾驶等。随着大数据的快速发展,如何保护安全隐私,也成为人们日益关注的话题。

"安全隐私问题,几乎成为现在阻碍大数据发展的唯一制约因素。"2016年12月8日,在中国大数据技术大会(BDTC)上,主办方中国计算机学会(CCF)的大数据专家委员会副秘书长潘柱廷指出,在如今的弱人工智能时代,大数据的应用与发展依旧缺乏法律的规范。

据了解,我国已经将大数据技术运用到刑侦领域。"大数据的重要作用就在于犯罪预测,通过对潜在的可能引发犯罪风险的因素进行采集和分析,来预测潜在的犯罪行为,预测潜在的违法者行为,并预测潜在的犯罪被害人。"北京航空航天大学副教授裴炜称,我国有些公安系统已经开始采用这项技术,比如,苏州公安犯罪预测系统,主要针对一些盗窃案件的实时警情监测,监督潜在的犯罪分子。

随着大数据技术的不断发展,犯罪预测技术必将不断完善,如今的弱人工智能化必然会向未来理想的人工智能化推进,未来,强人工智能有可能制造出真正能推理和解决问题的智能机器,它有自己的直觉和自我意识,通过数据的收集和自主分析便能得到相应的推理结果。我国刑事诉讼法第十二条规定,未经人民法院依法判决,对任何人都不得确定有罪。届时,这项预测技术与传统原则或将产生冲突。

同时,也许将出现这样的局面:当某个人被列为潜在的犯罪分子或潜在的犯罪被害人,其相关权利的保护、监控约束的尺度以及在现有司法程序上犯罪预测技术的介入先后,都将成为大数据技术在司法活动中发展的法律挑战。

"随着大数据技术的发展,未来案件审理的数据采集也会广泛运用大数据技术,这也许会导致控辩双方的地位更加悬殊。"裴炜说道。

裴炜指出,政府和司法机关相对于辩方,在数据收集的能力上是不一样的。政府和司法机关有权介入一系列相关数据库,而现有的程序法显然没有给予辩方相应的权利,所以辩方显然不具备政府与司法机关的数据收集能力。

早在2014年7月,苹果手机违法收集用户定位信息就被央视曝出。报道指出,苹果手机升级到7.1.1版本后就会有常去地点的功能,该功能详细记录了用户的行动轨迹、常去地点和滞留时长等信息,这些信息经过专家的简单分析,便能猜测出用户的生活习惯甚至职业。

中国信息通信研究院互联网法律研究中心主任李海英指出,在如今的大数据时代初期,由于政策与法规不健全,数据收集的权属也缺乏明确的法律定义,以致数据的收集呈现出无时无刻、无处不在的局面:电脑上的网页浏览、邮件收发、聊天记录和搜索关键词,以及手机的位置信息、通话信息、收发短信、APP下载信息等诸多环节,都不知不觉地收集着用户的信息。

李海英认为,这些信息收集渠道没有标准化规定和法律的支持,只会进一步加大数据信息的滥用。

此前,阿里巴巴董事局主席马云在世界互联网大会开幕式上曾指出:"未来,数据是生产资料,计算是生产力。"

"既然数据信息被视为生产资料,那么一定具有资产性或财富性。"李海英说道。

"对大数据或者任何一种数据来说,我们把它放入机器的一刹那,就意味着终究有一天会把这个数据从机器当中取出来。"裴炜认为,数据的采集目的无疑是为了应用,如果在数据采集时没有进行方法和标准的规定,就会导致数据的滥用,届时便会威胁到与该数据相关的领域,如金融、交通、医疗、司法甚至国家安全。因此,数据收集需要方法和标准的规定,同时,数据应用也需要标准化和相应的法律规程。

国家保密科技测评中心副主任谭辉也表示:"总体上看,我们国家面向信息化大数据的政策法规还是缺位的。"他认为,由于政策与法规的缺失、数据收集权缺乏界定,致使一些商家借此误用现有法规,为了利益故意绕开、避开法律规范,由此出现了"系统和数据裸奔"的现象。

而大数据如今已经成为国家的战略资源,同时也是国家之间竞争的焦点,如果不对这些数据信息的采集进行规范,甚至使其成为开源数据源,那么这种情况势必会威胁到信息安全。

"例如,现下常见的地图应用,方便了人们的出行,但同时这些地图应用在很大程度上也暴露了我国的地理信息。"谭辉说。

谭辉建议,应当将数据从源头分类定密,以我国现有保密法规为标准,在数据被收集时,将各类信息采取分类、分级、分层的方式进行管理,使得泄密行为有据追查,有责任可追。

1.1.1 "大数据"引领智慧刑侦

1. 内蒙古赤峰市敖汉旗公安局案例

2013年12月16日,内蒙古赤峰市敖汉旗公安局图侦中队民警正在审看视频监控资料。随着视频监控设备日益广泛应用,今年敖汉旗公安局正式组建了图像侦查中队,运用云检索、大数据、智能图像识别等新技术,深入开展视频巡查、图侦作战。截至目前,图侦中队已破获各类刑事案件53起,抓获犯罪嫌疑人21人,打掉犯罪团伙4个,成为维护社会稳定、提升群众安全感的一支重要力量。

2. 平湖的成功案例

2015年4月份,平湖新埭辖区实现连续十五天刑事警情零,出现这个数据绝不是偶然。2015年以来,整个平湖境内刑事警情只有个位数日子越来越多,人民群众的安全感满意度也是持续保持高位,这在几年前是难以想象的。

出现如此良好的局面虽然原因是多方面的,但其中一点,运用"大数据"进行预警分析,进而合理地安排警力压降刑事功不可没。

2015 年以来,平湖公安以大数据为支撑,投入使用可视化智慧平台系统,每个派出所的综合指挥室每天、每周、每月都会根据辖区的警情的发生时间、地点自动生成图表进行分析研判,然后发布预警,合理安排警力对案件进行防控。每天晚上 7 点半的每日点评会商,各派出所又会将当天的有关情况向局里汇报。随后,再局层面,再根据当天各派出所的警情情况进行分析研判,然后布置警力。通过以大数据为支撑,构建了一个立体化的防控体系。

2015 年 8 月初,在独山港镇区域内连续发生多起盗窃农宅的案件,平湖公安在抓紧破案的同时,迅速启动预警系统,晚上增加乡村巡逻的警力,并加强视频侦查的力度,一发现可疑车辆,立即指令附近巡逻力量进行拦截排查。

后根据数据分析,办案人员发现了嫌疑人的活动轨迹的规律,并增派警力在相应的区域内进行蹲守。2015 年 9 月 3 日,在沉寂了半个多月后,嫌疑人带着工具准备再次作案,被守候的民警逮了个正着。此后,独山港区域内再无发生类似的案件。

平湖作为一个经济较为发达的县级市,外来人口约 40%,复杂多变的社会治安形势,对依赖"人海战术"的传统警务模式提出了巨大的挑战。

平湖市在警务智能化建设再次"提档升级",展现出了"大数据"实战运用的巨大威力,也对大力推进公安体系和能力现代化具有重大示范意义。

2013 年,在"大数据"引领之下,平湖公安组建了合成作战中心,通过两年来的不断磨合和创新,合成作战产生了巨大的威力。

五年以前,凡是遇上通信(网络)诈骗案件,办案人员总是束手无策。然而,自合成作战中心成立之后,平湖公安运用"大数据"引领破案,实现了打击通信网络诈骗破案零的突破。经过两年的磨合,如今平湖刑侦在打击通讯(网络)诈骗案件方面是越打越顺手。

"打击通讯(网络)诈骗案件,对合成作战的能力要求非常高,是检验合成作战运用能力的磨刀石。通过这两年的发展壮大,如今我们合成作战中心的作战能力已经有了质的飞跃。只要在案件前期查到犯罪嫌疑人的相关线索,通过相应的合成作战,破案率可达 90% 以上。"

"我们现在对这类案件的打击已经越来越顺畅了,只要前期能查到犯罪嫌疑人的一些线索,基本上都能将犯罪嫌疑人带回。"刑侦大队副大队长徐挺烽自豪地说道。

2015 年 7 月 10 日中午,犯罪嫌疑人假冒消防大队长的名义想让在平湖做生意的老李代购一批帐篷,在高昂回报的诱惑下,老李轻信了对方,被骗了 20 万元。

接到报案后,平湖刑侦迅速启动破案程序,对此案展开侦查,通过嫌疑人的电话号码、资金流向为线索,运用"大数据"进行分析研判,最终锁定了嫌疑人的落脚点——河南驻马店。随后,刑侦部门派出网警、刑侦、经侦等警力做进一步侦查,最终成功抓获了三名犯罪嫌疑人,并成功追回了老李被骗的 20 万元。

2014 年 1 月,苏、浙、沪 15 市(区、县)第 61 次警务合作会议在平湖召开,平湖作为会议的主办方首次在会议上提出了"共享资源、共担风险"建立一个信息共享平台,并交换了大量的信息资源,这为区域协作破案带来了极大的方便。

平湖位于长三角经济圈的中心地带,区位交通越来越便利,在为百姓出行提供便捷的同时,也为犯罪分子流串作案提供了方便。但由于行政区域的不同,跨市、跨省的案件在侦查办案时往往会遇到很多的障碍,尤其是在信息资源共享这一方面尤为突出。

在这一背景之下,平湖公安顺应"大数据"发展的趋势,提出了这一方法,得到了与会各市(县、区)兄弟单位的大力支持,首次数据交换,其中的数据就有数十亿条。

有了大量的基础数据作为支撑,让数据引路,让数据说话,源源不断地为刑侦破案提供支持。

"几年以前我们破案,还基本要靠走访、询问,这样的传统方式费时又费力,但这几年随着视频监控网络的建成,DNA实验室投入使用,各种新型的职能平台层出不穷,大大提高了刑侦破案的效率。"

近年来,发生在平湖的"两枪案件"破案率几乎达到了100%,破案最快的一起案件,只用了10分钟就把犯罪嫌疑人拦截抓获了。如此高效的刑侦破案能力,"大数据"的运用功不可没。

刑事警情数连续三年下降的基础上实现再下降,打击破案数却连年上升,如此骄人的战绩背后的刑侦民警却有没有一味地埋头苦干,通过积极顺应大数据时代的发展需要,充分发挥隐藏在数据中的强大能量,向科技要警力,向科技要成效,不断优化内部配置,平湖刑侦的战斗力迈上了一个新台阶。

3. 西安"80后"刑警用"大数据"破案

西安市公安局刑侦局,26岁的刑警王悦,目不转睛地盯着眼前的电脑屏幕。

这是他每天最主要的工作,行话是"刑侦信息研判",通俗点讲,是从浩如烟海的犯罪信息中,寻找不同案件的关系,串并案,获取破案线索。

近日,王悦作为西北五省唯一入围决赛的选手,参加了全国公安全警种科技比武大赛,从800名精英中突围,获得了全国公安科技比武冠军,赢得了公安"科技之星"称号,这是公安部对西安公安科技人才储备和技术进步的高度赞誉。

"压力大,难度大,很紧张。"这个面容清秀,略带腼腆的民警告诉记者,决赛时,是两道主观性试题,题目的背景分别是一个全国跨区域团伙系列案件以及一个公安部正在督办的案件。

参赛选手要在一个小时内,通过电脑、人脑的高度结合,分析案件,找出真凶,同时逻辑和理由需要一一印证。

"两道考题的关键是,如何结合实际破案经验和大数据科技,在仅有的线索中抽丝剥茧,最终形成完整线索链条。"

他举了个例子,在西安市公安局全息作战平台上,集合了刑侦、治安、交管、禁毒、经侦等多警种优势,并整合了全国公安数据库以及陕西西安公安网络平台等27个平台的信息资源。

作为研判组成员,王悦每天要对西安市现发的3大类18种案件进行关注,利用海量数据进行分析、比对、串并,获取案件线索,最终将上述线索形成指令要求一线侦查单位开展打击破案工作。

在这样的一个用大数据信息指导实战破案的过程中,一整套规范信息流转、加工、研判、预警流程成为王悦的"武林秘籍"。短短的3年,王悦仅仅坐在办公室的电脑前,就破获了121起案件、抓获97名犯罪嫌疑人。

西安市公安局刑侦局三处副处长马志云将此概括为"一次建制性改革","以信息研判为主导的侦查顶层设计,已在近几年指导实战初见成效。"

4. 东莞清溪警方大数据提升刑侦工作效能

2014年底，公安部召开全国刑侦工作会议，要求全面实行"科学指挥、合成作战、科技支撑、情报导侦"的打击犯罪新机制，真正实现对刑事犯罪活动的精确打击、深度打击。

借着"深化公安改革"的东风，广东省公安厅部署深化全省刑侦工作改革，要求公安刑侦部门用3～5年时间，在全省初步构建起以打击犯罪新机制为中心，以合成作战的"大侦查"布局为依托的刑侦工作新格局，实现全省侦查破案综合实力明显增强、刑事打击效能明显提升。

2015年初开始，为进一步提升刑侦工作效能，增强打击违法犯罪工作力度，大力推动"3＋2"专项打击整治行动的开展，东莞清溪警方提前谋划，主动实施刑侦工作改革，取得了良好成效，发案量大幅下降。"2016年以来，我们大力推动'刑侦改革'，做大做强情报中队，以大数据为指引，实现了对犯罪的打击数量与打击质量并重。"清溪公安分局局长黄淦洪说。

东莞清溪镇，毗邻中国港澳地区，与深圳市、惠州市接壤，被誉为"珠三角的香格里拉"。3月是清溪禾雀花开放的季节，每年来此赏花的人络绎不绝，近些年已经突破数百万人次，对人流的疏导、对治安的控制，都给清溪警方带来巨大的压力。

2015年3月3日，清溪市民钟某在赏花时，其停放在清溪镇大王山森林公园停车场的一辆佳美小汽车被人用解码器盗走车内存放的11 600元人民币。由于珠三角大量的游客进入清溪赏花，"若此案不破，该类案件极有可能再发生。"警方表示。

清溪公安分局副局长张景传介绍，2014年初，清溪公安分局指挥中心将视频应用岗完全从110接警员中脱离出来，挑选了视频工作经验丰富的人员成立专门的视频应用岗，同时，将视频监控系统与情报系统、指挥调度系统关联对接，实现在一个平台上研判指挥，一个屏幕上联动展示。

2015年以来，通过改革，清溪公安分局更进一步着力构建以信息科技为支撑的刑侦工作模式，推进信息导侦工作，进一步提升侦查破案水平。

"我们在原来的指挥中心视频应用岗、刑警中队情报组的基础上，抽调专业人员，组建刑侦大队情报中队，最大限度地发挥情报信息应用效益，使情报信息研判成果在指导侦查破案、控制发案、安全防范工作中发挥更大作用。"张景传说，"情报中队相当于我们刑侦大队的'中枢大脑'。"

据了解，情报中队坚持每日召开刑事情报工作例会制度，研究和分析每周全镇刑事案件发案情况，从而科学、及时、全面地掌握犯罪动态和发案走势，分析串并辖区内发生的各类刑事案件，提出打防控措施并共同提出分析串并意见。

上述案件发生后，情报中队民警立即联合刑侦大队、派出所等开展了案件分析研判，发现该案与2015年2月2日发生在清溪森林公园黄茅田停车场的一起盗窃车内财物案在作案方式上极为相似。"我们一方面通过视频与治安防控相结合，加强了清溪森林公园和大王山森林公园的巡逻防控，一方面通过治安视频卡口与便衣伏击相结合，加强打击现行力度，终于在13天后成功破获该案。"清溪公安分局刑侦大队负责人吴杰伟说。

该案破获后，赏花期间，清溪再无发生过车内财物被盗案件。2016年1—10月，清溪公安分局通过串并案破案32起，同比去年上升183%。

如果说情报中队是清溪刑警的"大脑"，那么，刑事技术中队就是清溪刑警的"心脏"。黄淦洪表示，清溪公安充分认识到队伍保障对于推进刑侦改革、落实"一长四必"（即县、市、区公安局长对刑事案件现场勘查工作负总责,现场勘验工作要做到"必勘、必采、必录、必比")建设的重要作用,积极向清溪镇委、镇政府汇报公安开展刑侦改革、"一长四必"现场勘查新机制建设及创建一级技术室等工作情况。为推进相关工作,镇委镇政府召开联席会议,决定拨出200多万元用于支持公安分局刑侦场所改建和技术装备升级。

此外,清溪警方先期通过调研、统筹有关刑事人才,做好人才库建档,组建和完善专业刑事勘查队伍,同时,按照"一长四必"新机制的要求,由刑侦大队牵头,组织轮训派出所等的刑事勘查力量的现场勘查技能,培育出了一批侦查、破案的"多面手",全面提升刑事勘查队伍整体的专业技能。

在提升刑事技术力量的同时,清溪警方通过健全案件协作机制,加强了各个中队间的沟通协作,深入梳理串并案信息和线索,不断加强串并案工作。"我们尤其加强了对系列性、流窜性侵财型案件的分析研判以及新类型案件的作案手法,分析研究发案规律、作案手段和犯罪特征,强化串并侦查。"吴杰伟说。

这样做的目的,是为了提高"从案到人"的多元化打击模式,提升侦查、打击效能。据介绍,清溪警方依托公安情报信息综合应用平台、刑侦网上作战平台、视频监控系统,联合刑事技术、刑事侦查等部门,对每天发生的案件进行分析研判,积极开展情报信息采集、信息研判、串并案件、情报导侦等"网上作战"各项工作,实现刑侦部门与情报系统的有效对接,为侦查破案提供有价值的线索。

如2015年以来,为摸清清溪镇内生产、销售有毒有害食品犯罪的情况,刑侦大队民警全方位、多渠道排查辖区内食品违法犯罪活动的线索。2015年10月20日上午,警方成功打掉位于清溪镇银湖市场的一家肠粉店,抓获涉嫌销售有毒有害食品的犯罪嫌疑人欧某(男,47岁,河源人),并现场查扣有毒有害添加剂硼砂一罐。

2015年以来,清溪警方通过DNA、指纹比对,对200余名犯罪嫌疑人逐一进行情报筛查核实、串并、比对、研判。截至10月26日,清溪公安分局通过指纹、DNA比中到案26人,直接破获刑事案件119起,同比去年上升295%。

通过视频侦查,已经成为警方破案的一个重要手段。2016年以来,清溪警方已经完成了近300个高清视频监控点及高清治安卡口的全部建设任务。此外,2016年以来,东莞警方开通了涉案视频库系统,它会将东莞35个公安分局指挥中心视频研判员每天查看视频时发现的作案视频,标记上时间、地点、作案人员等信息,全部下载永久保存到服务器中,实现视频信息标准采集入库、串并案侦查和深度研判应用,为破大案管小案服务。

但由于涉案视频库功能尚未完善,以及操作人员理解能力的不同,清溪警方在实际录入工作中遇到了大量的疑难问题。吴杰伟介绍,为保障涉案视频库正常运行,清溪警方通过开展培训指导,基层民警、视频侦查员的平台操作水平得到了不同程度的提高。

"这是一个非常有用的系统,在一宗案件发生后,警方可以调取案件发生前后的视频监控,对案件的情况进行分析,同时这些视频会被存储下来,直到案件破获,可以在警方抓获犯罪嫌疑人后作为证据使用。"吴杰伟介绍。

在建设高清视频监控的同时,清溪警方亦将辖区每个村、各个网吧、酒店、学校等重点地方的视频监控都纳入到警方的视频监控网中。同时,通过对辅警、治安员的培训,警方建立了一支"以分局监控中心为中心,各社区村监控室为子单位"的专职视频侦查队伍。

2015年6月12日零时许,清溪镇三中村某网吧发生一起抢劫案。被害人罗某与其朋友胡某在某网吧内上网时,发现两名陌生男子想偷走其手机。两名陌生男子见扒窃的行为败露,遂将扒窃得来的手机交还给罗某后准备离开。胡某阻止两名男子离开时,被其中一名男子拿出随身携带的刀具刺伤。

案发后,清溪警方立即成立专案组,全力跟进侦破案件。专案组通过对网吧视频跟踪调查,发现该两名陌生男子涉嫌与发生在清溪镇内的多起网吧扒窃案有关。专案组通过案件串并研判,摸查出该两名陌生男子的真实身份分别为韦某(男,22 岁)、潘某(男,22 岁,均为广西人),并掌握到该两名男子的活动轨迹。2015 年 7 月 21 日,专案组了解到韦某两人正在厚街镇活动,马上组织警力采取抓捕行动。经过专案组周密部署,警方在厚街镇一出租屋内一举将韦某两人抓捕归案。

综上所述,大数据将使犯罪侦查模式发生根本性变革。大数据驱动的侦查模式是时代的必然选择,这不仅在于复杂的犯罪态势及其数据化生态,更在于大数据技术使得这种选择成为现实。在大数据时代,侦查要确立在线开放的理念、数据主导侦查理念、相关性理念、线上破案与线下证明相结合的理念。大数据驱动的侦查是一体性侦查、全景侦查、预测侦查和算法侦查。其机制主要有犯罪监控机制、犯罪侦破机制、犯罪预测机制。

1.1.2　复杂的犯罪态势与大数据时代犯罪的数据化生态

当下,犯罪呈现出更加严峻和复杂的态势。首先是犯罪总量大,犯罪率逐年上升。据统计,仅 2012 年公安机关刑事案件立案的案件数为 6 551 440 起,检察机关批捕、决定逮捕犯罪嫌疑人的案件数为 680 539 起,人数为 986 056 人。近二十多年来,中国犯罪率呈逐年上升趋势,刑事案件立案数平均每年增长 22%以上,超过了全国 GDP 的增长。其次是犯罪智能化。犯罪是一种社会存在,科学的发展渗透到犯罪的方方面面,提升了其能力和危害程度。这表现为两个方面:一是运用科学思维实施的犯罪,主要表现为犯罪思维严密,犯罪前经过周密部署和策划,犯罪过程渗透着科学思维和谋略。二是利用科学技术实施的犯罪,突出表现为数字化犯罪。以利用网络犯罪为例,2012 年全国公安机关累计破获涉网违法犯罪案件 11.8 万余起,抓获犯罪嫌疑人 21.6 万余人。据赛门铁克公司 2012 年 9 月发布的诺顿安全报告估算,2011 年 7 月至 2012 年 7 月,中国有超过 2.57 亿人成为网络违法犯罪的受害者。网络违法犯罪所造成的直接经济损失达 2 890 亿元人民币,受害者人均蒙受的直接经济损失约 1 200 元人民币。第三,犯罪时空的复杂性。现代科技的发展,使得犯罪时间非线性,犯罪空间缺席性,时空组合的多维、多样化和任意性。第四,案件因果联系复杂。相对于传统的静态、单一社会来说,现代社会是一个动态、复杂社会。在动态、复杂社会中,因果联系具有非线性、偶合性、多因性、断裂性,犯罪的因果联系往往难以确定。

随着计算机及网络技术的发展,使得当下社会已经进入了大数据时代。大数据时代首先是数据记录时代。在数据记录时代,数据记录成为默认模式,人类社会处在被无所不在各种各样传感器和微处理器构成"万维触角"的数据网络记录之下,手机、网络、监控探头、射频技术等等无所不在地记录着我们的行为乃至我们的思想。早上出门,电梯的摄像头记录着我们的出行时间;开车上班,道路的摄像头记录着我们的位置和车速;工作期间,网页记录着我们的浏览习惯和搜索记录,电话记录着我们的联网对象和通话时长;下班回家,购物记录界定着我们的职业身份、家庭背景甚至性格特征,电视机顶盒记录着我们的收视习惯和价值品位,"在数字世界里,我们都会留下电子'脚印'或电子'指纹'。""我们正处于一种不断变化却日趋紧密的被监视状态中。事实上,现在我们的一举一动都能在某个数据库中找到线索。"

狡猾的犯罪者能有例外而成为"数据隐士"吗？要成为"数据隐士"，意味着你要完全脱离现代社会系统，不仅不能使用数字化产品，还要完全意义上不食"人间烟火"。因为现代社会几乎被数据化了，一旦你与现代社会系统进行交换，就很有可能被数据捕捉和记录。然而，这并不是说犯罪者的具体犯罪的任何要素或片段如犯罪时间、犯罪空间、犯罪行为、犯罪工具等等都会直接且完整无缺被数据记录和储存；而是说犯罪者隐藏的犯罪信息总是被相关的海量数据从不同的侧面记录着，即便是某些甚至是主要或关键的犯罪要素或片段缺失，也可以通过不同侧面相关海量数据联接、分析、拼接或描画出犯罪过程。因此，在大数据时代，不要说数字化犯罪，即使传统手段的犯罪，都可以说落入了一种"天网恢恢，疏而不漏"的网络记录和存储体系，数据化就是当下犯罪的现实生态。

1.1.3 大数据驱动的侦查模式是时代的必然选择

模式指经过提炼和抽象的标准样式。侦查模式反映了侦查要素的结构关系和运行逻辑。侦查模式可以按照不同的标准进行分类。学界按照侦查是否运用信息科技手段，把侦查模式分为传统的侦查模式、信息主导侦查模式。然而，如果从信息论的视角来看，传统侦查模式与信息主导侦查模式的本质区别不是是否运用信息，而是信息记录、存储、提取以及分析方式上的根本差别。按照侦查所能运用信息的记录、存储、提取以及分析方式，可以把侦查模式划分为传统侦查模式、业务信息主导的侦查模式和大数据驱动的侦查模式。学界一般将业务信息主导的侦查模式和大数据驱动的侦查模式合称为信息主导侦查模式，但两者之间不仅是发展阶段上的差异（大数据驱动的侦查模式是在业务信息主导侦查的基础上发展起来的），而且在信息类型、信息提取和研判方式上也有根本差异，最重要的是由此差异而带来侦查理念、特征和机制上的根本变革。

传统侦查模式是在信息存储、提取和分析上几乎没有什么科技含量的模式。传统社会，人类对信息的记录和存储方式主要是人的大脑和书写体系（传统社会由于信息记录的需要发展出一整套书写体系，由此而产生了许许多多按时间汇集的分门别类的书写档案库）。对于犯罪的信息记录来说，除了大脑和书写档案外，犯罪现场也以物质交换的形式记录着犯罪信息。因此，传统的侦查主要手段是调查访问（对大脑储存的信息提取）、书写档案的查询。人脑信息的存储和提取的特点是：分散在不同的人身上；信息的准确性差，受到外在环境和信息储存者自身感受能力、记忆能力等影响；信息缺乏稳定性，信息量和准确性随着时间变化而衰减；信息能否提取以及提取的质量，首先取决于能否找到储存信息的人，其次取决于侦查人员的询问技术（经验）、被询问人表达能力、情绪、配合态度等等多种因素。书写档案记录信息的优点是准确性高、稳定性强，但其有两个重大缺陷：一是提取困难。人们要找到其中一点有用信息，就得把所有的资料翻阅一遍；尽管后来建立了图书馆式的目录索引，但查找起来依然耗时费力。二是不能提供直接的犯罪信息。书写档案不可能是犯罪的实时记录，只可能是犯罪破获后一种事后登记，因此这种档案对于需要破获的犯罪来说，不能提供直接的犯罪信息。传统侦查的信息分析研判主要依靠侦查人员的经验，有经验的侦查人员往往成为是否破案的关键。总之，这种模式科技含量低、粗放型特征突出，能否破案主要取决于侦查人员的经验和投入的人力多少，不仅如此，还取决于侦查人员的运气。这对于传统静态、单一的社会及其犯罪也许能够适应，而与动态、复杂的社会及其犯罪几乎完全不匹配。

业务信息主导侦查模式是在信息技术引领下的以业务信息存储、提取和研判为基础的侦查模式。随着信息技术的发展,各种各样信息记录和存储设备被广泛使用。信息记录和存储不再完全依赖人脑和书写档案,而是电子化的记录,存储设备成为人类记录和存储信息的主要方式。这些设备代替人脑和书写档案实时记录着人类的行为,也记录了犯罪行为。所记录和存储的信息从来源和存储分布来看,形成于不同的业务经营并分布储存在不同的业务信息库中,如商家记录和存储人们的消费信息、银行记录和存储了人们的金融交易信息、医院记录病人信息等等。这些信息库缺乏整合,相互之间形成信息孤岛,信息冗余和信息孤岛成为信息存在的基本生态。就业务信息主导侦查模式来说,其主要特征是:一是侦查部门依赖于公安平台所累积的结构化的数据库主要用于人、事、物的核查、比对,实时犯罪信息仍然主要依靠人工采集。二是信息提取依然困难。不可否认,相比传统侦查模式,业务信息主导的侦查模式针对公安机关所累积结构化信息来说,确实大大提高了查询、比对效率,但是面对越来越多的被累积的不同来源、不同结构的数据,尤其是大量的半结构化和非结构化数据,既缺乏数据整合的技术和机制,也缺乏信息提取的技术手段。结构化数据是先有模型后有数据,大多具有事后登记的性质(也有少量的实时记录的数据如旅馆住宿等),很难有实时犯罪行为记录信息,其主要价值在于对人、事、物的核查;而正是不同来源的半结构化、非结构化数据中实时记录了犯罪的"蛛丝马迹"。三是信息分析、研判仍然主要依靠侦查人员的经验。业务信息系统主要用于简单的查询、比对,但是不能进行智能化的算法分析。总的来说,这种侦查模式面对当下的犯罪态势,尤其是流动性犯罪、数字化犯罪等,难有成效。

大数据驱动侦查模式是建立在大数据和云计算平台的基础上,是大数据时代的信息主导侦查模式的升级换代。在大数据时代,大数据驱动的侦查模式是一种时代的必然选择,这不仅在于复杂的犯罪态势及其数据化生态,更在于大数据技术使得这种选择成为现实。

首先,犯罪的数据化生态是大数据驱动侦查模式的现实基础。面对当下复杂的犯罪态势,人们似乎有点不知所措。犯罪的控制某种程度上是一种侦查技术对犯罪技术保持优势。然而现代性的发展使犯罪者具有更强的匿名性、流动性等,从而一度打破了公安机关曾经具有的优势,这也是如今犯罪爆发性增长的原因之一。然而犯罪作为一种社会存在,当社会成就犯罪条件时,也会给人类提供制约其的机会。犯罪的数据化生态根本改变了犯罪信息的记录和存储方式,极大地扩大了"社会记忆",大数据技术将彻底改变侦查技术与犯罪技术之间的对比关系。因此,我们必须改换传统的侦查模式,采用大数据驱动侦查模式以控制犯罪和打击犯罪。

其次,在大数据时代,侦查所面对和所能处理的数据不再是小数据,而是大数据。如今,侦查所面对和所能处理的数据具有体量大、类型多、价值密度低的特征。"池塘"和"大海"最容易发现的区别就是规模。过去侦查,即使是业务信息主导侦查阶段,所面对或所能处理的数据量相当于"池塘",而与此相对照,现代侦查所面对和能处理的数据量则是"大海"。不仅如此,现代侦查所面对的则是数据的多样性:从结构上看,不仅有结构化数据,还有大量半结构化和非结构化数据;从数据类型看,有业务数据、用户原创数据、传感器感知数据;从数据表现形式看,有文字、图片、音频、视频、链接等;从犯罪案件构成角度看,有人及其关系、行为、物、时间、空间和主观意图数据。数据的价值密度低。在巨量的数据中,有关犯罪数据混杂其间,仅仅是其中小小的"浪花",但其却弥足珍贵。以视频为例,连续不间断监控过程中,可能有用的数据仅仅有一两秒。

第三，大数据技术能从海量的数据中对犯罪信息进行提取、分析研判以及预测未来。大数据是其规模或复杂程度超出了常用技术按照合理的成本和时限捕捉、处理的数据。而以云计算为依托的大数据技术可以突破常规技术成本和时限的要求。具体来说，其一，大数据技术能适时提取和分析处理多结构多源数据，尤其是半结构和非结构化的数据，能够从海量的、杂乱无章的数据中抽取出大量的与犯罪相关的细节、点滴片断、不同侧面数据、信息，并且能把"数据联系起来、信息点连接起来、片断串联起来"，从而能将表面看来毫无意义、互不关联的数据碎片拼出一幅清晰完整的犯罪图画。而对于确定一个犯罪嫌疑人的身份来说，也许只需要四个信息点就足够了。其二，大数据以云计算为依托，能够在合理时间内进行信息提取和分析。以周克华案为例，南京警方动用上百名警力花费了数天时间对视频监控数据进行人肉搜索，而运用大数据技术也许只要几个小时就足够了。其三，大数据技术，一个最为根本的突破是能够运用海量数据进行算法分析，进行信息研判，从而帮助我们认识过去，分析原因，揭示犯罪发生的规律。最后，大数据能在分析过去中寻找有意义的模式，从而预测未来，为我们优化警力资源配置、打击犯罪提供先机。

1.1.4 大数据驱动的侦查模式的理念变革

黑格尔指出，"理念是任何一门学问的理性"，并认为理念中包含着"某种预想的东西"，具有前瞻性、导向性和设计性。侦查模式转换首先是理念转换。侦查模式中的理念就是指贯穿在侦查模式中反映了侦查规律的并具有引导、支配、决定侦查活动的观点、看法、信念。大数据驱动侦查模式不仅是一种新的工作模式，更是一种新思维、新理念。在大数据时代，侦查要确立的理念有：

1. 在线、开放的理念

大数据首先是在线数据。大数据不仅是体量大，更是实时记录社会的复杂动态数据：用户原创和各种传感器感知数据，而正是这些数据混杂了犯罪的"蛛丝马迹"。对于侦查来说，公安大平台累积的结构化数据是重要的，尤其是对人、事、物的核查具有重要价值，但是很难有实时的犯罪记录。大数据驱动的侦查就是在公安大平台累积的结构化数据的基础上，对不断变动用户原创和各种传感器感知数据进行提取、分析和处理，获取信息。因此，对于大数据驱动的侦查，我们必须坚持在线和开放的数据理念，以获得我们需要的海量数据，进而分析、处理这些数据。

2. 数据主导侦查理念

大数据时代，数据是犯罪的生态，侦查过程就是数据储存、提取和分析过程，数据贯穿于侦查的各个环节，"让数据说话"成为侦查的基本思维。数据主导侦查的理念至少包括以下三个方面的内容：首先，有关犯罪的一切现象皆可数据化。凡事皆可量化，皆可数据化。不仅与犯罪相关的有形之物如时间、空间、人的特征（生物识别特征、行为习惯等）、行为、手段、物等可以量化和数据化，那些与犯罪相关的无形之物如人的价值观念、态度、情绪等等也可以量化和数据化。其次，大数据是侦查的基础资源，是侦查的工具箱。侦查就是对数据开矿式的挖掘和分析，侦查能否成功某种程度上取决于对大数据资源的提取、分析能力；运用大数据各种分析技术，可以获得我们所需的犯罪信息。最后，在大数据时代，数据居于侦查过程的核心地位，支配着侦查的运行。犯罪现场重建、侦查决策、侦查途径的选择、侦查分析、数据摸排、侦查预测等等无不围绕数据运行。

3.相关性理念

大数据是通过量化两个数据值之间的数理关系来确定相关关系。相关关系强，是指当一个数据值增加时，另一个数据值很有可能随之增加。传统侦查，是按照因果关系和数据结构的标准来采集数据和分析数据。到大数据时代，我们能分析、运用几乎所有相关数据，收集数据不必再拘泥于因果关系和数据结构标准，而是坚持相关性标准，不仅采集结构化数据，还要采集半结构化和非结构化数据。这种相关关系虽然不能直接揭示内在的因果关系，但是对于犯罪侦查和控制来说，其展现的相关关系仍具有较强的效用价值。

相关关系能让侦查人员全方位、多角度地思考分析案情。相关关系虽然不追求精确性，但是其追求丰富性，不拒绝任何机会，尽可能去创造和利用机会。通过相关关系，才能将看起来没有联系的信息内在地联系起来，从而更为全面地认识案件情况。这也许可以帮助我们发现破案线索，理清破案思路，划定侦破范围。

相关关系可以给我们进一步确定因果关系以指引，从而确定犯罪原因和证明犯罪。相关关系的分析是分析因果关系的基础。相关关系并不必然是因果关系，但因果关系必然是高度相关关系。通过相关关系，我们可以进一步探究其中是否存在因果关系，从而证明犯罪。

相关关系的一个重要价值是可以监控犯罪情势。如上所述，当下影响犯罪的原因是纷繁复杂的，要确定犯罪发生的原因相当不容易甚至不可能。对于侦查人员来说，重要的也许不是去理清犯罪原因，而是控制犯罪。通过相关关系，确定关联物，进而可以监控犯罪情势，从而使我们有效配置警力资源，打击犯罪。

通过相关关系，可以预测犯罪。大数据的核心价值是预测。通过收集具有相关关系的数据，建立大数据模型，我们可以从微观上预测什么时间、什么地点、什么人、什么类型等等的犯罪容易发生，也可以从宏观上预测犯罪趋势，这为我们防范和打击犯罪提供了更好的机会。

线上破案与线下证明相结合的理念。大数据使得发现和确定某一犯罪嫌疑人似乎变得相当容易。但是数据只是事实的镜像，并不等于就是事实；而且大数据的算法逻辑(强调相关关系、确定的只是一种概率，甚至由于噪音等因素会出现致命的误差)与法律证明逻辑(强调因果关系和排除合理怀疑标准)存在差异，因此，犯罪侦查尚需要进一步按照法律体系的操作要求进行证明。即使我们通过大数据可以确定犯罪嫌疑人，达到了排除合理怀疑的标准，我们也必须把大数据的算法体系转化为符合法律规范要求的证明体系，把数据确定转换为法律确定。然而，线上破案和线下证明并不是割裂的，大数据能对我们证明起引导作用，帮助我们寻找证据，确定因果关系。因此，在大数据时代我们既不能抛弃相关关系，只追求因果关系，也要必须防止用相关关系代替因果关系，防止用预测来代替事实。

1.1.5 研究意义

1.为刑事案件的信息化侦查提供理论指导

以往刑事案件的侦查大多借鉴一般经验型思路开展工作，缺乏模式化方法。本书根据刑事案件的特点，借鉴一般经验型案件的侦查思想，结合公安机关办理刑事案件流程及其他相关理论，提出了适合于刑事案件侦查的数据仓库模型和建模方法，为刑事案件的侦查提供了理论基础和工作指导。

2. 发挥现有刑侦信息资源的整体合力

根据大情报体系的总体方案和要求,研究开发具有各种情报分析功能的计算机信息系统—情报综合分析平台。系统主要架构在线索型情报系统、案件信息系统、其他刑侦业务信息系统和社会系统之间,通过搭建一个平台,利用上述系统中的相关数据,实现对人、组织、事件、物品等相关静态资料和动态信息的整合,为各级刑侦机关尤其是各级情报部门的关联查询、批量比对和综合分析服务。利用数据仓库技术关联多个刑侦业务系统和社会采集信息系统的相关数据,为查询用户提供网状结构的关联查询,即通过一个数据项目或多个数据项目进行层层关联查询,提高查询工作效率。

3. 实现刑侦工作的信息化

以协同办案综合系统、指纹核查比对系统、协同侦查分析系统和情报线索系统为主,构建了刑事侦查的应用骨干系统,为刑事侦查工作提供了有力的信息支持,创建了刑事侦查的新模式。其中协同办案综合系统,通过对工作流的管理,完整、鲜活地收录了从接警到结案的刑事、治安案件信息,可以为侦查工作提供丰富的信息分析资源。侦查分析系统,实现了传统的刑事串并分析模型的软件化操作,为侦查人员提供了分析平台。情报信息搜集系统,使得刑侦人员可以根据自己对案件的理解,对海量信息进行分析研究。刑侦信息化的初步实现,改变了传统运作模式中常常出现的信息不对称现象,使得不同岗位、不同单位、不同层面的侦查员占有了相同的信息资源,为侦查人员自身的能动性提供了极大的空间,提高了破案的能力和效率。

4. 完善刑侦工作模式精准打击

改变传统的"由案到人"的侦查模式,完善为从案到案,从物到案,从人到案的侦查模式。变各自为战为多警种、多手段互助互补。通过整合,能够在不增加情报力量的前提下,提高刑侦情报的效能。将已经建设应用的指纹、足迹、DNA 等痕迹数据库和系统进行整合,建立起集网上排查、网上串并、网上控嫌、网上控赃、网上缉捕于一体的"网上作战"立体系统。可以自动或半自动网上跟踪违法犯罪嫌疑人的活动轨迹,发现违法犯罪嫌疑人的作案规律。网上作战的基本原理,就是以计算机网络为载体,以各类信息资源为实体,依托一系列信息整合分析工具软件,通过对各类有形痕迹和无形痕迹的信息数据分析,自动或半自动地在较大的空间范围与时间跨度内发现犯罪嫌疑人的踪迹,揭露和刻画犯罪嫌疑人的轨迹,特别是作案轨迹和活动动向,从而发现破案线索和锁定、快速准确缉捕犯罪嫌疑人。

1.2 研 究 现 状

"互联网+"时代下的信息每一秒都在发生变化,在办理职务犯罪案件过程中,要想在审讯中尽快突破犯罪嫌疑人,必须事先对他进行多方面的了解,更多地与"互联网信息"打交道将成为审讯工作的新着眼点。"互联网+""大数据"驱动的侦查模式已取得了初步的研究成果,据研究表明,初步可总结为:

审讯前期——既依靠"脚板",更注意"指尖"。初查时不仅要盯住人,更要充分发挥"互联网+"的作用,采取话单分析、网络流量嗅探、已删除文件恢复等技术手段,搭建"立体式"的初查路径。我们在办理市建设工程质量监督站朱某受贿案中尝试采用了"电话+短信"双料话单分析手段,通过对通话次数、时间、短信频率的分析,锁定了 10 名有可能向朱某行贿的招投标老板,为之后的侦查工作奠定了基础。现在,我们已开通全市编制人员信息查询平台,配备了"取证魔方"等侦查装备,不断深化信息情报在侦查方向、收集证据等方面的引导作用。

审讯中期——既采取"证供互动",又注重"网络再生"。"证供互动"的侦查模式,就是先通过外围取证获取足够证据突破相关人员的供述,再根据供述有效引导收集、补强全案证据,之后运用收集的证据材料进一步指导讯问、获取犯罪嫌疑人口供。同时,又要注重网络再生证据的作用。我们在办理某镇原党委书记路某受贿案中发现,路某听闻一些小道消息后,通过电话、微信、邮件等通信工具联络曾向其行贿的几名老板,在自己家里订立攻守同盟。殊不知,其在互联网上留下的蛛丝马迹,正是我们下一步侦查工作的突破口。现在,网络再生证据的搜集已经不局限于电话和短信,QQ、微信等聊天工具也成为我们重点关注的对象。

审讯后期——既捕捉"新线索",又深挖"烂树根"。通过"互联网+"指挥侦查的转型,我们在初查阶段强调对线索信息点进行整合发散,在后期注重逐个击破并向纵深推进,敏锐捕捉新的疑点和线索,扩大办案的辐射半径。我们注重提高挖掘新线索的能力,并深入分析行业、系统的工作特点和犯罪规律,深挖隐藏在个案背后的窝案串案。我们曾从市房管局一名科长入手,在其避重就轻交代问题背后,敏锐地发现其行业内部存在利益小团体现象,随后进一步深挖证据,扩大侦查范围,成功办理了一起多人参与的行业窝串案。案件办结后,我们通过发送检察建议、召开案例剖析会的形式,督促案发单位堵住制度漏洞、完善权力运行,增加了业务透明度。

1.2.1 大数据驱动的侦查模式的特点

与传统侦查模式和业务信息主导的侦查模式相比,大数据驱动的侦查模式有如下特点:

1. 一体性侦查

一体性侦查是指在侦查活动中以数据共享为机制,将分散的、不同层级的、不同区域的主体及其行为有机组织起来,形成一个整体的侦查模式。过去,由于缺乏有效内在动力和联通机制,侦查合作往往较为困难。大数据时代,大数据产生大价值,数据共享产生价值将成为合作的内在动力;而数据共享本身也就是高效的合作机制。大数据驱动的侦查模式将以数据共享为机制形成纵向合成和横向合成。纵向合成是指将不同层级的主体,形成扁平化的决策、指挥结构。数据决策和数据共享将颠覆传统侦查的金字塔式层级决策和指挥结构,形成人人参与决策、上下互联的扁平机制。横向合成包括两个方面:一个方面是指不同警种、侦查各部门(视频侦查、技侦、网侦等)以及社会的有机合成。大数据时代,大数据是侦查的基础资源,而大数据主要来源于各警种的协同收集。侦查能否成功某种程度上取决于各警种收集数据的质量,进而言之,社区警察、治安警察等以数据收集这种最为基础而又重要的方式参与到侦查活动中。各警种之间的差异只不过是数据收集、分析的不同环节而已。在这里,也许最需要提出的是,当我们侦查人员在获得侦破犯罪成功的荣耀时,要将其部分荣耀甚至主要的荣耀归功于数据采集和分析人员。进而言之,这也许将形成围绕数据采集、分析、使用等环节的职务晋升、奖金分配的基本机制。此外,社会各种力量也通过提供数据为侦查提供条件,这些数据往往是我们大数据不可或缺的一部分。警力有限,民力无穷。大数据产生的新的运用民力的方式"众包"(Crowdsourcing),使得全社会几乎所有的人都可以参与到侦查中去。可以确定,"众包侦查"将是大数据时代侦查动员社会力量的新模式。另一个方面是跨区域的侦查主体及其行为的合成。数据共享打破了区域间割裂,而数据共享产生价值的内在动力将推动形成高效的合作机制。总之,大数据通过纵向合成和横向合成机制形成了一体化的侦查模式。

运用计算机数据处理技术完成信息情报的分析。数据情报信息是依赖广泛的科学技术的运用,信息主导侦查的思想是将计算机网络、数据、应用程序等多种技术手段结合,实现以大容量的情报信息数据库为基础,通过构架公安信息网络、搭建共享平台和警务信息系统,形成纵向贯通、横向展开、互联互通、高度共享的警务信息化网络应用构架。数据挖掘、数据模糊识别、地理空间坐标等计算机技术充分运用到对情报信息的分析和研判工作之中。显而易见的是,完善的分析手段的应用是情报信息主导侦查的一个组成部分,公安信息网络中新技术的有效应用必然会使情报信息管理更加先进,从而推动信息化侦查工作的开展。

2. 全景式侦查

所谓的全景式侦查,就是采用海量的数据,甚至是相关的所有数据,对侦查案件进行全方位、多角度扫描、分析的侦查模式。相对于过去的侦查模式,全景式侦查有如下两个特点:一是侦查中采集和分析的数据是全景数据。全景数据也就是全面而完整的数据,在具体侦查中是够用的数据。传统侦查,由于缺乏相关信息,我们只能依赖于经验和因果关系的分析,试错式地寻找犯罪嫌疑人。而如今,我们拥有和能处理有关犯罪或某个具体犯罪的几乎所有数据,因此犯罪的任何细节、犯罪过程几乎都可能被清晰展现出来。具体来说,我们采集和分析的数据不仅是现场访问、现场勘查的数据和身份信息数据,还可以实时采集和分析视频数据、通讯数据、网络数据以及各种交易数据等等,甚至可以采集公众拥有的相关数据。这样的数据采集和分析模式突破了时空上的障碍,实现360度全方位的采集和分析数据,突破了以往的地域范围、人员范围、时间范围的限制,能将摸排范围扩大到几乎全社会所有时空,让案件侦查成为"让数据说话"的科学侦查。二是侦查思路的从面到点,侦查路径发生了根本变革。传统的侦查模式主要是根据已有条件,提出侦查假设,然后根据因果联系,一步一步验证假设。从侦查途径的类型来说,有所谓的从案到人、从人到案、从案到案、从物到案等模式。总地来看,这是一种点到点的线式思路。而大数据将改变过去的点线式侦查,是从面到点式侦查,即从时间、空间、人、物、案、事件等全景式数据比对碰撞和分析,实现向数据要线索,从而锁定犯罪嫌疑人。

3. 预测型侦查

传统的侦查模式是回溯型侦查,即案件发生后,侦查行动才介入,侦查的内容是重建过去。随着信息技术的发展,侦查行为从回溯型侦查转向了主动型侦查。主动型侦查将侦查行为介入时间大大向前推进,甚至是侦查行为与犯罪行为时间同步,即侦查行为不仅指向已经发生的犯罪,还指向正在进行的犯罪。进入大数据时代,大数据技术使我们侦查介入时间进一步发生颠覆性的变革。大数据不仅能实时感知犯罪,从而及时采取行动,更为重要的是大数据将我们的侦查行动引向未来。大数据的核心就是预测。在大数据面前,"我们不会再把人类的行为视为互不相关、随意偶然的独立事件。相反,它们应该是相互依存的奇妙大网的一部分,是相互串联的故事集中的一个片段,人类行为遵循着一套简单可重复的模型",而且"它们的可重现性和可预测性与自然科学不相上下"。因此,借助大数据,既可以预测某一区域乃至全国的某种类型的犯罪趋势,也可以预测某一时间某一具体地点某种类型的犯罪,还可以预测某一个体的犯罪概率。根据预测,我们可以制订计划,优化警力配置,采取行动。这样,对于犯罪侦查来说,过去的"犯罪发生—再反应"模式或将被改变为"预测—行动"模式。

预防与打击充分结合提升精准成效。依托网上信息资源实现犯罪行为的早期预警和干预,对区域违法犯罪变化规律特点、发展态势进行动态分析,并通过对系列案件、个案的分析研判,及时提示犯罪主体、高频发案地区、时间段等要素的轨迹和规律,通过对犯罪嫌疑人员基本情况和落脚点的分析研判,凸显高危人群,有目标地采取防控措施,避免刑事案件发生。利用网络的外延性和信息共享的优势,通过相关数据库与暂住人口、旅馆业、出租房、网吧、车辆维修、典当寄售、废旧物品收购等行业信息及其他社会相关信息系统进行关联比对分析,获取犯罪轨迹情报、实现预警和打击犯罪。

4.算法侦查

传统侦查模式主要依靠侦查员的人力、经验以及运气;业务信息主导的侦查模式是通过信息查询提高了侦查效率;而大数据驱动侦查模式的核心是数据运算,算法有汇总、分类、回归、聚类等等,而云计算是大数据最基本的支撑。从宏观上说,犯罪发现、犯罪监控、犯罪预测都是大数据运算来实现;从微观上说,现场重建、现场分析、侦查决策等等都是一种数据运算。从侦查过程来看,大数据驱动的侦查过程就是算法过程:首先是数据采集和清洗,为数据运算做准备;然后是确立运算法则,建立运算模型;最后是通过运算结果获得犯罪相关信息。在算法侦查中,侦查员就是算法师,他们不仅要懂侦查学,还要掌握数学、统计学、计算机科学。他们不仅要评估数据,选取分析和预测的工具,还要确定运算法则,建立运算模型,解读运算结果。提高情报信息应用水平,提升情报信息分析研判能力是各地公安部门抓信息化建设的主要内容,以此提高侦查工作的效率。从而提升了公安队伍的战斗力。

加快信息化侦查建设,实现犯罪情报信息的专业化、现代化、网络化,实施科技强警,全面提高刑事侦查工作的水平是刑侦工作的时代要求。从"从案到人""从人到案"的侦查模式的需求出发,情报信息的作用越来越明显,把握侦查破案和犯罪防控主动权是信息化侦查的要求。可以通过犯罪信息资源共享,提高破案能力,保持侦查工作活力,加强各地公安部门的协作,这些是情报信息侦查工作的目标和重要作用。信息化侦查工作是信息化建设的一个方向,各省以"大情报"系统建设为龙头,紧密依托警务综合平台、情报研判平台、地理信息平台,通过对各类情报信息的搜集、整理、分析为治安工作、重大案件预警、安全防控、破案打击犯罪等各项警务工作活动提供决策依据和预警分析,指导公安工作,取得明显的工作成果。

精确打击的核心是收集和锁定证据,只有提高了取证的精度,揭露证实犯罪的证据才能严密有力,才能保证打击犯罪的成功率,经得起法律和时间的检验。证据的三个特性是客观性、相关性、合法性。实现信息情报的证据功效,成为诉讼证据,公安部门应积极找出刑事情报信息向诉讼证据转化的有效途径,以新的突破点最终实现提升刑侦工作的水平。

1.2.2 大数据驱动的侦查模式运行机制

大数据驱动的侦查模式运行机制主要有三个相互关联机制组成,即犯罪监控机制、犯罪侦破机制、犯罪预测机制。

犯罪监控机制。监控(Surveillance)的本意是密切注视、观察或监视所要监控的对象,包括人、事、物、场所等。在传统社会,监控是靠人的感官来完成的;而在现代社会中,监控依赖于各种各样的数据记录、存储设备以及分析、提取技术,是一种数据监视。而大数据监视是一种"全景敞式监视"。但这种监视已经超越了边沁和福柯的概念,因为其不仅是空间上的全景敞式,也是时间上的全景敞式,是空间、时间、权力的立体交汇。

数据监控作为一种犯罪监控机制来说,要实现监控,必须要适时提取或捕捉到犯罪的相关信息。在依靠人工提取、分析信息的时代,大量数据不能被应用,处于沉睡状态,有关犯罪的信息不能得到及时提取。到了大数据时代,不仅数据量大了,更重要的是犯罪信息能够被适时抽取,大数据的监控价值得以真正实现。

根据提取或捕捉犯罪信息的时间,可以把大数据监控机制划分为两大机制:一是数据记录、存储以供分析、提取机制。这种机制实质是为犯罪侦破机制的数据做准备。二是实时报警机制。这需要三个步骤:问题识别和定义、模型建构、实时报警。问题识别和定义是指要对什么样的信息进行提取,数据分析要达到的目标是什么?并对要提取的信息和达到的目标进行数据化的界定。模型建构就是根据大数据和其要提取的信息、达到的目标构建数据模型。数据模型或者能够进行智能化搜索和比对,如苏州市公安局近期开发的人脸识别系统;或者能捕捉到异常的数据。最后是对搜索比对到的有价值的信息或异常数据进行可视化的报警。

犯罪侦破机制。犯罪侦破机制是指案件发生后,侦查机关为达到侦查破案的目的所采用的手段、方式和过程。大数据时代的犯罪侦破机制大体分为四个阶段:

(1)数据准备

数据准备包括数据采集、清洗、转换和数据集成。数据采集既包括具体案件发生后现场勘查、现场访问所获得的数据,也包括准备的与案件相关的大平台数据,更重要的是按照相关性理念,向社会采集相关的各种数据,如出租车运行轨迹数据、银行数据、公共场所非公安视频数据、电话数据、移动设备数据、私家庭院视频数据、个人手机随手拍数据、互联网数据等等。数据清洗是指清除数据噪声和与挖掘主题明显无关的数据。数据集成是将来自多个数据源、不同结构的相关数据组合在一起。数据转换就是对数据进行一定的格式转换,使其适应数据挖掘系统或挖掘软件的处理要求。

(2)明确问题和确定分析思路

侦查过程是一个问题(比如是谁在什么时间用什么工具作案等一系列问题)求解过程。根据现有的数据比如现场勘查、现场访问等收集的信息以及采集到海量数据情况,明确侦查要求解的问题,并对问题具体化和数据化。然后根据明确的问题,确定具体分析思路。

(3)数据挖掘

这个阶段主要是根据所编制的问题进行大数据分析。通常的分析方法有关联分析、序列模式分析、分类分析、聚类分析等等。所谓的"关联"是指两个或多个数据之间存在着一定的相关关系或规律。数据中的关联按照关联物的类型可以分为人员关联、行为关联、事件关联、物品关联和综合关联;按照关联方式可分为简单关联、时序关联和因果关联等。关联分析,是利用计算机技术、统计技术、数学模型等挖掘出隐藏在数据中的关联关系。比如某个具有一定特点的系列案件发生时,总有甲的手机信号存在,由此我们就可推断出甲可能与该系列案件有相关关系。链接分析是相关分析的一种类型,主要用于从确定的已知条件通过分析人与人之间,事与事之间、地点之间以及组织之间的相互联系去确定犯罪嫌疑人及其整个犯罪网络。这对于结伙犯罪、恐怖主义犯罪、洗钱、网络诈骗尤为有效。比如已知某个嫌疑人,可以通过电话链接、电邮链接、业务链接等等的分析,追踪到犯罪的关系网络,可以确定哪些人是这个关系网络的核心,从而确定关键人物。再比如若已知某笔异常的资金交易,可以通过追踪其流向确定犯罪嫌疑人及其运作方式。序列模式分析与关联分析法相似,是一种挖掘出能反映数据间的前后关系的分析。如通过银行账号资金的流动前后分析、比较,发现异常账户,追踪犯罪嫌疑人的动向。分类分析和聚类分析是两个相反过程的分析方法。分类分析是按预先标准或记录对数据进行分类,并在此基础上对数据特征进行更为深入的描述。聚类分析是一种探索性的分析,是根据一定的规则,对未标定或未分类的数据进行合理的分类。分类和聚类在侦查中的应用,如对身体特征、作案方式等进行分类分析与聚类分析,也许能给侦查人员提供更多、更详细的信息,从而确定犯罪嫌疑人。

(4)确定目标和验证阶段

通过大数据分析,可能会产生两种结果:一种是缩小了侦查范围,这当然还需要进一步线下查证,以确定犯罪嫌疑人;另一种是确定了犯罪嫌疑人,但这仍然需要线下查证。这是因为数据只是事实的镜像,其确定只是一种概率以及数据证明与法律证明体系的间隔,所以需要从现实关系上进一步查证,把数据确定转换为法律确定。

1.2.3 国内外信息数据分析及应用现状

现阶段我国信息数据分析及应用现状有:地区差异较大;信息数据分析应用实施机构多样化;信息数据库多样化;信息数据系统环境构建区域化;信息情报人员专业化素质不高,人员数量不足,人员培养机制不完善。我国信息数据分析及应用存在的主要问题有以下方面。

(1)刑事情报工作观念滞后

刑侦民警"主动收集情报、主动利用情报"的意识淡薄。各省市政府主管单位重视不足,地区经济发展决定基础设施构建和投入差异较大。

(2)情报工作后置

情报部门仅仅是在发案之后甚至是破案或抓到犯罪嫌疑人之后才开展资料收集工作,在破案的过程中或破案后收集资料,情报这种"滞后性"范围窄、价值小,无法给侦查工作以强大的支持。

(3)情报系统涵盖面窄

内地刑事情报工作主要是情报资料部门开展的各类资料型情报的收集、整理、储存、检索等档案管理工作,侦查工作依然是就案论案,追求"短期效应"。忙于打击,疲于应付,而疏于控制,结果只能是案件越打越多,形成恶性循环。

(4)情报内容设计缺乏针对性、实用性

信息系统深度挖掘不强,各系统之间关联性较差,数据库构建标准不同,处于初级阶段。许多信息内容仅为统计查询而设计,项目繁多。

(5)刑事情报工作机制不健全

提高信息采集质量,信息数据不符合标准,加强信息采集人员的责任心,构建信息质量考核机制。收集来源狭窄;缺少情报的评价和分析制度;情报利用渠道不畅通。内地刑事情报由情报部门自己管理,内容单一、质量不高、数量不够,没有完全实现计算机联网查询的资料档案,一线侦查人员和其他警察还不能方便快捷地查询所需信息,情报利用率低,各地开展犯罪情报工作的积极性因此受到了极大的影响,这是阻碍情报发展的核心问题之一。

(6)计算机管理系统不统一

公安部门各单位信息情报联动机制不强。随着近几年各地公安部门对情报信息电脑管理需求的不断增强,由于没有统一的标准和建立必要的审批程序,造成了现在省与省之间,甚至是市与市之间使用不同软件的现状,为实现平台统一,公安部建立能够跨省查询的数据平台,但存在一定技术难题,而且各系统软件后续的升级、技术维护,同样需要各地重复投资。这一问题将成为实现刑事情报网络化的最大障碍。

笔者从中国、欧美等国家电子信息数据情报的发展和应用做相应的比较性研究。中国香港和内地刑事情报系统的开展都始于 20 世纪 80 年代前后,都经历了由手工向计算机管理发展的过程。中国香港地区和内地刑事情报系统分级成网的发展模式大体一致,不论是中国香港的三级架构体系,还是内地的四级架构体系,都是由上而下地设置了多级情报信息机构,而且都有独立的内部管理体制。但因中国内地管辖的地域大、人口众多,情报信息要以千万计,甚至以亿计,数据库需要容量大,投入的资金多,依赖地方财政,各地经济基础不一,情报工作的开展很不平衡等原因,致使刑事情报系统明显落后于中国香港。中国香港情报系统优势如下:发展刑事情报系统的观念到位;情报先行;情报工作涵盖面宽;情报设计实用、规范;情报工作制度完善;刑事情报电脑系统高效统一。

中国香港警方于 20 世纪 80 年代末开始建设刑事情报电脑系统,耗资 1 800 万港币,存有人员、案件、电话、BP 机、车辆、在押犯、税务登记、银行账户等多种信息。该系统连接到各级警署,并扩展到毒品调查科和商业调查科,发挥了巨大作用。将指纹鉴定辅助系统与全地区各警署联系起来,使各单位提取的指纹能通过计算机联网尽快地交付鉴证科进行鉴证。中国香港警务中心一个由通信系统与计算机信息系统相结合的指挥和控制中心,指挥协调各警种、各部门的工作,提高快速反应和整体作战能力。中国香港警方分别在总部和各警区设有指挥中心,并与机场、铁路等部门的通信中心相联系,共同组成了信息共享、集中高效的指挥协调系统,成为香港警方的神经中枢。市民所有的报警电话包括匪警、火警、交通事故、求助等,都由这里接警处置。指挥中心系统与刑事情报信息系统、指纹鉴定辅助系统、车辆管理系统、入出境管理系统、警署通用信息系统等联网,信息共享,可以快捷地查到有关资料,控制管理刑事情报电脑系统。刑事情报电脑系统有严格的等级权限分类,各级有自己的密码,不能随意进入系统。

以美国纽约为例了解其情报分析及应用情况。Comp Stat 是纽约市警察局用以犯罪控制的工作模式,又称为计算机驱动的犯罪数据统计,是用来进行警务管理的综合性系统。纽约市警局的犯罪控制模式执行遵守如下五项:明确的目标;及时准确的情报;高效的战略战术;警力等资源的快速部署;警务行为及其严格的评估。情报准确及时成为驱动 Comp Stat 运行的引擎。如果警察要对犯罪和犯罪事件作出高效的反应,不同层级的指挥官就要对犯罪发生的时间、地点和方式以及犯罪嫌疑人有准确的了解。犯罪情报的准确性越高,相应的警方的打击犯罪的效率就越高。现在,高质量的信息和分析成为改变纽约市警察局工作方向和重点的基础。数据分析不是对犯罪总数的简单运算,而是需要对地理位置、行为方式和趋势预测的精确分析,数据分析涉及到数字的变化、人口统计、犯罪行为、逮捕的类型、资源是否充足等。无论犯罪是增长或保持不变,都应当加以准确分析。例如,交通警察局应该分析逃费数量减少和严重暴力犯罪之间的关系。由于携带武器和其他暴力行为,很多逃费者在公开检查中被逮捕。数据显示,对逃费行为的制裁也打击了携带武器和非法进入交通设施等其他犯罪行为。同时,分析显示,一些罪犯开始付费进入交通设施以进行扒窃。数据模型分析使交通警察局能够迅速根据新的犯罪模式修正犯罪控制和应对策略。高质量数据的收集不需要花费数百万美元购置电脑和软件,尽管自动分析系统很有用且很昂贵。高质量的数据收集需要责任心和信息的精确性。一些部门即使仅仅使用索引卡、电脑和计算器,也高质量地完成了数据的分析工作。

1.2.4 数据挖掘技术在公安信息数据研判分析中的探究

研究证明,人类的行为93%是可以预测的,成为"已发生的未来"。犯罪预测机制是通过大数据和"幂律分布"分析,较为准确地预报犯罪类型、犯罪时间、犯罪场所、犯罪趋势的手段、方式和过程。在美国的孟菲斯,犯罪预测系统"让当地的犯罪率下降了31%"。大数据预测的一般路径是通过对过去犯罪规律的描述建立模型并对模型优化,然后将现有数据输入模型进而从其结果中预测未来。大数据预测犯罪常用的分析工具是贝叶斯网络。贝叶斯网络是一种概率推理方法,它能从不完全、不精确和不确定的知识和信息中作出推理,可以处理不完整和带有噪声的数据集,从而解决了数据间不一致甚至相互独立的问题。

目前国内各地公安部门数据库系统所能做到的大都是对数据库中已有的数据进行存取和查询,查询所获得的结果信息量仅是整个数据库系统中的一小部分信息,而大量数据之间隐藏的更重要的信息以及不同数据库系统之间的隐含信息还不能被很好地发现和发掘,关于这些数据的整体特征的描述及对其发展趋势的预测是公安部门信息情报挖掘的研究方向,因为零散的信息中蕴藏着生成决策方案的重要的参考价值。笔者通过本书将应用在商业、工程、医疗中数据挖掘的技术引申思路,结合公安信息系统和社会中各应用系统的数据在刑事案件侦查工作中的分析及应用做简单探析。

数据挖掘是指利用计算机数据分析工具在海量数据中构建数据模型和发现数据间关系的过程,从而探查和分析大量数据中隐藏的有意义的、有价值的信息用来作出预测。数据挖掘的定义有许多,随着数据挖掘研究的不断深入,对数据挖掘的理解也越来越全面,对其定义也不断修改。以上是笔者给出的定义,其准确性有待商榷和研究。但可以肯定地说数据挖掘是一种决策支持过程,它主要基于计算机科学、机器学习、统计学等方面的技术借鉴研究应用,高度自动化地分析数据库系统原有的数据。其目的在于作出归纳性推理,从中挖掘出潜在的信息模式,预判行为趋势,并将其应用到工作决策中,从而作出正确的决策。例如商业客户行为的预判分析,挖掘大量不变直观获取的客户信息,从而调整市场运营计划决策。

公安数据挖掘是从大量的、不完全的、模粗的、有噪声的、随机的数据中,提取除含在其中的、事前不知道的、但是潜在有用的信息和知识的过程。其数据挖掘技术是面向应用的,通过对这些数据进行微观和宏观的分析、统计、综合和推理,从中发现事件间的相互关系对未来的活动进行预测。近年来公安部门利用信息技术大量搜集数据的能力得到增强,大量数据库被用于侦查、治安管理,110报警和交通管理等等。如何利用这一巨大的信息资源,从中及时发现有用的知识,提高信息的价值,使数据真正成为公安部门的有力武器,为公安部门自身的业务决策和战略发展服务。数据仓库和数据挖掘作为公安智能化的基础,有些数据也许隐藏着人们意想不到的信息,数据挖掘技术就是让公安部门领导和刑侦民警发现这些隐藏信息的工具。

大数据引领现代警务的发展,但毋庸赘言大数据并不是完美无缺的。美国微软研究院首席研究员、麻省理工学院公民媒体中心客座教授凯特·克劳福德对大数据的效用提出了质疑,认为大数据中存在偏见和盲区。我们认为,大数据仅仅是一种技术,再高端的技术也离不开人的驾驭。大数据不能排除人的经验、直觉在其中的作用。大数据驱动的侦查模式,是对传统侦查模式的超越,但其有效模式应是大数据、侦查直觉、经验的完美结合。

1.3 研究内容及思路

多年的公安信息化建设推进了刑侦模式由传统人工、孤立的方式逐步向网络化发展,但同时犯罪形式也趋于复杂化、多样化,刑侦警务的效率仍然面临几大挑战。一方面是当前刑侦系统对基础信息的深层挖掘不充分,也无法有效地与社会数据资源进行融合,刑侦人员没有动力使用信息化平台,导致工作决策滞后、刑事侦查实战被动且效率不高;另一方面是工作协同上的脱节,各部门都有自用的平台和应用,但是缺乏顶层设计的整体应用系统,尤其在重大特大刑事案件发生时,弊端更加凸显,如指挥决策不精准、警力布局不合理等;第三方面是预测预警不够智能,无法在最早的时间内最大限度地发现犯罪、部署最佳的警力预防或打击犯罪。

应对大数据时代的问题,要采用最前沿的大数据思维和技术来解决。目前研究认为需要以下三个要素:

(1)需要进一步深度挖掘和应用现有数据

少数的职业犯罪人群作了绝大多数的刑事案件,这类人群的相关信息在公安内部已有数据,但缺乏规范的整理和分类,需要有高效的数据治理方法整合打通这些数据的关联,根据案件的特点发现规律,从而挖掘这些数据之间的隐性关联,为案件的研判打好坚实基础。

(2)要实时融合社会上的鲜活数据

刑侦警务需要将银行业、旅馆业等各类信息系统有机地融合,同时又能与已有和在建的系统无缝对接,利用强大的数据库引擎聚合全量数据,将人到人、人到案、人到物、案到物等信息之间动态多维的关联关系进行整合,研判刑警无须在多个 IT 系统之间切换,用人脑串联线索,而是一点登录、全网关联,就能够对案件涉及的全维度信息进行交互推演和分析。

(3)需要汇聚积攒刑警的智慧和经验

侦查刑警掌握着大量有价值的信息和办案的经验智慧,应当通过一个简单易用的平台,支持一线情报快速入库,实时更新后台数据,自动同步全量关系网。这样刑警才能将判案经验或摸排的第一手情报随时输入系统,长期积累下来变成战法模型。这就是把经验融入系统,让机器发现规律,系统越来越智能,形成智慧的"警察大脑",辅助研判刑警更迅速地锁定嫌疑人,做到更精准地预测和预警。

本研究还在构造刑侦数据仓库系统的基础上,提出一种用于指导刑侦部门办理刑事案件的侦查模型,应用数据挖掘技术,对现阶段刑侦业务应用中最为关键的作案规律、成案因素、高危人群以及串并案进行分析和研究。主要有以下几个方向:

(1)刑侦数据仓库的构建和刑事案件侦查建模

分析各种刑事案件数据仓库建模以及各模型的应用环境,提出适用于刑侦部门侦查办案的模型。模型注重刑事案件的侦办过程,是对实际工作的抽象,使得刑事案件的办理有理可循,办案工作规范化,模型具有较强的针对性和实用性。模型包括受案、立案、破案等环节,涵盖从接案到提起诉讼的全部过程。模型的提出为刑侦部门办理刑事案件提供理论指导。

（2）实现作案规律的关联分析

应用关联分析技术,结合犯罪嫌疑人作案规律和特点,从业务层面研究关联分析各阶段的工作任务、工作内容、工作方法、技术手段等内容。利用关联分析对成案规律进行分析,确定相应的侦查方向或控制对象,寻找忽略或者遗失的痕迹物证、甄别排除不可能涉案的因素,达到逐步缩小侦查范围,最终定位唯一因素的目标。

（3）对刑事案件的构成因素进行分析

通过对刑侦数据仓库中各类案件进行分类整理,利用决策树技术抽取出具有相似成案因素的案件,并分析此类案件的共同特征,对刑事犯罪的发展演变趋向进行预测性分析,可以辅助决策者掌握不同类型案件的构成因素,给刑侦部门提供重点阵控对象,降低发案率,同时可对新发案件进行预测,为案件的侦查方向提供参考。

（4）实现高危人员和高危人群的分析

分析高危人群挖掘模型,利用改进的快速分析算法确定孤立点,发现刑事案件中的异常数据。对算法的复杂度、剪枝和抽样学习进行分析,挖掘高危人群的特征项和特征值,进而为高危人群的打击、防范、控制和管理给予指导性意见,使刑侦决策判断更加有效、准确。

（5）实现刑事案件的串并案分析

对若干有内在联系的不同案件进行串并,从中发现共同规律特点,变个案侦查为串案侦查,使侦查工作效益最大化。聚类算法可以实现不同案件之间的串并,增量聚类算法可以实现新发案件与已发案件之间的有效串并,有助于查找更多更广的破案线索。

通过对公安业务信息和社会采集信息的整合,结合刑侦数据仓库模型的构建,通过对刑事案件的侦查流程的建模和研究,针对刑事案件数据挖掘的四个核心主题,将数据挖掘技术、数据仓库技术、刑事案件侦查结合起来,利用数据挖掘技术中的关联分析、决策树、孤立点检测和聚类分析分别对刑事案件中的作案规律、成案因素、高危人群、串并案进行分析和研究,并用实验和相关案例加以印证和解释,可以实现面向主题的基于数据挖掘的刑事犯罪侦查系统建设,系统贴近实战,有一定的理论和实践意义。

在此背景下,本书首先回顾了经典刑事侦查学的方法（第二章）,介绍了大数据的时代背景（第三章）,在后续章节将二者结合,主要探讨了大数据理论和方法在刑事侦查鉴别中的应用（第四章）以及刑事侦查数据仓库的建立（第五章）,最后展望了大数据给刑事侦查学带来的思考（第六章）。

舍恩伯格在《大数据时代》书中说:"大数据开启了一个重大的时代转型。就像望远镜让我们感受宇宙,显微镜让我们能够观测到微生物一样,大数据正在改变我们的生活以及理解世界的方式。"大数据的产生已经从根本上奠定了国家和社会治理的基础数据。为快速部署上线,完美实现三大转型,本书将致力于对大数据理念在刑事侦查中的应用展开详细论述,以期共创刑侦警务改革的新篇章。

第二章 传统刑事侦查方法

2.1 刑事侦查学概述

2.1.1 刑事侦查学的基本概念

刑事侦查学是以侦查机关在同犯罪作斗争中所采用的各种侦查措施、技术手段和策略方法为研究对象的科学。它的研究对象是由刑事技术手段、侦查措施和侦查方法三个方面的基本内容构成的。所谓刑事技术手段,是指为了发现、提取、固定、检验物证和防范控制犯罪而采取的各种科学技术方法的总称。主要包括刑事照相、痕迹检验、枪弹检验、文书检验、笔迹鉴定、指纹鉴定、物证化验、外貌识别和人像鉴定,以及指纹档案管理和犯罪防范技术,等等。随着科学技术的飞速发展,原来属于刑事技术重要组成部分的法医检验、司法精神病鉴定等,相继从刑事技术中分离出来,成为独立的学科。但是,在刑事侦查实践中,法医学、司法精神病学等学科同刑事技术有着极为密切的联系,所以,广义的刑事技术中应当包括法医检验、司法精神病鉴定、司法化学检验、司法会计鉴定、声纹鉴定等内容。

侦查,是指侦查机关为了收集证据,揭露和证实犯罪,查获犯罪分子,依法进行专门调查和实施强制性措施的活动。侦查是刑事诉讼的一个重要阶段。通常是从立案后开始进行,到案件事实全部查清,作出起诉、免予起诉或者撤销案件的决定时终结。

值得强调的是,侦查与侦察是两个含义不同的法律术语。侦查是刑事诉讼法的专用名词,指公安机关和人民检察院在办理刑事案件的过程中,依据刑事诉讼法进行的专门调查和实施强制性措施的活动,是刑事诉讼程序中的一个重要阶段。侦察一般是指公安机关、国家安全机关为了发现、揭露和证实犯罪,依据行政主管机关制定的行政法规而秘密进行的专门调查工作,如跟踪守候、秘密搜查、秘密取证、窃听,等等。由此可见,侦查与侦察二者的法律依据及所采用的方式和手段以及所起的作用等是有区别的,但是二者又是密切联系、相互补充的。为了有效地同刑事犯罪作斗争,应充分发挥这两种手段的作用。

侦查措施,是指侦查机关对犯罪案件实施侦查所采取的各种策略方法。主要包括:现场勘查、侦查实验、询问、搜查、扣押物证、通缉、通报、讯问等项措施,以及实施各项侦查措施应当采取的策略方法。

侦查方法,是指各项侦查措施和技术手段在侦查破案中的综合运用。包括侦查破案的一般方法和侦破各类案件的具体方法。侦查破案的一般方法,是指侦查机关侦破各类犯罪案件所采取的侦查步骤和一般的策略方法,诸如有关立案、制订侦查计划、发现和审查犯罪嫌疑线索、收集证据以及破案和结束侦查等整个侦查活动的程序和策略方法。侦查破案的具体方法,是指根据各种不同种类犯罪的特点而采取的有针对性的策略方法。如杀人案件的侦查方法、抢劫案件的侦查方法、盗窃案件的侦查方法,等等。

2.1.2　刑事侦查学的基本任务

刑事侦查是同刑事犯罪作斗争的重要武器。它的基本任务是:收集证据,查明犯罪事实,查获犯罪分子,制止和预防犯罪,维护社会秩序,保护国家和人民的利益,保障社会主义建设事业的顺利进行。

1.收集证据

证据是指能够证明案件真实情况的一切事实。它在刑事诉讼中占有极其重要的位置,是司法机关正确处理案件的最根本的依据。只有掌握真凭实据,才能客观全面地查清案件事实,才能对被告人有罪或无罪,以及罪重或罪轻作出正确的结论,从而才能正确地适用法律。如果没有证据,就不可能正确地揭露和证实犯罪,使犯罪分子受到应得的惩罚,甚至会发生放纵犯罪分子,误伤好人的错误。因此,收集证据是刑事侦查的一项重要任务,是侦查活动的中心环节。各种侦查措施和策略手段的运用,比如现场勘查、侦查实验、搜查、检查、扣押、辨认、询问证人、讯问被告人、鉴定等等,其主要目的都是为了收集证据。在侦查实践中,收集证据的内容通常包括发现证据、固定和收取证据、检验和审查证据。这三个环节将在后文中详细展开其与大数据的联系。

2.查明犯罪事实,认定犯罪人

查明犯罪事实,是处理刑事案件的基础。实践表明,只有把案件事实查清楚了,才能正确地适用法律,真正做到定性准确,量刑适当,使犯罪分子受到应得的惩罚,使无罪的人不受刑事追究。因此,全面查明犯罪事实,弄清案件的全貌,准确地认定犯罪人,这是刑事侦查的一项最基本的任务。在侦查过程中,广泛地收集各种证据材料,其目的正是为了查明犯罪事实,证实犯罪人及其犯罪行为。所谓犯罪事实,就是指犯罪分子实施犯罪行为的时间、地点、手段、动机目的、侵害的对象和所造成的危害后果,以及作案人实施犯罪行为时的年龄、精神状态等。换句话说,就是要查清是什么人实施犯罪,犯了什么罪,用什么手段犯罪,在什么时间、地点犯罪,由于什么原因犯罪,造成了什么样的危害后果,有无责任能力,等等。总之,凡是根据我国刑法的规定已经构成犯罪,并且应当追究刑事责任的各种事实,在侦查过程中都必须周密地进行调查,查得清清楚楚。除此之外,那些与案件无关的事实,或者人们的主观印象、怀疑、猜想、推测和看法等,都不能认为是犯罪事实,当然不能作为处理案件的根据。

3.查获犯罪人

犯罪分子的犯罪活动大多是在秘密情况下进行的,作案后又千方百计毁灭罪证,伪造证据,制造假像,掩盖罪行,或者逃跑、躲藏、串供,以及栽赃陷害,嫁祸于人,有的继续进行破坏活动。因此,刑事侦查的另一项重要任务,就是要对犯罪分子或重大犯罪嫌疑分子适时地采取必要的强制性措施,以防止他们逃避侦查、起诉、审判和继续进行犯罪活动。这是刑事侦查工作的基本要求。在侦破过程中,如果发现犯罪分子可能逃跑、自杀或进行新的犯罪活动时,应当迅速采取拘留、逮捕等强制措施。如果犯罪分子已经逃跑,则应立即采取侦缉措施,将其缉拿归案。

4.制止和预防犯罪

刑事侦查的主要任务是侦查破案,力求使一切犯罪案件真相大白,使一切犯罪分子都难逃法网。同时,还要通过侦查活动总结刑事犯罪活动的规律特点,发现和堵塞某些地区、部门工作中存在的漏洞,健全制度,加强防范工作,教育公民增强法制观念,自觉遵守法律,并做好对违法犯罪人员的监督和帮教工作,制止和减少犯罪的发生。刑事侦查在同刑事犯罪作斗争中具有着十分重要的意义,它是打击敌人,惩罚犯罪的重要武器。如果没有强有力的刑事侦查工作,就不可能及时、准确地揭露犯罪和证实犯罪,也就不可能有效地制止和打击犯罪分子的破坏活动。另外,刑事侦查作为刑事诉讼过程的第一道"工序",在整个刑事诉讼过程中占有很重要的地位。只有通过侦查活动,收集了充分的证据材料,查明了犯罪事实,查获了犯罪人以后,才能对案件提起公诉和进行审理。所以刑事侦查是整个刑事诉讼活动的基础。侦查工作进行的好坏,对案件能否得到正确、及时的处理,有着直接的影响。

我国同刑事犯罪作斗争,历来坚持打击与防范相结合的方针。侦查机关的基本任务是对已经发生的犯罪案件,积极开展侦查活动,及时准确地查明案情,揭露和证实犯罪,查获犯罪人,使之受到应得的惩罚,同时还应积极主动做好防范控制工作,主动出击,先发制敌,力争把犯罪活动制止在预谋阶段,以预防和减少犯罪案件的发生,确保国家和人民的安全。因此,刑事侦查学除了研究侦查犯罪的措施、手段和方法外,还应研究每个时期犯罪活动的规律特点,以及通过侦查破案防范和控制犯罪的有效措施。

刑事侦查学是以我国刑事侦查实践为基础的,是对刑事侦查实践经验的科学总结和理论概括。但是,刑事侦查学作为一门研究犯罪侦查的专门科学,其研究对象不能仅仅局限于国内的刑事侦查实践,还应以马克思列宁主义、毛泽东思想为指导,深入系统地研究我国历史上和外国有关犯罪侦查的理论和方法,从中吸取和借鉴对我们有用的东西,以便达到古为今用,洋为中用的目的,不断丰富刑事侦查学的内容。

2.1.3 刑事侦查学是一门交叉学科

刑事侦查学是法学与自然科学和其他社会科学相互交叉、渗透而形成的一门法学边缘科学,属于边缘法学。刑事侦查学作为多学科相互交叉、渗透的产物,与刑法学、刑事诉讼法学、犯罪学、证据学等学科有着密切联系,而且涉及自然科学和其他社会科学的许多门类。因此,明确刑事侦查学与有关学科的联系和区别,有助于了解本学科在社会主义法学体系中的地位和学习刑事侦查学的目的意义,同时也有助于根据刑事侦查学的特点,掌握正确的研究方法。

1. 刑事侦查学与刑法学的关系

刑事侦查学与刑法学之间的联系极为密切。一般而言,刑法学所研究的基本内容是关于犯罪与刑罚问题,即阐明刑法中犯罪的概念,构成犯罪的要件,以及刑罚的种类和适用方法等。我国刑法学的任务,简言之,就是研究如何运用刑罚的方法同犯罪作斗争的问题。刑事侦查学并不直接研究犯罪与刑罚的问题,而是专门研究如何开展侦查活动,及时、准确地揭露犯罪和查获罪犯。但是,刑事侦查学在制订和运用侦查策略和方法时,必须是以某种行为构成犯罪为前提的。如果某种行为根本不构成犯罪,那就谈不上立案侦查的问题。另一方面,刑法所规定的目的和任务也需要通过一系列侦查活动来实现。因为没有强有力的刑事侦查工作,犯罪事实就不可能被查清,罪犯就不可能被查获,当然也就不可能运用刑法对犯罪者进行定罪科刑。由此可见,刑事侦查学所研究的侦查策略和方法是实现刑法规范的重要工具,而刑法学所研究的犯罪与刑罚问题,则是制订刑事侦查策略和方法的法律依据。因此,刑事侦查人员,必须认真学习刑法,搞清楚罪与非罪,反革命罪与其他刑事犯罪的界限,明确各种犯罪的构成要件,以及刑罚的种类和适用方法,只有这样,才能对各种犯罪正确地开展侦查活动,及时准确地揭露和证实犯罪,也才能保证无罪者不受刑事追究。

2.刑事侦查学与刑事诉讼法学的关系

刑事侦查学与刑事诉讼法学也有着密切的联系。我国刑事诉讼法是规定人民法院、人民检察院和公安机关办理刑事案件应当遵守的原则、制度和程序,以及公安、检察、法院三机关的关系和诉讼参与人的权利义务的法律。刑事诉讼法学这门科学主要是研究如何从诉讼程序上保证准确地查明犯罪事实,正确地运用刑法。侦查机关为了准确地查明犯罪事实和查获犯罪人,在侦查破案过程中,必须严格依照刑事诉讼法规定的程序进行活动。但是,侦查工作所包括的内容是极其丰富的,刑事诉讼法作为一门程序法,它只规定进行侦查活动的程序、规则、制度,并不具体规定进行侦查活动应采取的各种策略方法和技术手段。例如,我国《刑事诉讼法》第78条规定:"为了查明案情,在必要的时候,经公安局长批准,可以进行侦查实验。""侦查实验,禁止一切足以造成危险、侮辱人格或者有伤风化的行为。"这里,法律只规定了进行侦查实验的程序和原则,并没有具体规定如何进行侦查实验,即进行侦查实验的步骤和策略方法,以及对侦查实验结果如何进行评断。而这些正是刑事侦查学所要研究的内容。由此可见,刑事侦查学同刑事诉讼法学是既有密切联系,又有明显区别的两个独立的法律学科。具体地说,刑事诉讼法学主要是研究侦查、起诉、审判活动的诉讼程序;而刑事侦查学所研究的则是侦查活动的具体措施和策略方法。

3.刑事侦查学与犯罪学的关系

犯罪学是研究犯罪原因和犯罪预防的科学。它的主要任务是研究犯罪现象产生的原因及其发展、变化的规律,探求预防、减少以至消灭犯罪的途径。刑事侦查学也是研究犯罪现象的科学,它的任务是研究如何运用有效的侦查措施、手段和方法,及时、准确地侦破犯罪案件,抓获犯罪人,以实现保护人民,惩罚犯罪和预防犯罪的目的。由此可见,刑事侦查学与犯罪学二者之间存在着血缘联系。犯罪学的研究成果,诸如犯罪人个性特征,犯罪环境的特点,犯罪的动机等等,为刑事侦查学研究提供了丰富的事实材料和理论依据。另一方面,刑事侦查学在研究各类案件侦查方法时所形成的各种典型案例和经验总结等,也为犯罪学研究提供重要资料。因此,二者可以相互借鉴和运用对方的研究成果,促进两个学科的共同繁荣发展。

4.刑事侦查学与证据学的关系

证据学是以诉讼证据为研究对象的专门科学。它的基本任务是研究有关诉讼证据的法律制度和司法机关运用证据的实践经验。刑事侦查学作为侦查犯罪的科学,其核心问题,是研究在刑事案件侦查过程中,如何运用技术手段发现、固定、提取和检验证据,以揭露和证实犯罪,查获犯罪人。所以,刑事侦查学与证据学二者之间有着十分密切的联系,而且其中有些部分必然会发生交叉或重叠。但是,刑事侦查学和证据学研究诉讼证据的角度是不同的。证据学侧重研究证据的概念、种类、作用及收集、运用证据的法律制度和基本原则,而刑事侦查学则着重研究收集证据的策略方法,以及如何利用自然科学的原理和方法发现、固定、提取和检验痕迹物证。同时,刑事侦查学仅研究刑事诉讼中的证据,而证据学则要对刑事、民事和行政诉讼中如何运用证据进行全面研究,其范围要广泛得多。因此,二者尽管都以诉讼证据为研究对象,但各有自己的研究重点和范围,从而形成两个独立的学科。证据学的研究成果可以为刑事侦查学提供理论依据,而证据学在研究司法机关运用证据的经验时,可以吸取或借鉴刑事侦查学的理论和方法。

5.刑事侦查学与心理学的关系

心理学是以心理现象及其变化规律为研究对象的科学。犯罪心理学作为心理学的一个分支学科与刑事侦查学有着极为密切的联系。犯罪心理学的研究对象有狭义和广义之分。狭义犯罪心理学把犯罪人实施犯罪行为的心理及其客观规律作为研究对象。包括犯罪心理产生的原因;犯罪心理形成变化规律;犯罪人的犯罪心理在犯罪前、犯罪时、犯罪后的不同表现和特征;不同犯罪人的犯罪活动的心理,等等。广义犯罪心理学把与犯罪有关的心理现象都作为研究对象,诸如被害人心理、证人心理、侦查心理、审判心理、罪犯改造心理,等等。对犯罪实施侦查,是一个极其艰巨复杂的过程。在这个过程中必然会涉及到各种不同的人员,出现各种不同的心理现象。其中除了侦查主体(侦查员)和侦查客体(犯罪人)的活动以外,还有犯罪嫌疑人和与犯罪有关的各种人员(如被害人、证人等)的活动。研究这些人的心理现象产生、发展的规律,并且根据这种规律制订影响侦查活动中各种人心理活动的方法,有针对性地优化和强化侦查破案的心理对策,就能够有效地提高侦查破案的能力。由此可见,心理学的理论和方法,对于刑事侦查学来说有着重要的意义。近几年来,随着现代科学的发展,许多心理学和刑事侦查学研究人员和实际工作者,将心理学的原理和方法,具体运用到刑事侦查实践,使心理学与刑事侦查学相互交叉、渗透而形成了一门新的边缘学科,即刑事侦查心理学或侦查心理学。这就进一步深化了刑事侦查学的研究内容,并拓宽了它的研究领域。

6.刑事侦查学与自然科学和其他社会科学的关系

刑事侦查学作为一门多学科融汇而成的边缘学科,与自然科学和其他社会科学的联系至为密切。在侦查过程中所遇到的技术问题是形形色色、复杂多样的,涉及到自然科学的所有门类,很难说哪一门自然科学是与刑事侦查无关的。另外,社会科学中的哲学、逻辑学、社会学、管理学、伦理学、教育学、统计学等学科的理论和方法对于研究刑事侦查学也具有重要意义。因此,刑事侦查学应广泛吸收和运用其他学科的研究成果,以促进本学科的繁荣发展。

综上所述,刑事侦查学是一门综合的交叉学科,不仅仅涉及心理、法律、伦理等人文类学科,形式侦查技术有涉及医学、生物学甚至数据科学等技术学科,本书后的阐述将围绕刑事侦查技术,尤其是数据科学的应用所展开。

2.1.4 刑事侦查学的研究方法

刑事侦查学与其他法学一样,是建立在辩证唯物主义和历史唯物主义的基础之上的。马克思主义哲学——辩证唯物主义和历史唯物主义是无产阶级的世界观和方法论。它正确地阐明了存在和意识的相互关系,揭示了人类认识的实质、来源和发展的辩证规律,为人们认识世界和能动地改造世界提供了强大的思想武器。对犯罪实施侦查,这是一场极其尖锐复杂的斗争。犯罪分子进行犯罪活动的手段往往是隐蔽狡诈的,他们惯于披上各种合法的外衣,伪造犯罪现场,制造各种假象,以转移侦查视线,或嫁祸于人。而且有些犯罪案件往往与其他事件相互交织,一时真假难分。因此,研究刑事侦查学必须以辩证唯物主义和历史唯物主义为指导,从实际出发,仔细研究犯罪活动的规律特点和刑事侦查实践经验,并以此为依据,制订出一套行之有效的侦查措施和策略方法。辩证唯物主义和历史唯物主义是研究刑事侦查学最基本的方法。在运用辩证唯物主义和历史唯物主义理论指导刑事侦查学研究时,还应采取以下具体方法:

（1）理论联系实际的方法

刑事侦查学是一门实践性很强的科学,它的各项侦查措施、技术手段和策略方法都是在总结侦查实践的基础上制订的。实践是检验真理的唯一标准。刑事侦查的理论和方法是否正确有效,就看它是否正确地反映我国刑事侦查实践经验,并且能否经受住刑事侦查实践的检验。辩证唯物主义认为,客观事物是发展变化的。随着国际国内政治经济形势的发展,刑事侦查实践中会不断出现新情况、新问题。这就要求刑事侦查学的研究工作必须紧密结合侦查实践,调查了解侦查实践中运用侦查措施、手段和策略方法的情况,及时总结刑事侦查实践中所创造的新经验,将其升华为理论,以指导侦查实践。对侦查实践中出现的新情况、新问题,更需要通过深入系统的调查研究,切实摸清情况,确定对策,从理论与实践的结合上作出科学的回答。只有这样,刑事侦查学才能够更好地为侦查实践服务,并使自己在实践中不断丰富和发展。

（2）案例分析的方法

刑事侦查部门所破获的各类犯罪案件,是各种侦查措施、手段、方法在侦查实践中成功运用的结果。这就为刑事侦查学研究提供了极其丰富生动的实际资料。通过对大量典型案例的分析研究、归纳综合,就能够从中具体了解犯罪活动的规律特点,总结出侦查破案的成功经验和失败教训。在此基础上,可以进一步制订一系列新的侦查措施和策略方法。这种从个别到一般、从个性到共性的方法,是符合人们认识客观事物的规律的。这是我们研究刑事侦查学经常采用的方法。

（3）科学实验的方法

在侦查实践中经常会遇到复杂多样的技术性问题,仅凭一般的调查研究和实地观察是不可能找到答案的,而需要运用现代科学技术手段进行科学实验,以揭示事物本身的各种矛盾及其内在联系,为查明案情提供依据。科学实验的方法不仅对研究刑事技术手段是需要的,而且已被广泛应用于刑事侦查学的各个领域,例如侦查破案过程中的现场实验、侦查实验,就是利用科学实验的方法解决侦查中的专门性问题。

（4）与有关学科相联系的方法

刑事侦查学是一门综合型的边缘法学,涉及自然科学和其他社会科学的许多门类。因此,研究刑事侦查学决不能孤立地、封闭式地研究,而应当与其他各有关学科联系起来研究,广泛地吸收和运用相关学科的研究成果。但是,必须明确,刑事侦查学吸收和运用其他科学部门的研究成果,并不是简单地照搬其理论和方法,而是要根据刑事侦查的特点对这些理论和方法进行科学的再加工和实验,使之适合于刑事侦查工作客观要求。

（5）比较借鉴的方法

有比较才有鉴别,比较研究的方法是人们认识客观事物的一种科学的方法。刑事侦查学作为我国法学的一个组成部分,当然应当以研究我国刑事侦查实践为主。同时,又决不能闭目塞听,对外国的和我国历史上的侦查制度及其有关理论和方法采取一概拒绝的态度。任何一门科学的建立和发展都不可能是孤立的,必然要从人类文明的宝库中吸取有益的成果。对于刑事侦查学来说,也不例外。近些年来,随着改革开放的深入发展,对外交流日益广泛,国外的犯罪类型、犯罪手法,正在日益渗入我国,国内犯罪已呈现国际化的趋势。我国加入国际刑警组织以后,使我们更加有必要深入了解和研究外国刑事警察机构设置及各国刑事侦查技术、手段的发展情况和实际运用。刑事侦查学研究应该广泛吸收和借鉴我国历史上和当今世界各国的成功经验,通过分析比较,择其精华,去其糟粕,洋为中用,古为今用。只有这样，才能使刑事侦查学适应客观形势发展的需要。

在侦查实践中，侦查措施、刑事技术手段和侦查方法三者是有机结合、密不可分的。例如，现场勘查，这是一项重要的侦查措施。为了达到现场勘查的目的，首先必须正确地进行现场实地勘验和现场访问，并且对现场勘查中所获得的材料认真地进行分析研究，以便正确地确定侦查方向和侦查范围。同时，还需要运用刑事技术手段发现、提取、固定犯罪分子在作案时遗留下来的各种痕迹物证，客观真实地记录现场情况，为揭露和证实犯罪提供可靠的证据。至于案件的侦查方法，则是各种侦查措施和刑事技术手段的综合运用。如果离开了各种侦查措施和刑事技术手段的相互配合和综合运用，对案件的侦查工作就不可能正确有效地进行。实践证明，对具体案件的侦查活动能否取得成功，这不仅取决于侦查人员所运用的某项侦查措施或技术手段是否正确，而且还取决于所选择的各种侦查措施、手段能否做到有机联系，相互配合。即各种侦查措施、手段的整体效应能否在侦查破案过程中得到充分有效的发挥。这就要求侦查人员既要精通各种侦查措施，又要掌握刑事技术知识，并且要善于根据各种案件的不同特点，正确运用各种侦查策略方法和技术手段，不断提高侦查技术。

2.2 刑事侦查鉴定技术

2.2.1 概述及分类

刑事技术鉴定，是指司法机关指派或聘请鉴定人就案件中涉及的某些专门性问题进行的检验、鉴别活动。在侦查中，刑事技术鉴定是一种重要的侦查措施。它对于正确地认定犯罪事实，准确地揭露和证实犯罪具有重要意义。

刑事技术鉴定的对象，是指需要通过刑事技术鉴定加以解决的专门性问题，根据公安部制定的《刑事技术鉴定规则》第2条规定："刑事技术鉴定的范围：必须是与犯罪案件有关的物品、文件、痕迹、人身、尸体。"在刑事诉讼中，通常进行的有：痕迹勘验、枪弹鉴定、文书检验、外貌相片鉴定、司法化学鉴定、法医学鉴定、司法精神病学鉴定、司法会计鉴定，等等。

刑事技术鉴定常常按其所能解决的问题，分为以下几大类：

（1）同一鉴定

为解决被鉴定同一客体是否同一为目的的鉴定。该类鉴定按被鉴定同一客体的物质反映形象可以分为以下几种：

①根据被鉴定同一客体外表结构的物质反映形象进行的同一鉴定。这是常见的一种同一鉴定。比如根据手印、赤脚印、牙印鉴定遗留手印、赤脚印、牙印的人的同一；根据鞋印鉴定鞋子的同一；根据工具痕迹鉴定造型工具的同一；根据弹头、弹壳上的发射痕迹鉴定发射枪支的同一等。

②根据被鉴定同一客体断离的物质反映形象进行的同一鉴定。这种鉴定相对来说比较少见。它是根据被鉴定同一客体的分离线（或面）以及断离处的固有的和附加的特征进行的。其目的是认定被断离的各部分原来是否属于一个整体。比如对断裂的刀刃、锯断的木头、拆卸的机器零件进行的各断离部分是否原同属一个整体的鉴定，都是这种鉴定。

③根据被鉴定同一客体（人）动作习惯的物质反映形象进行的同一鉴定。人的任何一

种动作习惯都是人体的有关器官在大脑的指挥下,通过一个动作的反复进行而逐渐形成的动力定型所决定的。由于大脑皮层动力定型在形成的过程中每个人的主观因素的不同,而显现出人各不同的特性;又由于其一经形成,就难以改变,而具有相对稳定性。所以,根据人的大脑皮层动力定型所决定的动作习惯的物质反映形象是可以进行人的同一鉴定的。目前,我们能够据以进行同一鉴定的只有笔迹(人的书写习惯的物质反映和表现)。根据脚印中的步法特征(人行走习惯在单个脚印和成趟脚印中的反映和表现)进行的同一鉴定的问题正在研究。

(2)种属鉴定

为解决与案件有关的物质、物品种类属性为目的的一类鉴定。这类鉴定按鉴定的对象分为文书物质材料鉴定、射击残留物鉴定、爆炸物质鉴定、金属物质材料鉴定、毒物毒品鉴定、微量附着物鉴定、生物物证鉴定等。种属鉴定是刑事技术鉴定的重要组成部分。它在侦查实践中适用的范围很广泛,常用的有以下几种:

①鉴定某种物质为何物。就是单纯地确定某种物质的种类属性。例如,在投毒现场发现可疑的粉末或药水,为查明其是否为毒物,是何毒物,就必须检验其化学性质,确定其种类属性。

②鉴定两种物质的种类属性是否相同。就是对两种物质分别检验,进行比较,确定它们是否属于同一种类。例如,对现场撬压痕迹中发现的油漆和侦查中从嫌疑人家中发现的某一工具上的油漆进行检验,比较其种类属性是否相同。

③鉴定被比较物质的本源是否相同。就是通过分别检验进行比较,确定它们是否同属一个产地。例如尸体上沾有草籽,嫌疑人鞋子里也发现草籽,通过检验,确定其是否同属一个产地。

(3)因果鉴定

为解决造成某种事实结果和引起某种事件发生的原因为目的所进行的一类鉴定。这类鉴定按鉴定所解决的问题,常见的有:死亡原因鉴定、爆炸原因鉴定、起火原因鉴定、枪支走火原因鉴定、事故原因鉴定等。这类鉴定涉及法医学、司法精神病学、痕迹学、枪弹痕迹学、文书鉴定学等几乎全部司法鉴定学分支学科,在刑事技术鉴定中占有非常重要的地位。

2.2.2　痕迹勘验

从最广泛的意义上说,痕迹乃是事物自身运动、发展及其相互作用所引起的客观物质的一切变化的总称。对痕迹的研究,在不少科学领域内有着特殊重要的意义。考古学、古生物学、地质学、人类学等科学部门,之所以能科学地揭示和认定历史上曾经发生过的某些事实及其发生、演变的过程和原因,其主要的依据,就是过去事务所遗留的某种痕迹。

刑事侦查学中痕迹这一概念有其独特的含义,通常又有广义和狭义之分。就广义而论,凡由于犯罪行为或与犯罪有关的活动所引起的客观物质环境的一切变化,统称为犯罪痕迹。例如,犯罪人遗留在犯罪现场上的手印、脚印、牙印、工具痕迹、枪弹痕迹等反映造型体外表结构形态的种种形象痕迹;犯罪人分割整体物时形成的各种断离痕迹;犯罪人书写的文书;杀人现场上的血迹、尸体状态;乃至由于犯罪而遗留的各种物质微粒、特殊气味,等等,都可称之为痕迹。就狭义而言,痕迹仅指上述犯罪痕迹中的形象痕迹和断离痕迹。

不同形态的痕迹,其勘验方法不尽相同。本章所说的痕迹勘验仅指刑事技术的一个组成部分,其中,"痕迹"一词仅指狭义而言。痕迹勘验特指运用专门技术方法,对与犯罪事件有关的人和物留下或造成的形象痕迹和断离痕迹的勘验、检查。换言之,痕迹勘验的对象是由形象痕迹和断离痕迹构成的。

痕迹勘验作为一项专门技术,多运用于犯罪现场勘验。根据需要和可能,经刑事侦查部门的负责人批准并征得有关事主的同意后,也可以将痕迹的承受体(即痕迹载体)带回实验室勘验、检查。

痕迹勘验的主要任务是:发现、固定、提取和保全与犯罪案件有关的种种形象痕迹和断离痕迹,与案件无关的痕迹不能擅自进行勘验;研究种种形象痕迹和断离痕迹产生、发展的过程,分析痕迹与犯罪的具体联系(即痕迹是否是犯罪人实施犯罪行为时所遗留或造成的,以及是犯罪人在什么时间、什么情况下怎样遗留或造成的);分析判断遗留痕迹的犯罪人或犯罪使用物的情况,如犯罪人的性别、年龄、身高、体态、职业等特点及犯罪使用物(包括破坏工具、凶器、交通工具等)的种类、性能等。

在侦查犯罪中,痕迹勘验占有非常重要的地位,是侦查犯罪的一项重要的技术手段。它可以为分析案件情况,确定侦查范围,查缉犯罪人提供重要的依据,也是进行痕迹鉴定的一个前提条件。

痕迹勘验通常是在现场勘查过程中进行,是现场勘验的重要组成部分,因此必须严格遵守现场勘验的程序和规则。

形象痕迹是痕迹勘验的主要对象。形象痕迹勘验不仅能为判断案情提供客观依据,而且还能为分析犯罪人的个体特点及认定造型体的种类,乃至对造型体(包括人和物)进行同一鉴定等提供准确的材料。

形象痕迹是一个客体在另一个客体上形成的反映形象。鉴于两个客体在形成形象痕迹时的作用不同,故把前者称为造型体,后者称为承受体。造型体作用于承受体,使承受体表面形成与造型体接触面某些外表结构形态特征相适应的变化,这就是形象痕迹。例如,反映手指、掌乳突线花纹的手印,反映鞋底花纹形态的鞋印,反映牙齿形态特征的牙印,反映轮胎花纹特征的车轮痕迹,反映发射枪支的枪管内壁结构形态特征的弹头上的阳线痕迹等,都是形象痕迹。

从物理学的观点分析,形象痕迹多是在力的作用下,造型体和承受体间发生机械运动的结果。作用力是使两客体相互接触形成形象痕迹的基本动力。该种动力在一般情况下来自造型体;少数情况下来自承受体,如形成弹头上的阳线痕迹;个别情况下同时来自造型体和承受体,如车辆迎面对驶形成的撞车痕迹。为了能形成和保全形象痕迹,造型体必须具备一定的形状、体积和硬度,承受体必须具备吸附、渗透、可塑、形变等属性。有的造型体虽然软,但它必须具有把自身的分泌物、附着物分离在承受体上,或者能把承受体表面的附着物粘走的属性。除了由于力的机械作用使两客体相接触形成形象痕迹外,还有一些形象痕迹是由于光、热等其他一些物理的或化学的作用所造成的。这时,造型体和承受体即使不直接接触,也有可能形成形象痕迹。例如,汽车在雪地上停留时,因发动机的热辐射,使局部积雪融化的痕迹等。当然,由于这种形象痕迹只反映造型体的粗略轮廓,所以不能据此对造型体进行同一鉴定,但是它往往能为推断造型体的种类提供一定的依据。

形象痕迹可以按以下几个标准分类:

一是按承受体是否变形划分,可以分为平面痕迹和立体痕迹。平面痕迹指造型体作用于承受体后,承受体的接触面未发生凹凸变化所形成的痕迹。平面痕迹又可以分为平面加层痕迹和平面减层痕迹。平面加层痕迹是造型体把自身固有的或表面附着的某些媒介物质留在承受体上所形成的,如茶杯上的汗垢手印,水泥地面上的鞋印等。平面减层痕迹是由于造型体的吸附力或黏合力,在造型体与承受体接触时,将承受体表面的某些媒介物质微粒带走所形成的,如在布满薄层灰尘的桌面上留下的手印、赤脚印等等。由此可见,形成平面痕迹的一般条件是:承受体的硬度大于造型体;承受体或造型体表面有某些物质微粒;承受体或造型体表面具有一定的吸附力和黏合力,或者是参与形成平面痕迹的某些物质本身具有一定的黏附性。立体痕迹,指造型体作用于承受体后,承受体的接触面发生凹凸变化所形成的痕迹。例如未干油漆上的手印,潮湿土地上的脚印,水果上的牙印等。立体痕迹不但能反映造型体某一面的形象特征,而且可以反映出造型体三维度接触面的立体形象特征。形成立体痕迹的一般条件是:造型体的硬度大于承受体;承受体具有一定程度的可塑性。

二是按两客体接触面是否平行滑动划分,分为静态痕迹和动态痕迹静态痕迹。指作用力垂直或接近垂直于造型体和承受体的接触面时,两客体没有发生平行滑动所形成的痕迹。如捺印的手印、踩踏的脚印、撬压痕迹、打击痕迹、图章印文、汽车轮胎滚压痕迹等。由于形成静态痕迹时,两客体接触面始终保持相对不变,所以痕迹一般面积完整,轮廓清晰,能比较客观、正确地反映造型体的形象特征。动态痕迹指造型体与承受体接触面发生平行滑动所形成的痕迹。如擦划痕迹、刺切痕迹、劈砍痕迹、弹头上的阳线痕迹、汽车刹车痕迹等。这种痕迹一般反映为面宽、痕浅,痕壁特征反映不明显,痕底特征反映在形态上会有改变,即造型体上原有的点在承受体上反映为线状痕,而线(横线或斜线)则反映为带状痕,而且随着两客体接触角度的不断改变和方向的变化,线状痕与带状痕的长短、粗细、宽窄、间隔距离,甚至痕迹的面积形状等,都会有程度不同的态变。

三是按痕迹的色调与承受体有无反差划分,分为易见痕迹和不易见痕迹。易见痕迹指本身色调与所在承受体有明显反差的痕迹。如刀把上的血手印,白床单上的煤黑色脚印,柏油马路上的白灰色轮胎痕迹等。立体痕迹也是一种易见痕迹。不易见痕迹指本身色调与所在承受体无明显反差的痕迹。如光滑物体表面的无色汗垢手印,水磨石地板上的灰尘脚印等。不易见痕迹往往需要采用特殊的手段才能发现。

四是按承受体发生变化的范围划分,分为内部痕迹和外围痕迹。内部痕迹指造型体作用于承受体,使承受体接触面范围内发生变化所形成的痕迹。如一般的手印、脚印、牙印等均属于内部痕迹。由于内部痕迹能反映造型体接触面范围内的多种几何特征,因此,一般都有同一鉴定的价值。外围痕迹指造型体与承受体接触面范围以外发生变化所形成的痕迹。如墙上的挂钟、字画被取走后留下的痕迹,下雪时汽车停留的痕迹,布满灰尘的现场取走作案工具后留下的痕迹等。外围痕迹只能反映造型体的某种外形轮廓,一般只能为分析案情和判断造型工具种类提供一定的依据。

除按以上标准对形象痕迹分类外,实际工作中为便于记录,常按造型体的名称进行分类。如可以将形象痕迹分为手印、脚印、牙印、破坏工具痕迹、车辆痕迹、枪弹痕迹等。下面进行简要介绍。

2.2.2.1 手印勘验

手接触承受体表面时留下的手纹印痕,称为手印。手印是犯罪现场上最常见的一种形象痕迹。根据犯罪分子作案时遗留在现场上的手印,可以分析判断作案的过程、作案的人数、作案人的人身特点等,从而能够为侦查破案提供线索,为通缉犯罪分子,查对前科,识别无名尸体和分尸案的身源提供依据,并可作为并案侦查的根据。手印鉴定结论是重要的诉讼证据。

人的手指、掌面布满了粗细不等的凹凸纹线,其中比较粗的、数量较少的凹线称屈肌线;比屈肌线稍细、数量较多的凹线称皱纹;数量最多、线条最细、排列均匀的凸线称乳突线;与乳突线并列的凹线称小犁沟。手印勘验的对象主要是手指、掌面的乳突线花纹留下的痕迹。

手指和掌面皮肤是由表皮和真皮两部分组成的。在真皮临近表皮的界面上生长着无数排列整齐的乳头。乳头内分布着毛细血管、神经末梢和一个个汗腺导管。由于真皮乳头层的形成,皮肤表面就呈现与之相应的凸凹结构。由许多乳头突起排成的线条称乳头突起纹线,简称乳突线。许多乳突线的组合,就构成了乳突线花纹(图2-1)。

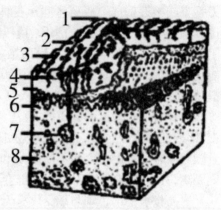

图2-1 手掌皮肤组织结构(立体图型)
1—乳突线;2—小犁沟;3—汗孔;4—汗腺导管;
5—表皮层;6—乳头状突起;7—汗腺腺体;
8—真皮层

手指和掌面乳突线有弓形、箕形、环形、螺形、曲形和棒形六种形状(图2-2)。六种乳突线的不同组合于手指第一指节骨皮肤表面成为千变万化的乳突花纹,即指纹。但这六种乳突线在每个指纹中的特定组合并非杂乱无章毫无规律的,一个完整的指纹一般是由二至三种同类乳突线构成。按乳突线在指纹中的部位分为三个系统:即内部花纹系统、外围线系统和根基线系统(图2-3)。

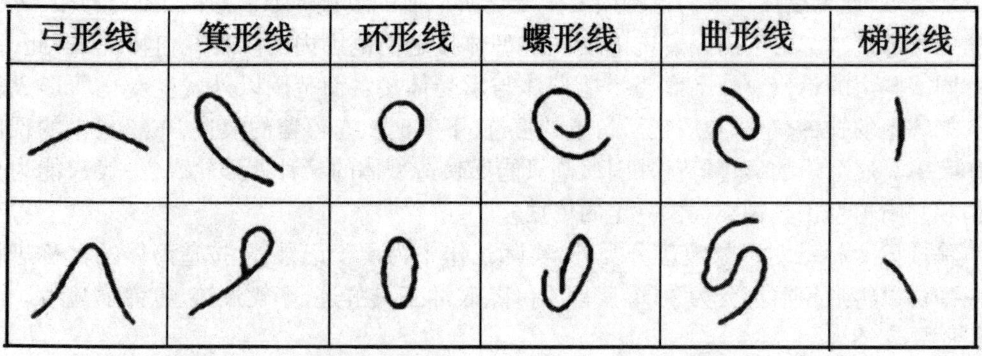

弓形线	箕形线	环形线	螺形线	曲形线	梯形线
⌒	⌒	○	◎	∽	＼
∧	⌒	○	∽	∽	＼

图2-2 指纹乳突线的六种形状

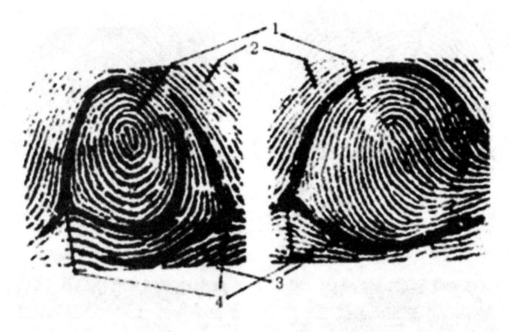

图 2 - 3　指纹的纹线系统
1—内部花纹系统；2—外围线系统；3—根基线系统；4—指纹三角

内部花纹系统居于花纹的中心部位，又称内部花纹，有的由箕形线组成，有的由环形、螺形或曲形线组成。外围线系统从上部和左右两侧包绕着内部花纹，由弓形线组成。根基线系统分布在内部花纹的基底部位，由弧度较小的波浪线或不大平坦的直纹线组成。三种纹线系统汇合的地方，构成三角。指纹的基本类型有三种，即弓形纹、箕形纹和斗形纹。弓形纹没有内部花纹，由上部弓形线和下部横直线或小波浪形纹线构成。弓形纹按纹线隆起程度又分为弧形纹和帐形纹两种。纹线隆起不大的称弧形纹；纹线隆起很大，中间还有一根以上直线支撑的称帐形纹(图 2 -4)。箕形纹是内部花纹有一根以上箕形线构成的指纹。箕形纹是常见

图 2 -4　各种弓形纹

图 2-4(续)

图 2-5　各种形纹

图 2 - 5（续）

　　箕形纹有三种纹线系统。三种纹线系统在一侧汇合构成一个三角（图 2 - 6）。箕形纹根据箕口的方向有正箕和反箕之别。从手指面上看,不论左手或右手,箕口朝向小指的为正箕;箕口朝向拇指的为反箕(图 2 - 7)。在箕形纹中,大多数为正箕,反箕只占 25% 左右。据国外统计资料表明,绝大多数的反箕形纹出现在食指。正箕和反箕的箕口方向从手指上看和从捺印上看并不相同。从捺印的指印来看,左手的正箕箕口朝向左方,反箕箕口朝向右方;右手的正箕箕口朝向右方,反箕箕口朝向左方。

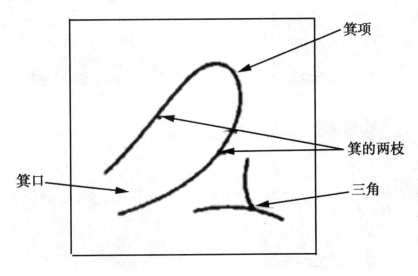

图 2 - 6　箕的各部名称和三角的位置

　　斗形纹是内部花纹由一根以上的环形线或者螺形线或曲形线构成。中心花纹为环形线的称环形斗;中心花纹为螺形线的称螺形斗;中心花纹为曲形线或两个相反方向的箕形线的为双箕斗。上述三种斗形纹的三种纹线系统分别在两侧汇合构成左右两个三角(图 2 - 8)。

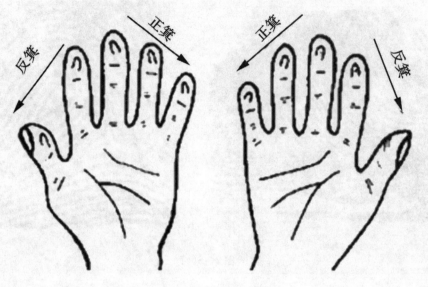

图 2 - 7　手指表面的正反箕

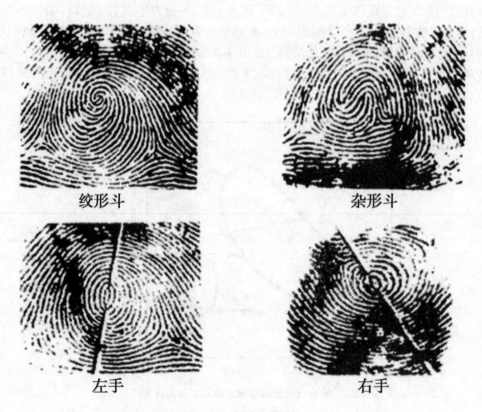

绞形斗　　　　　　　杂形斗

左手　　　　　　　右手

图 2 - 8　各种斗形纹

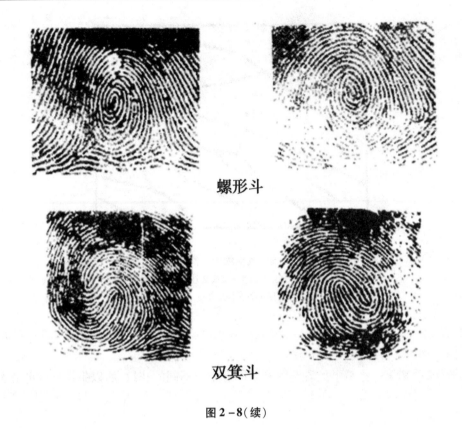

螺形斗

双箕斗

图2-8(续)

　　手掌面按纹线分布的自然状态,可划分为上部、内侧部和外侧部三个区域。手掌上部,即食、中、环、小指根部至第一屈肌线这个区域。其乳突花纹结构是:每个指根部都有一组凸向掌心的横(图2-9)乳突线的个别特征行弧线,并常与来自两侧指间的纵行纹线汇合构成三角。各指间的纹线有的流向小指侧,有的流向另一指间,形成凸向掌心的弓形纹;有的则返回同一指间的另一侧,形成头向掌心的箕形纹,出现的个别斗形纹。手掌内侧部,即拇指根部一侧至掌心这个区域。其纹线起于拇、食指间和拇指根部,伴随第三屈肌线斜行向下,至掌心弯转向内,流至内侧斜边沿和腕部,呈凸向掌心的弧形纹线,但越靠拇指根部越呈斜直状态。此区域有时亦形成箕形纹和斗形纹。手掌外侧部,即小指侧边沿至掌心这块区域。其纹线多来自食指根部,经流掌心,斜行至整个外边沿,纹线由小增多呈扫帚形。此区域亦常有弓形、箕形、斗形花纹分布。另外,手掌外侧部与内侧部的纹线在手腕部汇合,与腕部凸向掌心的弧形线组合成三角。三角的位置多在手腕正中,亦有偏内或偏外,或向掌心靠近的。手指、掌面的乳突线中,还有许多细节特征。按顺时针方向追迹乳突线时,凡较长纹线的起端称为起点,终端称为终点,一分为二之点称为分歧,合二为一之点称为结合;还有一些纹线互相联结,分别构成小勾、小眼、小桥;一小部分纹线很短,呈小棒状和点状(图2-9)。

　　手指、掌面乳突线花纹具有四个方面特性:

　　(1)各种乳突花纹类型和乳突线的细节特征,构成了指、掌纹的特定性,不仅人各不同,而且指指相异;

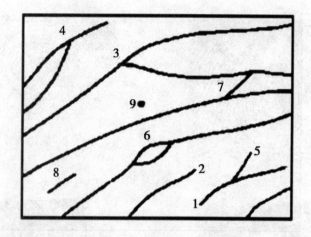

图 2 – 9　乳突线的个别特征

1—纹线起点;2—纹线终点;3—纹线分歧点;4—纹线结合点;
5—小勾;6—小眼;7—小桥;8—短棒;9—小点

（2）指、掌纹形成于胎儿阶段,一经形成,其花纹类型和细节特征的总和,即具有极强的稳定性;

（3）由于手指第一指节上的乳突线有规律地组成不同的花纹,所以指纹具有可分类性;

（4）由于乳突线上有汗孔分泌汗液附在皮肤花纹上面,用手触摸物体极易留下手印,故其还有易反映性。

后面章节对侦查勘验的数据驱动方法,尤其是指纹识别的实例分析将围绕本节的知识内容展开并延伸。

2.2.2.2　脚印勘验

人站立和行走过程中遗留的赤脚印、袜印和鞋印,统称为脚印。脚印也是犯罪现场上常见的一种形象痕迹。罪犯作案,必然在现场上走动,当其赤脚或穿鞋、袜与地面或其他承受客体接触时,由于脚与承受体的相互作用,致使承受体表面发生变化而留下脚印。勘验现场上的脚印,可以为判断案情和罪犯的形态、步行姿势及进入和逃离现场的路线、速度、负重方式等提供依据;可以为追缉罪犯提供踪源;可以为认定罪犯的人身或鞋、袜提供依据。遇有无名尸体和分尸案件,可以利用脚印识别被害人的身源。

人站立和行走运动在各种承受客体上形成的赤脚印、袜印和鞋印,能够反映出赤脚底、袜底和鞋底外部结构形态的一般特征和特定特征。

● 赤脚底部特征:赤脚底部的一般特征:赤脚底的长度,各部位的一般形状、长短、宽窄,脚趾的分布状况(并紧的、分散的和重叠的),脚弓高低类型(高弓形、窄弓形、中等形、扁平形和膨胀形),乳突花纹的类型等。

赤脚底的特定特征:赤脚掌各部位边缘的特殊形态,脚趾的特殊形状、大小和相互关系,脚弓的高低,脚掌乳突线细节特征的位置、形态及相互关系,伤疤、鸡眼、脱皮的形状、大小、位置,多趾、骈趾、缺趾或其他畸形特点等。

● 袜底部特征:袜底部的一般特征:袜底的长度和各部位的宽窄,袜线的种类、粗细和密度等。

袜底部的特定特征:袜子的断线、跳线的位置及其相互关系,袜底针角的形状、大小、分布状况,磨损和破洞的形状、大小、位置,织补的位置、形状、大小和织补的方法,缝线的针脚分布情况以及工艺习惯等。

●鞋底部特征:鞋底部的一般特征:鞋底的一般形状、长度、宽度,鞋底表面花纹、图案的类型,各种标记的一般形状和内容,鞋底质料的种类和制作方法,鞋底的新旧程度等等。

鞋底部的特定特征:鞋底部生产过程中形成的缝线、针脚、钉子和粘连部位的形状、大小、粗细、长短、位置以及它们的分布状况,商标、牌号等标记的位置、磨损和变形,穿用过程中形成的磨损的具体位置、形状、大小,鞋底的围条(沿边条)的接头、布层的位置、形状和层数,鞋底的裂纹、窟窿的位置、形状、大小和补丁的形状、大小、位置以及鞋底黏着的其他物质等等。

根据现场脚印的情况,可以分析判断出脚印与犯罪的关系,罪犯所穿鞋、袜或赤脚,罪犯的步法特征、形态、伪装行为及逃跑方向等。

分析脚印与犯罪的关系,就是要确定现场脚印是否为罪犯的脚印。一般可以从以下几方面分析:

1.分析脚印遗留的位置同犯罪分子作案时的动作是否吻合。

2.分析脚印的新鲜程度同犯罪分子作案的时间是否吻合。主要是根据当时当地的气候和环境,从脚印花纹边楞的锐利程度、土色变化、干湿程度等方面进行分析。

3.分析脚印中有无留有从别处带来的物质。比如血脚印、煤粉形成的脚印、附有铁屑等物质的脚印等等。

4.分析脚印上有无附加特征。发案后,脚印上反映的附加特征,也可帮助判断脚印是否为罪犯所留。比如,雨前发案的脚印表面有雨淋的麻点。

5.结合案件的性质,分析脚印与其他犯罪痕迹或与犯罪行为有关的其他物品之间是否有密不可分的内在联系。

6.分析脚印有无反常情况。罪犯作案时,心情紧张,行动反常,因而常出现异常脚印。一般是:罪犯在作案前多在现场周围窥视偷听,观察动静,为避免声响而蹑手蹑脚,因此在临近现场的房前屋后,墙角窗下等阴暗角落出现一脚重一脚轻或一脚直一脚斜的脚印,有时还伴有爬卧痕迹;当罪犯接近作案地点时,注意力多集中在选择目标,同时又要观察地形,寻找隐身场所等,因而多出现时快时慢、停顿徘徊、路线弯曲的步法特征和相互重叠的脚印。作案后,罪犯急于脱身逃走,多快步或跑步走,不择路,故多出现步大、速度快、挖痕明显、步角变小的步法和步态特征;疲劳时,因走路踉跄,故出现路线弯曲,步子短而宽、步角大、起落脚低(脚印中出现擦痕),并常伴有休息坐卧等痕迹。

7.根据现场脚印的复杂情况,通过甄别无关人员的脚印,确定罪犯的脚印。但要注意识别伪装脚印或内部作案有关人员遗留的脚印。

分析罪犯所穿鞋、袜及其赤脚种类,主要依据现场脚印所反映的鞋、袜及其赤脚底部的外表结构特征。鞋子种类分析,一般从以下几方面分析:

1.鞋子质料分析:主要根据鞋印所反映的鞋底花纹、商标牌号、产地厂名等区分是属塑料底鞋、胶鞋、布鞋还是皮鞋的鞋印。但是,应注意同种质料的鞋底,可能配制不同质料的鞋帮;同样一种鞋底,有制成单鞋、夹鞋和棉鞋的,有制成矮腰、中腰和高腰的等等。这就要通过查对鞋底花纹档案及走访鞋厂、鞋店查对鞋样,进一步研究解决。

2. 鞋号分析

主要根据测量鞋底印的长度和宽度来推算。换算公式是,鞋号＝鞋底长－内外差－放余量。鞋底长是指鞋底前尖至后跟缘的垂直距离。内外差是指鞋内长(即鞋楦长)与鞋底面长度之差,即鞋内实际长加前、后鞋帮的厚度,再加(或减)鞋底面前、后边的宽度,才等于鞋底面实长。放余量是指脚在鞋内活动的余地。各种鞋的放余量都有一定的标准,如男女前后空塑料凉鞋为 0.5 厘米、布鞋为 0.8 厘米、胶鞋为 1 厘米、女皮鞋为 1.2 厘米、男皮鞋为 1.5 厘米。此外,为查明鞋号,现场留的不完整的注塑和模压的鞋印,可以采用查对鞋样或鞋模具的方法,必要时,直接到鞋厂查对模具,即可准确判明鞋号。

3. 鞋的型号分析

成年男女鞋的型号共分五个肥、瘦型,即Ⅰ、Ⅱ、Ⅲ、Ⅳ、Ⅴ型,也有增用半型的,即 1/2 型。每型之间相差 7 毫米,半型之间相差 3.5 毫米。鞋子肥瘦型号是通过测量跖趾围的长度得出的数值确定的。在分析现场鞋印时,可以根据跖趾围的 40% 约等于前掌的宽度,来推断遗留鞋印的鞋子的肥瘦型号。

4. 鞋的厂牌分析

鞋的厂牌在鞋印中已经反映出商标牌号、产地、厂名的则容易确定。没有反映、反映模糊或反映不全的,则主要根据鞋印中反映的鞋底花纹、周边花纹类型及特点,结合平时熟悉的鞋样特点加以临场识别,或利用收集的鞋样资料查对,必要时,可走访鞋厂、销售商店查对。

袜子种类的分析:织袜原料有人造纤维、植物纤维和动物纤维。纱支又有粗细之分,有的双纱线或加底编织。一般化纤和丝袜较薄、网眼结构细密;棉、毛、尼龙纤维袜较厚、网眼结构粗稀。袜子种类分析的依据是袜子结构组织在袜印中的反映。

5. 赤脚种类的分析

主要根据赤脚掌面各部位的形态在赤脚印中的反映进行分析。一般从脚趾、脚掌、脚弓、脚跟的形态及脚掌乳突线花纹的形状、纹型、流向和屈肌褶纹、皱纹、鸡眼、脱皮等方面在赤脚印中的反映和表现分析判断。罪犯的步法分析是根据成趟脚印或单个脚印中反映的罪犯的步法特征进行的。步法特征是人行走习惯的反映和表现,由步幅特征和步态特征构成。

步幅特征分析:步幅特征是人的左右两下肢行走时相互关系的反映,由步长、步宽、步角所组成。

1. 步长

指一个普通步的长度,可分为短步(70 厘米以下)、中步(71～80 厘米)、长步(81 厘米以上)三种。

2. 步宽

指行走时左右两脚后跟内边缘之间的水平距离,可分为分离步、并跟步、搭跟步、直线步、交错步五种。步宽大于 0 的为分离步,等于 0 的为并跟步,步宽为负值时,绝对值小于一个后跟宽的为搭跟步,等于一个后跟宽的为直线步,大于一个后跟宽的为交错步。

3. 步角

指左右两脚各自内收或外展的角度,分外展、内收、直行、不对称四种。外展,是指左右脚印之中心线展向步行线以外。依外展的程度可分为小外展(6°～10°)、中外展(11°～20°)、大外展(21°以上)三种。内收,是指左右两脚印之中心线收向步行线以内。直行,是指左右两脚印之中心线与步行线在一条直线上或外展角度在5°以下。不对称,是指左右两脚印呈一直行一外展,一直行一内收,一内收一外展。步幅特征应通过测量来确定。测量时一般是先定步角,再定步宽,最后定步长。步幅特征的测量方法有目测、棍测和尺测三种。测步角时,步行线和脚印中心线成一线时为零度;大于零度(外展)时为正度,用"＋"号表示;小于零度(内收)时为负度,用"－"号表示。

步态特征分析:步态特征是人行走时,两条腿交替支撑和摆动过程中,人体重心不断移动和起落脚运步方式与地面相接触的细节动作的反映,由落脚、支撑、起脚和摆动四种习惯动作所构成。

1.落脚习惯特征分析

主要表现为磕痕,即落脚时,大腿后群肌肉用力,脚后跟边缘向后下方磕碰地面形成的痕迹。痕迹的后边缘整齐,后方有堆土现象,痕迹倾斜,多呈直角。

2.支撑习惯特征分析

主要表现为压痕,即支撑体重的脚,压在地面上形成的痕迹。压痕多出现在后跟、前掌、拇趾等部位。

3.起脚习惯特征分析

主要表现为挖痕,即起脚时,脚趾向后挖动地面形成的痕迹。挖痕在脚印前尖部形成土坑,并伴有散状的甩土现象。

4.摆动习惯特征分析

主要表现为挑痕和擦痕两种。所谓挑痕,是指起脚后,脚前后摆动时,脚尖向前方挑动土面形成的痕迹,因此痕迹的前端有向前挑土的现象。所谓擦痕,是指落脚前,脚跟擦动地面形成的痕迹。痕迹的后边缘常形成羊胡子状、长条状、半月状等。

步幅特征与步态特征是相互联系的。人走路时,遗留一定的步幅特征,同时也必然遗留相应的步态特征。就是说,人行走时的步幅特征蕴藏着步态特征,步态特征同步幅特征是相辅相成的。步法特征固然也是反映在脚印形象之中,但它不适用通常形象痕迹的勘验、检查,而主要通过对成趟脚印的测量,从中深入分析脚印遗留者的步法习惯特点,找出其内在联系和规律,从而为侦查提供有价值的线索。尤其是在广大的农牧地区,利用步法特征配合追缉、搜捕罪犯和分析案情,更能发挥其重要作用。

根据现场脚印中所存在的信息,还可以分析出罪犯的性别、年龄、胖瘦和身高等形态特点。

1.性别推测

男女在生理上的差别,能在成趟脚印或单个脚印上得到反映。一般说,男子步子较大,压痕较重,多有挖痕和甩土现象。女子步子较小,起落脚平稳,压痕比较均匀,脚印边缘比较整齐,挖痕和甩土现象往往不明显。此外,在脚印的长度上,男子的一般比女子的长;所穿鞋的鞋底式样,在鞋印花纹形态上也有差别。

2.年龄推测

年龄上的差别,在脚印上也能表现出来。人的下肢机能,是随着年龄的增长而发生变化的。年轻人敏捷,壮年人力大,中年人稳着,老年人迟缓。一般地说,二十岁左右的青年,脚印中前掌压痕比较重,后跟压痕比较轻,前尖挖痕比较大,后跟擦痕则少见。三十岁左右的人,脚印中各部位压痕比较均匀,开始出现擦痕,但不明显。五十岁左右的人,步子开始变宽,步角外展增大,脚印中后跟压痕变大,前掌压痕变轻,擦痕也越来越明显。

3. 胖瘦推测

体态的胖瘦直接影响运步动作。胖人运步一般比较迟缓，步子一般不大，但较宽，步角外展也较大，脚印中后跟压痕较重，压力面较宽，后跟往往出现擦痕。瘦人运步轻便，脚印前掌压力面不均匀，挖痕较明显，脚印边缘不够完整。

4. 身高推测

人的身高不同，身体的重心位置的高低也不等，因此在脚印中的反应也有所区别。一般是：高个（1.75 m 以上），重心高，下肢较长，脚大步长，运步松散，走路左右摇晃，故脚印的后跟出现外偏压，脚尖外侧有虚边；中等个（1.65～1.75 m），重心适中，运步均匀，步幅中等；矮个（1.65 m 以下），重心低，下肢较短，脚小步短，走路多前后晃动，运步紧促，多习惯迈大步，落脚时，脚印前掌有挖痕。罪犯的身高还可以根据一个单脚的长来推算身高。人体高度和人体各部分长度，一般都有一定的比例关系。人的赤脚和身高的比例，大致为1:6.876，所以赤脚长乘以 6.876 就等于身高。如果以鞋印来推算身高，应先将鞋印的长度减去鞋边的长度求出赤脚的长度，然后再乘以 6.876。鞋底的边宽应减多少，这要看鞋子的种类来定。一般情况是：皮鞋底减 3～4 厘米，胶鞋、塑料鞋减 2～2.5 厘米。布鞋明上底的，减 2～3 厘米；暗上底的，减 1～2 厘米。

罪犯作案时或作案后，为了逃避侦查，有的故意改变步法和换穿鞋等在现场上留下非正常脚印。对于现场上的伪装脚印，主要通过步法特征和其他反常现象进行全面分析识别。常见的伪装脚印行为有改变步法、退步走、倒穿鞋、小脚穿大鞋、大脚穿小鞋等。所有这些伪装行为都会在脚印中得到客观的反映，而且由于其改变正常步法时，动作不协调，力量不大，速度慢，不能持久，原有的步法特征仍然会在脚印中出现。关于罪犯逃跑方向的分析，主要根据脚印遗留的地点方位，足尖的指向，地面上的其他痕迹、物品的状况进行分析研究。比如，草地上的脚印，可以根据草的倒伏方向进行分析；石砾地上的脚印，可以根据石砾被踩登后翻移位形成的裂缝进行分析等。另外，还可结合行走路线上散落的同犯罪有关的其他痕迹、物品（比如交通工具痕迹、散落的被盗粮食）进行分析。脚印还能反映出罪犯进入或逃离现场过程中的负重方式、罪犯的职业特点等，也应注意分析、研究。

2.2.2.3 牙印勘验

人牙印是人在承受客体上的咬合痕迹。多出现在强奸、杀人、抢劫等案件中。人牙印勘验可以为侦查提供线索，为人牙齿鉴定提供材料。

成人正常的牙齿是 32 颗，其中切牙 8 颗、尖牙 4 颗、双尖牙 8 颗、磨牙 12 颗。牙齿上下颌对称，排列呈弓形，称齿弓。各齿的形状、大小、齿向、距离以及齿弓的曲度和形状都有其特征。由于每个人的牙齿生长情况，牙齿的异常（如过剩齿、缺齿、巨大齿、短小齿、融合齿、附加齿尖、牙齿位置错乱、牙齿转位等）、病变、损伤、治疗等不同，就构成了每个人的牙齿的特定特征。牙齿的一般特征和特定特征能在牙印中得到程度不同的反映。

人牙印可能留在某些食品上，也可能留在人的活体或尸体上等。如果罪犯作案时以牙齿为破坏工具，则牙印会留在被破坏的客体上，比如用牙撕坏工作证、咬断器具、咬开瓶盖等留下牙印。对于发现的牙印，可以用拍照、提取牙印的载体和塑料制模等方法加以提取。塑料制模常用的是打样膏，最好用医用石膏制模。对于提取的人的牙印，要放在较牢固的容器内保存。容器内周围应垫上棉花。对于水果上的人牙印应及时放在 0.5% 的甲醛溶液中保存，或者浸泡一段时间后，再用甲醛溶液浸湿的纱布包好，装入防止水分蒸发的塑料袋或磨口瓶中,以免失去水分而干枯变形。也可以将其放置冰箱内暂时保存。对于糕点上的人牙印可用人工冰冻方法或灌注模型的方法提取。对不易变形和小件客体上的人牙印,要尽可能提取原物保存。金属制品(如瓶盖)上的咬痕,需涂上防锈油。对于尸体上人牙印,经批准并征得死者家属同意,可将带有牙印的皮肤组织切下,放在10%甲醛溶液中保存。对嫌疑人或受害人活体上的人牙印,要及时拍照固定提取,以免因治疗或伤口愈合而使牙印变形,影响以后鉴定。现场提取的人牙印,必须详细记录牙印所在的位置、方向以及承受客体的原貌状况。

对于提取的人的牙印要根据被咬物的形状、案前案后放置的上下方位,结合人咬东西的习惯动作进行分析。如是人被人咬,则要从双方的相对位置和姿势进行分析。人牙印分析的主要目的是要确定牙位,确定特征,确定有无假牙及其特点,为牙齿鉴定准备材料。此外,在分析时,要注意把人牙印和常见动物如鼠、兔等遗留的牙印加以区别。

2.2.2.4　工具痕迹勘验

某些器械在外力的作用下,使承受客体发生局部形变或破坏时所形成的痕迹,称为工具痕迹。工具痕迹是一种立体痕迹,与其他痕迹相比,在犯罪现场上的出现率并不低,并且有容易发现、不易被破坏等特点。勘验罪犯遗留在现场上的工具痕迹,可以为推断罪犯实施犯罪的过程、破坏技术熟练程度、职业习惯、工具的种类,以及鉴定痕迹是否为某一工具所留提供依据,从而为侦查和审判提供证据。

此外,开锁和破坏锁的痕迹,是指使用某种钥匙或工具开锁或破坏锁时遗留在锁上的痕迹。开锁和破坏锁的痕迹多见于盗窃案件的现场。利用开锁和破坏锁的痕迹,可以分析罪犯破坏的手段和认定开锁和破坏锁的钥匙和工具,为侦查破案和审判罪犯提供证据材料。

现场工具痕迹分析判断应着重解决工具痕迹与犯罪的关系,造型工具的种类,罪犯的某些特点和犯罪的有关情节。简述如下:

分析工具痕迹与犯罪的关系,一般分两步进行:

1. 区别工具痕迹与非工具痕迹

犯罪现场上有时会遇到动物咬断痕迹、疲劳断离痕迹、腐蚀断离痕迹、雷电烧焦痕迹、风袭断裂痕迹等。这些因自然力和各种动物所造成的痕迹的形状,有的与某些工具痕迹雷同。例如,老鼠啃咬的电线、电缆和轮胎上的牙痕,就很像钳剪或细铁钉等形成的工具痕迹。区别工具痕迹与非工具痕迹,主要通过观察痕迹的外形、位置、方向并结合当地气候特点,以及动物的活动规律等进行综合分析判断。一般说来,痕迹断面平整、线形方向一致、边缘整齐的等,多为工具所形成。否则,就极大可能为非工具痕迹。

2. 区别犯罪工具痕迹与非犯罪工具痕迹

犯罪现场上发现的各种工具痕迹,不一定都是犯罪行为所形成的。有些承受客体上的工具痕迹是在生产加工、使用和修理过程中造成的。毫无疑问,这些工具痕迹是与案件毫不相干的,要把这些非犯罪工具痕迹与犯罪工具痕迹区别开来,主要应根据工具痕迹的新旧程度、位置、方向,并结合其他痕迹(如手印、脚印)和现场遗留的作案工具等进行分析判断。一般地说,较新鲜的,其位置、方向与被破坏物协调一致、互相适应的,同其他犯罪痕迹密切相关的,为现场遗留工具形成的,则极大可能是犯罪工具痕迹。相反,如果工具痕迹比较陈旧,其位置、方向与被破坏客体之间无任何关系,孤立存在的,非现场遗留工具形成的,就不一定是犯罪遗留的。但应注意识别假造现场时遗留的反常态痕迹。

判明造型工具种类,对于侦查中及时寻找和提取嫌疑工具有着重要意义。推断造型工具的种类,主要根据工具痕迹的整体形象,工具痕迹所反映的造型工具的形状、大小、角度等种类特征,几处工具痕迹之间的相互关系,被破坏客体的物理属性,工具痕迹中的附着物等进行分析判断。还应对痕迹形成的条件、作用机制,结合痕迹所在的周围其他伴生痕迹(如手印、脚印等)综合分析研究。必要时,可根据现场工具痕迹形象,模拟现场条件,收集结构相类似的工具制作实验工具痕迹样本与现场工具痕迹对照,来推断造型工具的种类。

有时在犯罪工具痕迹中还能看出罪犯的身份特点。如根据某种专用工具痕迹,观察其使用工具的习惯和熟练程度以及着力点的位置、角度及破坏客体的先后顺序等因素,可直接推断出罪犯的职业特点。即使是一般工具所遗留的痕迹,依其使用工具的习惯、熟练程度,着力大小和痕迹所在物体上的高度,往往也可分析出罪犯人身的某些特点。因为这些因素同罪犯的职业、体力和身高等特点有着一定的关联。

根据工具痕迹的重叠,遗留的次序和某些附着物往往还能判明实施犯罪的过程和重要情节。如罪犯当时所处的地势位置、姿势、被害人反抗及其搏斗等情况。这些细节不仅有助于判明案情及时破案,而且还可用来审查被告人口供的真伪,是定案可靠的依据。此外,根据现场的实际情况,发现工具痕迹的形成次序、方向有明显的矛盾时,这种不顺乎事理发展形成的工具痕迹常可作为伪造现场的具有说服力的重要根据。

2.2.2.5 车辆痕迹勘验

车辆痕迹是使用车辆留下的行车痕迹。车辆痕迹勘验的对象主要是罪犯在作案过程中,使用车辆或偷窃车辆时车轮对地面滚压而形成的车轮痕迹,有时也对车辆其他部位(如号码牌、保险杠、挡泥板等)痕迹进行勘验、检查。根据犯罪现场上的车辆痕迹可以判断罪犯出入现场的来去方向,确定车辆的种类和认定车辆是否同一。此外,在交通肇事案件中,根据车辆痕迹,可以分清肇事者的责任及情节轻重等。

车辆种类很多,但从总体观察,在现代车辆中充气胶轮车辆占据多数地位,某些畜力车和人力车绝大多数也都装配有不同型号的充气轮胎,所以充气轮胎往往成为车辆痕迹的较为普遍的造型体。

车轮特征分为一般特征和特定特征。一般特征是某种类型车辆所共有的特征。如车轮的直径、车轴数目、车轮的轮距、车轮的宽度和花纹的类型等特征。根据这些特征,可以认定车辆的种类。特定特征某个车辆所独具的区别于其他任何车辆的标志。特定特征是认定车辆同一的依据。车辆的特定特征既有在生产加工中形成的,也有在使用中形成的。属于前者的有轮胎的气泡、砂眼和黏合接缝的宽度等;属于后者的有磨损、扎孔、蹭伤、裂纹及垫补造成的形状、大小和数目等。

车辆痕迹的测量主要包括:

1. 轮迹宽度测量

为了测量的准确,应在出事现场选择一段较平坦地面上的车辆痕迹进行测量。具体操作方法是,勿使测量的尺子与痕迹的行走线垂直,在一般情况下,测量轮胎的接触面左右边沿间的距离即为该车辆轮胎的宽度。但有时遇到轮胎内气压过低,致使轮胎痕迹产生过宽的现象。此时就得以痕迹反映出的轮胎花纹左右边沿为基准进行测量。虽然各种轮胎压制的防滑花纹有着不同的形状,但这些花纹一般都具有对称性,是测量轮胎宽度的良好标志。

2.轮径测量

根据轮胎的接触面所形成的某个特定特征,或其附着物的印痕在车辆痕迹里重复出现的长度为车轮周长,即可按公式(轮径＝周长/π),求出该车辆的轮径。

3.轨距测量

轨距是指同一车轴上左、右两侧车轮之间的距离。一般是前轴略小于后轴的轨距。如果是三轴的汽车,有的前轮的轨距大于中、后轴轨距,三轴双重后轮的前后轮轨距也有相同的。在一般情况下,只要测量两平行轮迹中心线间的距离即为该车的轨距。双轴车辆形成的轮迹,往往因车辆直线行驶时使前后轮迹部分重合,不容易测准其前后轴轨距,所以选择这种车辆转弯处前后轮迹分开的一段进行测量。

4.轴距测量

轴距是指车轮前轴与后轴的距离。汽车有双轴和三轴两种。前、后车轴的轴距,在汽车直行时,因前、后轮重合在一趟上,是难以测量的。但是在急刹车或转弯时,如果前轴轨距小于后轴轨距,则可测量急刹车时前、后轮的擦痕距离即为轴距。急转弯时前、后的弧形轮迹的切点之间的距离亦为轴距。对于车辆痕迹首先应采取拍照、测量、绘图的方法加以固定。之后,对于立体轮迹可用石膏制模加以提取;对于平面灰尘轮胎印可用静电吸附法加以提取。但应注意,对于成趟的轮迹,在拍照、制模或静电吸附时,至少应反映出车轮的周长,切勿只提取一部分或片断的痕迹。对于车辆的其他痕迹如挡泥板、保险杠、车牌、油箱、散热器等形成的碰撞或摩擦痕迹,以及车身脱落物如车灯和玻璃窗碎片、油漆碎屑等等,也应仔细寻找提取。

根据现场车辆痕迹可以分析判断车辆行驶方向和车辆的类型。判断车辆行驶方向对于追缉案犯和开展侦查有着重要意义。判断车辆行驶方向的主要根据是:

1.轮迹两侧的尘土细沙等物质形成的扇形面花纹。其扇面展开方向为车辆驶来方向。反之,则标明为车辆驶去方向。

2.车轮碾压过的树枝、草棍等细脆物体,其翘起端的指向与车辆行驶方向相反。

3.遗留在路面上的车轮粘附的细小物质。车轮上黏附有细小物质如泥土、积雪,当车辆再次经过坚硬的路面时,被遗留下来的这些细小物质的边沿往往呈尖齿状,其钝端为车辆行驶方向。

4.车上滴落的油滴或水滴等液体物质,在路面上呈矢状,其尖端为车辆行驶方向。

5.根据兽力车、人力车车轮痕迹旁近的蹄印或脚印,可判明车行方向。

判断车辆的类型可以从以下几方面进行:

1.从车印中反映的车轮和车轴数目以及车轮转弯时遗留的痕迹条数、分布特点来确定是单轮车、双轮车、三轮车或四轮车以及车辆的轴数。

2.从车轮痕迹反映的胎面花纹结构判断车辆的轮胎是呈块状、条状、齿状还是呈菱形、三角形或波浪形等形态。根据汽车轮迹反映的胎面花纹结构则可判断其轮胎面是普通花纹、混合花纹还是越野花纹。

3.根据车轮痕迹反映的车辆的轴距、轨距和车轮的直径来判断车辆的类型。

侦查中,当发现嫌疑车辆时,应设法提取其车轮痕迹样本。一般是提取车轮原物,或者用石膏制模和照相。还要根据现场实际情况,对嫌疑车辆全面检查,必要时要在现场上进行实验,制作实验样本。对于提取的样本,要标明来源、车型、车牌号、使用单位、使用人、车轮花纹种类和牌号、产地、新旧程度,并测量各部位数据,以便同现场车轮痕迹比对鉴别。

2.2.3 枪弹鉴定

枪弹鉴定是指运用专门技术方法对与犯罪有关的枪支、弹药及其射击痕迹和射击附带物质的勘验、检查活动。

枪弹鉴定的主要任务是:参加枪击案件的现场勘验,认真细致地寻找射击弹头、弹壳、枪支、弹着点和射击附带物质,并妥善提取,为枪弹及其射击附带物质鉴定提供物质条件。与此同时,还要趁现场未遭重大变动之际,对枪支、弹药及其痕迹和射击附带物质作出各种判断,为侦查的开展提供方向和线索。枪弹勘验是刑事勘验技术的组成部分,依法只能由侦查人员负责进行。必要时,可以指派、聘请有专门知识的人,在侦查人员的主持下进行。

枪的种类很多,通常以枪管构造、口径大小和性能来划分。

1. 按枪管构造划分

按枪管构造可以分为滑膛枪和线膛枪。滑膛枪是 15 世纪以前的古老枪支,枪管内系光滑的圆管。如一般的猎枪、土造枪的枪管均为这种构造形式。线膛枪,又称来复线枪。枪管内壁刻有几条旋转式的凹凸膛线。这种枪射程远,命中率也高。

2. 按枪支口径大小划分

按枪支口径大小,可分为小口径、中口径和大口径枪。小口径枪枪管口径为 5.6 毫米左右。中口径枪枪管口径为 7 毫米至 9 毫米。大口径枪枪管口径为 9.3 毫米至 12.7 毫米。枪管口径是以枪管的内径为准。线膛枪枪管口径以凸线的内圆直径为计测标准。计算单位各国不尽相同。中、日、德、俄等国家以毫米为单位。英、美等国以英寸为单位(1 英寸 = 54 厘米),如口径 25 英寸即为 25% 或 0.25 英寸等等。猎枪的口径用号码表示。号数越大,则表明其口径越小。表示口径的号码数值,是指用一磅铅制同样大小的圆形弹丸的总数。这个圆形弹丸的直径恰为猎枪的口径。如 16 号猎枪枪管口径要小于 12 号猎枪枪管的口径。

3. 按枪支机动性能划分

按枪支机动性能可分为自动枪和非自动枪,自动枪。利用火药燃爆后所产生的气体能量完成装弹、退壳和排壳动作。扣住扳机可以连续射击的,称为全自动枪;每抠一次枪机发射一颗子弹的,称为半自动枪。非自动枪,其火药燃爆后产生的气体只供推动弹头前进。这种枪支每击发一次均要人手拉动枪机一次方能完成退壳、排壳和装弹的动作。如左轮手枪、一般步枪和猎枪均为非自动枪。

枪的种类很多,在式样上也不尽相同,但它们组成的主要部件是大致相同的。如步枪和冲锋枪的结构都由枪管、机匣、枪机、复进机、弹仓、击射机、瞄准器、枪托等部件所组成。手枪则是由枪管、套筒、套筒座、弹仓、击发机、击锤及瞄准器组成的。

目前除某些猎用枪支还使用霰弹外,其他枪支几乎都使用单一子弹。按子弹的用途可分为穿甲、燃烧、曳光等特殊子弹和普通子弹。普通子弹的外形和口径不一,但它们的基本结构都是由弹头、弹壳、火药和底火等四部分组成。猎枪的霰弹的构造与单一子弹的构造相似,但其所用的弹头系用不同大小的钢珠或铁砂,与火药分层装入弹壳。

枪的发射痕迹,是指子弹发射过程中在弹头、弹壳上形成的各种形象痕迹。通常根据这些痕迹能判明所用枪支的某些特征。

当子弹在枪膛被击发,借助火药爆炸产生的巨大气体压力脱离弹壳后,沿着枪管急促地飞出枪口。因弹径略大于枪的口径,弹头要进入膛线部必须嵌入膛线。当弹头在驶过枪管的一瞬间,在其表面因与枪管内壁摩擦而留下反映枪管内壁某些凸凹特点的动态痕迹。对线膛枪而言即为凸膛线的动态痕迹。弹头上的这种膛线痕迹通常可以反映出所用枪管凸膛线表面结构的特点,如膛线的数目、宽度、倾角和旋转方向等。这些特征反映往往成为鉴定发射枪支同一的可靠根据。实践中,有时遇到弹头上出现数量加倍的凸膛线擦痕,其原因是射击枪支超过有效射击次数,致使枪管内的某些部分变形或严重烧蚀而造成的。滑膛枪射击的弹头,因其在枪管内不发生旋转,只是直射而出,故所形成的擦痕与弹头中心轴线是相平行的。这种痕迹也能不同程度地反映滑膛枪枪管内壁上的凸凹特征,条件好的,也能进行枪支的同一鉴定。

当弹在压入弹匣、推入枪膛、射击、爆发、退壳和排壳等一系列的击发过程,致使弹壳先后受到枪支特定部位的挤压、撞击和摩擦,而在相应部位留下不同类型的形象痕迹。

当把子弹压入弹匣或由枪机推出弹匣输入弹膛时,可在弹壳上留下弹匣卡口的凹线状的擦划痕迹(单排弹匣为两条,双排弹匣为一条)。

由于枪机前后移动的装弹和退壳的机械动作,因而在弹壳上形成枪机底部的擦划痕迹,特别是弹匣满载时,由于摩擦阻力增大,擦痕的特征尤为明显清晰。这种动态擦划痕,对某些枪支具有特定性。

由撞针撞击子弹底火所形成的凹陷痕迹。它可以反映出射击枪支的撞针位置、粗细、外形、撞击深度等方面的独具特点。这种痕迹是鉴定枪支同一的重要依据。

子弹发射时火药爆发产生的巨大压力,使脱离弹头的弹壳瞬间膨胀而紧紧地贴在枪膛之内,犹如爆炸冲模一样使枪膛各部位形状不一的凸凹点线特征,如枪膛的烧蚀点、擦划线和加工花纹以及装配缝隙等以凸凹相反的形象结构反映在弹壳四周和底部,成为发射枪膛各种细微特征立体模型。这种凸凹点线痕迹的数量、形状、大小、坐落的位置和相互距离等特征,具有重要的检验价值。

枪机后退开锁时,抓子钩抓住弹壳底边随之猛烈后退,当与排弹器相撞时,弹壳被抛出膛外,从而完成了排除弹壳的全过程。因而常在弹底边沿,底槽内留下抓子钩接触部位的擦划痕迹和排除器的撞击痕逊。抓子钩与排除器两者处于相对位置,它们各自占据弹底一个半圆内。寻找排除器痕迹位置,可首先找到抓子钩的确位,它的对应半圆区域即是排除器痕迹应处的范围。

弹着痕迹是指枪弹发射后,弹头飞离枪口射向目标,在被射击的物体或人体上所形成的痕迹。主要有弹孔和弹头擦痕两种。

一是弹孔飞行弹头击中目的物所形成的孔洞,称为弹孔。弹孔是主要的弹着痕迹。弹头能量和目的物的物理特性,决定弹孔是否贯穿。如果弹头能量足以克服目的物的全部阻力,即可形成穿透弹孔。否则,即形成未穿透弹孔,即盲孔。如果力量太小,则仅在弹着点造成一定的撞击痕迹。

二是弹头擦痕弹头未能击中物体,只擦边而过,或者被击中物体的外形和硬度适于使弹头改变其前进方向时,便不可能形成弹孔,而只形成弹头擦痕。如果弹头以小于35°射入角射击比较坚硬且光滑的承受体时,就有可能明显地改变其原来的方向而产生所谓"反跳"现象。弹头反跳后的前进角度一般与射入角相同。

当子弹在枪膛受击发后,火药爆炸产生的巨大气体压力、燃烧高温等,都可能在枪管内或弹着点附近形成或留下一定的物质,这就是射击附带物质。

枪管内的发射附带物质由于弹药在枪管的一次爆炸,在枪膛和枪管内均要留下弹药燃烧后的灰烬和气味,这些灰烬和气味会保持较长的时间。这些火药燃烧后的可辨现象,可据以推断被验枪支最后一次实弹发射的时间。

弹孔周围的射击附带物质子弹在弹膛内被击发的瞬间,弹头和火药爆发时产生的气体、擦落的金属碎屑、射击烟灰及未烧过的火药颗粒等,一齐挤出枪口。与此同时,爆炸所产生的高达 350 ℃ 左右的高温气体使枪口前部形成一个炽热的火焰区。因此,在近距离射击时,除弹孔、弹头擦痕等弹着痕迹外,还有因气体喷射和烧灼所造成的破坏,以及积存的一些物质微粒,如燃烧残渣、未燃尽的火药、枪油、金属颗粒等。据测定,军用步枪射击,在枪口附近,气浪的压力仍保持 400 个大气压以上。显然这种气体会给近处的物体带来相当大的破坏,例如使弹孔扩大,使纺织品形成十字形撕裂口等。又比如,在以枪管进行接触射击的情况下,绝大部分附带火药烟灰等物质微粒随爆炸气体一起喷入弹孔,使弹孔内壁形成明显的熏黑和烧焦现象。这时弹孔往往因爆炸气体的高压而发生爆炸,以致形成各种形状不规则的弹孔。根据弹孔周围的射击附带物质可以分析判断发射枪弹种类、射击距离、射击方向和角度。

枪击现场分析判断主要应解决已发现的孔洞是否射击弹孔,弹孔的射入口和射出口,发射枪支的种类,射击距离、方向和角度,发射时间以及事件的性质等问题。

（1）弹孔判断

判断某一洞孔是否为弹孔,主要是依据弹头穿透力,洞孔特征和洞孔的形成是否符合弹道的规律。弹头的穿透力大小,一般是指某种枪支发射某种弹药,在一定的射击距离内能否穿透、穿入某种厚度的坚硬物体的表现能力。弹孔特征主要通过观察与检验其形状和大小,有无射击附带物质,擦带,射入口和射出口等特征来确定。但弹孔特征由于被射击物的结构、性质和射击距离以及方向、角度的不同而有所异样。因此,对某一洞孔是否为弹孔的判断,要根据现场呈现出的具体条件作出具体分析。所谓根据弹道规律判断弹孔,是指在近距离内发射情况下,可把弹道视为一条直线,不计其偏流值。因此,在发现有洞孔和疑似弹着点时,即可从射击位置的某一点为基准、以直线走势连接洞孔和疑似弹着点,凡三点能成一直线时,则可判断该洞孔为弹孔。

（2）弹孔射入口和射出口判断

对已贯穿的弹孔,判明弹头贯穿的方向,对查明弹头的飞行弹道、射入角、发射点以及寻找弹头、弹壳等,都具有重要意义。射入口和射出口的形态与射击距离、弹头作用和被射击物的物理特性等多种因素有关。对具有一定弹性的被击物(如人体、轮胎等),射入口多向内凹陷,形成略小于弹头直径的圆形缺损;射出口一般大于射入口,呈中间缺损的星芒状。但应注意,当弹头炸裂、近距离射击或接触射击时,则可能形成射入口大于射出口的现象。对具有一定韧性的被击物(如金属板、硬纸板、塑料板等),可形成边沿内凹的射入口和明显外翻的射出口。当被击中的是玻璃时,可形成喇叭状弹孔,喇叭口为射出口。此外,还可利用辐射状裂纹和同心圆裂纹的断面判断射击方向。

（3）发射枪支种类判断

根据现场上发现的弹头和弹壳的直径以及子弹的结构、商标符号和专用标记等特征,一般易于判断射击枪支的口径和种类。即使一时不具有这些有利条件,根据弹孔直径大小和周围附带物质的特征,以及弹头穿透力等因素往往也可判断出枪支的口径和种类。

（4）射击距离判断

凡在一米以内距离的射击，可根据被射击物体上形成的附带物质面积的大小、烧灼程度以及色调的深浅等特征加以推断。如果在被射击的物体上只有弹孔和弹着点的特征出现，这表明是一米以外的远距离射击。远射距离的推断，可采用目测法、相似三角形法进行测算。目测法，当发现只有一个弹孔，而弹孔壁较厚能反映弹道直线走势时，可从弹孔射击口逆向弹道观察，或用拉线办法，找到弹道的起点，测量出其最大射距，然后根据现场具体情况及对发射地点的判断，测算出实际射距。相似三角形法。当发现既有弹孔又有弹着点，在弹着点

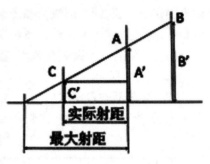

图2-10　射击距离相似三角形

高于弹孔时，即可由弹道起点通过弹孔至弹着点做一条同枪口水平面垂直投影线，构成两个相似三角形的关系，据此测算其射击距离。图解如（图2-10）。

A为弹孔；B为弹着点；C'为持枪口高度；A'为弹孔高度，B'为弹着点高度。

$$实际射距 = A、B 水平距离 \times \frac{A' - C'}{B' - A'}$$

上述测算方法，是建立在弹头飞行升弧范围内基础之上的。即是把弹道视为一条直线而不计其偏流值测算出来的射击距离，因此，只能说它是个相近的数据。但实践表明，弹道的抛物线升弧阶段约占全射程的三分之二，而降弧阶段只占三分之一。一般说，涉枪案件的现场范围有限，只要在射击位置和持枪口高度判断准确的情况下，把弹道视为直线来测算实际射距，则不会超过实用的准确范围。

（5）射击方向判断

发射的枪口同被射物体之间的相对位置为射击方向。射击方向的判断首先应区别弹孔进出口，然后依据弹孔、擦带形状，不同物质的弹孔特征和附带物质的形状、物质分布状况等特点进行综合分析判断。弹孔呈正圆形，系正前方射击所形成；弹孔为椭圆形，其擦带起始方向为射击方向（图2-11）。

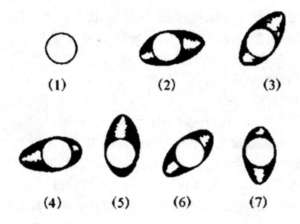

图2-11　射击方向和角度的判数据方法（1）正射（2）~（7）斜射

根据不同物质形成的弹孔特征判断射击方向。如玻璃同心圆纹分布均匀的一面为正前方射击所形成;同心圆纹分布不均,则以同心圆纹密集的一边为射击方向。附带烟垢物质是正圆形时,表明为正前方射击所形成;当呈椭圆形时,附带烟垢物质微粒密集的一方为射击方向。当发现有跳弹擦痕时,则应辨明弹头的入射角或反射角来确定其方向。

(6)发射时间判断

枪支发射后在数小时内可嗅到膛内的火药气味。如果发射枪支及时得到密封措施的保护,这种火药气味在数日内仍可被嗅到。利用枪管内的火药烟灰在潮湿空气的锈蚀变化的各种颜色也可确定其大致的发射时间。发射枪支的枪膛未经擦拭,很快出现黄灰色或深灰色雾斑;一昼夜后由黄灰色雾斑转而为锈层。发射枪支即使得到及时擦拭,也可利用枪机件中的残留物或其演化物进行化学分析,若有亚硝酸盐存在,即可判定其发射时间约在三、四天之内。

(7)事件性质判断

尸体上有多处致命枪伤,且有挣扎、搏斗的伤痕和现场上有被翻、被劫、被窃等现象,可判断为是他杀;尸体上只有一处致命枪伤,弹道特点符合自射动作,现场留有发射枪支,没有罪犯作案的迹象,可以判断为是自杀;现场没有与犯罪有关的痕迹、物品,也不具备自射身死的特点,调查中又能证明在发案时间附近确实有人因打靶、打猎等朝现场方向发射过子弹,可判断为是误射伤亡;现场遗留枪支机件陈旧松散、保险机件失灵,枪支处在一定的状况下,可引起"走火"发射,调查中无作案或自杀的因素,自首人员的交代与勘查、实验结果吻合,一般可判断为"走火"伤亡。另外为了揭露射击现场的真伪,必须对弹道的特点,射击痕迹和附带物质特征,枪支机件的可靠性,现场其他痕迹、被射人员的表现等等因素加以综合分析研究,找出真凭实据后,方可作出现场的真伪结论。

2.2.4 文书检验

文书检验,也称文件检验,是指对具有证据意义的文书及其物质材料进行勘验、检查和鉴定活动的总称。文书是人们利用文字或其他符号表达思想、记录事实、传达指令、证明身份、进行交际的一种工具。文书按其表现形式可分为记载在纸面上的文字、表格、图案、照片或其他符号;按其用途可分为书刊、报纸、公文、证件、信函、契约、票证、证券、账册、货币,等等。此外,那些记载在布匹、木板、竹片、石块、墙壁、金属等物体上的文字、图案及其他符号也可称之为文书。这是文书的一种特殊形式。文书的用途极为广泛。它在人们社会生活的各个领域起着不可缺少的重要作用。借助于文书,人们不仅可以相互交流思想,进行交际,而且还可以把自己的语言传到远方,流传到后世。文书作为一种交际工具,有时会被犯罪分子用作实施犯罪的手段,比如传递情报;伪造公文、证件、印章印文、各种有价证券和票证等;以各种技术方法销蚀、涂改文书的内容或损坏、销毁具有证据意义的文书材料,等等。因此,在侦查实践中,经常会遇到需要通过文书检验加以解决的问题。文书检验是物证技术检验的一个重要组成部分。它不仅是发现和审查犯罪嫌疑人,揭露和证实犯罪的一项重要的技术手段,而且还能为民事审判提供重要的诉讼证据。本章侧重研究文书检验在刑事侦查中的具体运用。

文书检验的对象,按其科学原理和检验方法的不同,分为文书的笔迹检验和文书的物质材料检验两个部分。文书的笔迹检验,是通过检验文书手写文字所反映出的书写人的书写动作习惯、书面言语习惯,发现和认定文书的书写人;文书的物质材料检验是通过检验文书的物质材料和非手写文书的文字、符号、图案、图像等,辨别文书的真伪,判明伪造或变造的方法,查明文书损伤、毁坏的原因,辨别文书物质材料和印刷、制作工具的种类,恢复和显现文书原有的内容,等等。具体来说,文书检验的对象可分为以下几类:笔迹检验;印刷文书检验;印章印文检验;损坏文书检验;伪造文书检验;不易见文字的显现;文书材料检验;言语识别及人像检验,等等。

文书检验的基本任务是通过对具有证据意义的文书及其物质材料的检验,确定该文书与案件事实和案件当事人、犯罪嫌疑人的关系,为侦查和审判提供线索和证据。在侦查实践中,文书检验的主要任务是:

1. 勘验犯罪现场,发现、提取有关的文书、物证;

2. 根据文书的内容、文字特征及文书物质材料,分析判断案情,为侦查提供线索和方向;

3. 鉴别有关文书、印章印文的真伪,判明伪造或变造的方法;

4. 显现被掩盖、销蚀或褪色的文书,认读和显示原件的内容;

5. 整复被损伤、销毁的文书,查明其原文;

6. 检验与案件有关的各种印刷品,判明文书的印刷方法及来源和出处;

7. 检验与案件有关的文书物质材料,如纸张、墨水、墨汁、印油、胶水、糨糊等等,以确定其种类、牌号,并查明其来源;

8. 检验与案件有关的人像照片,确定两张照片人身相貌是否同一;

9. 检验与案件有关的各种言语材料,分析判断文书书写人的性别、年龄、文化程度、职业、籍贯及思想类型;

10. 通过对手写文字的比较研究,确定文书的书写人。

人的书写活动,是一种有规律的生理机能活动,具有一定的规律性。人的书写习惯,就是人们在书写的文字符号中所反映出来一个人书写动作的规律性。它不仅具有人各不同的特殊性,而且有很强的稳定性。人的书写习惯包括文字的书法习惯、文字的布局习惯和书面言语习惯三个方面。这种书写习惯的特殊性和稳定性就是笔迹检验的科学依据。笔迹检验的目的,就是通过研究手写文字的书法特征、文字布局特征和书面言语特征,认识书写人固有的书写习惯,从而认定或否定文书的书写人。

人的书写习惯是通过不断学习和反复实践逐步形成和巩固下来的,并且随着主客观条件的变化而不断发展变化。在其形成和发展过程中,受着人的生理、心理及书写的时间、环境、工具等多种因素的制约。从生理学上来看,书写习惯形成的过程,实际上就是建立在条件反射基础上的"动力定型"的形成过程。就一般情况来说,人的书写运动是在大脑的指挥下,借助于视觉的控制作用,依靠指、肘、腕等器官的协调动作而完成的。人在初学写字时,常常是先通过视觉将字的结构形象传入大脑,进而了解它的读音和含义,然后大脑又支配着指、肘、腕等书写器官运动,在视觉的监督下,一笔一画地进行仿写。经过不断的练习和实践,由于字形、字音、字意和书写器官运动等因素的反复刺激,就在大脑机能上产生了一系列的书写运动联系,即所谓"书写动力定型"。

"书写动力定型"建立以后,使书写器官的运动更加协调,书写文字表达思想的技能更加熟练。此时,只要书写人脑子里想要写什么,就可以在用词、造句以及字的写法、布局等方面,按照自己所习惯了的方式自由地书写出来。也就是说,书写活动达到比较轻松自如,几乎成了自动化的过程。这种"书写动力定型"有着比较强的稳定性,甚至有意去改变它也比较困难。上述书写习惯的形成和发展,大体上可以分为初学、基本定型和部分退化等三个不同的阶段。每个阶段反映着书写人的不同书写水平,因而存在着一定的相应特点。

初学阶段:一般相当于小学和初中时期,主要是识字和掌握基本书法技能。因此也叫书写习惯逐步形成的阶段。在这个阶段中,书写技能发展较快,书写习惯不够稳定;书写动作不够协调,连笔能力差;写法单一,规范性强;字的结构和布局不规整;容易出现一些常见的错别字;书面言语简单、幼稚、口语化,表达能力差。

定型阶段:经过长时期的练习,书写人已经掌握了比较熟练的书写技能。这个阶段的主要特点是:书写习惯已经形成,处于相对稳定状态,在较长时期内,不会发生重大的变化。就是说,已经"定型化"。但是,随着书写人的社会知识、文化水平和书写技能的逐步提高,以及工作和生活环境的变化,在个人的书写习惯中新的特点将不断产生,而旧的特点则不断被淘汰。

部分退化阶段:人的书写习惯形成以后,会由于年老、久病或长期不从事书写活动等原因,而使书写技能产生部分退化。其主要表现是:书法水平降低;字的结构松散;运笔动作迟缓,并且有抖动现象;在用词造句方面,往往会出现一些不符合当时形势的陈旧词汇。但是,上述这些只是局部的变化,书写人固有的基本书写习惯是不可能完全改变的。如果因为生病和长期未从事书写活动而引起暂时退化现象,经过练习后,书写技能仍然可以恢复。应该指出,这三个阶段是逐步形成的,各个阶段之间并没有一个明显的界限。由于各人的主、客观条件的不同,书写技能发展、提高和退化的快慢也不同。

因此,上述三个阶段不可能是绝对的,而只能是大体上的划分。

通过文字检验认定书写人的同一,是以辩证唯物主义关于事物的特殊性和普遍性的原理为根据的,因此,它是科学的、可靠的。

文字检验的实践证明,人的书写习惯是各不相同的,每个人都有自己的独特的书写规律。有时看起来两个人的字迹很相似,但如果仔细加以分析,却有着本质的区别。这种书写习惯特定性的形成,是由书写人的个人的生理、心理特点的不同和养成书写习惯的客观条件的不同等多种因素所决定的。首先从生理学来看,由于人的生理机能和智力、记忆力、注意力状况的不同,直接影响执笔、运笔的方法和书写技能,这是形成书写习惯特殊性的生理基础。其次,从心理学上看,书法是心理、意识活动的一种反映,由于每个人的认识、情感、意志、兴趣、爱好、性格等心理特点是不同的,表现在书法上就会形成各自的特点,这就是书写习惯特殊性的心理基础。另外,每个人练习书写的时间、物质生活环境等方面情况的差别,也是形成书写习惯特殊性的重要因素。上述诸因素综合起来就使人们的书写习惯千差万别,各有特殊性。

任何个别事物都不是绝对孤立的,都是相互联系相互制约的,都是普遍联系之网中的一个环节,一类事物中的一个。也就是说,不同事物之中包含着相同,即没有不包含普遍性的特殊性。人们的书写习惯同样也是普遍性与特殊性的统一。不同人的书写习惯尽管千差万别,但彼此之间还包含着相同之点,即使两个人写字悬殊,也有相同的表现。因此,为了全面地研究书写习惯的特殊性,正确地认定文书物证的书写人,还必须认真研究人们书写习惯的普遍性,即掌握不同人书写习惯的共同点。我们知道,语言文字是人们表达思想进行交际的工具,为了达到交际的目的,人们在运用语言,书写文字时,必须遵守一定的社会规范和约定俗成的规则,否则,写出的东西谁也看不懂,就不可能达到交际的目的。加之某些人在生理机能、心理活动或者养成书写习惯的客观条件等方面的情况大致相同,这样就使得不同人的书写习惯之间必然有许多共同之处。实践证明,在文字检验的过程中,正确地认识书写习惯的普遍性有着重要的意义。只有懂得了不同人之间书写习惯的共同之点,才能正确认识个别人书写习惯独自具有的特点。也就是说,不知道什么是普遍性,也就辨别不出来什么是特殊性。

总之,在人们的书写习惯中不但包含着特殊性,而且包含着普遍性,二者是相互联结的。语言文字作为人类最重要的交际工具,其使用的范围极其广大,而且随着社会政治、经济、文化的发展不断发展演变,加之人们掌握语言文字又受着各方面条件的影响,所以在一定场合为普遍性的东西,在另一一定场合则变为特殊性。反之,在一定场合为特殊性的东西,在另一一定场合则变为普遍性。例如,某一符合规范的常用字,在一般情况下,认为它是普遍性的东西,但是在某一特定的地区和范围内,只有个别人是这种写法,它就成了特殊性。又例如,某一严重违反书写规范的"滥造字",在通常情况下,认为它是特殊性的东西,但是在某一特定地区或范围内,很多人都是这种写法,在这里它就变成了普遍性的东西。因此,我们在评价书写习惯的共同性和特殊性的时候,必须从具体案件的实际情况出发,结合书写人工作和生活的地区、范围以及书写的时间、地点、条件等具体情况进行全面的分析研究。只有这样,才能避免犯主观性、片面性和表面性的错误。

辩证唯物主义认为,宇宙间一切事物都处在不停顿的运动之中,运动变化是绝对的、无条件的,静止不变是相对的、有条件的。也就是说,事物发展变化的过程,就是从量变到质变的过程。当事物还未有发生质变的时候,它只有数量的变化,因而呈现出相对静止的状态。人的书写习惯也同其他事物一样,时刻处在运动、发展变化之中。由于书写时间、环境、工具和生理、病理以及各种主观因素的不同,同一个人两次书写的语言文字,也会出现程度不同的差异。但是,人的书写习惯是经过长期练习形成的,当"书写动力定型"建立后,在一定的时间内具有质的相对稳定性。就是说,在人丧失正常的书写技能之前,其书写习惯的本质不会消失的。书写习惯的相对稳定性,是确定书写习惯自身同一的必要条件。因为只有承认这种相对稳定的状态,我们才能区分不同人的不同书写习惯,使同一认定才有可能。书写习惯的稳定性是相对的、有条件的,发展变化则是绝对的。在书写过程中,由于书写条件的改变或书写人的故意伪装,书写习惯会产生某些局部变化。变化的程度,取决于不适应的书写条件或故意伪装行为对书写习惯反作用的大小。在通常情况下,书写水平较高的人,受书写条件影响而变化的程度比较小,故意伪装时,变化程度可能大。书写水平低的人,克服书写条件影响的能力也低,变化可能大,但其故意伪装的能力不高,改变程度可能小。社会经验较丰富,特别是具有文字检验常识的人,故意改变时,变化的程度和范围可能大。但是,不管如何变化,其固有的书写习惯不可能完全改变。而且这种发展变化也是"有律可循"、"有迹可察"的。只要我们善于研究书写习惯的相对稳定性及其发展变化的规律,就能够正确地识别文书物证所反映的书写习惯有无变化,及其变化的原因,从而在变化的状况下找出其不变的本质,为同一认定提供可靠的根据。

2.2.4.1　书写文字

文书检验中所说的文字特征,是指书写人书写习惯的外部表现。每个人都有自己独特的书写习惯,这种习惯是通过文字特征来加以表现的。所以文字特征是认定文书物证书写人的一个重要依据。文字特征的表现形式是千态万状的,但是归纳起来可以分为书法特征、文字布局特征和书面言语特征三个方面。

1. 书法特征

书法特征也叫笔迹特征,是指书写人书写文字符号的动作习惯的反映和表现。其中主要有:书法水平、字的形态、字的写法、笔画顺序、结构搭配、运笔规律、标点符号及其他符号的写法等方面的特征。

书法水平特征:书法水平特征,也叫书写动作熟练程度特征。它反映一个人写字技能的高低。书法水平高的人,在书写过程中,能够自动控制自己的书写动作。所以书写速度快,动作协调,字的结构严整,笔画规整,搭配适当,运笔流畅,连贯性强,文字布局整齐,大小均称,快写不紊乱。书法水平低的人,书写速度慢,动作协调程度低,字的结构松散,比例不适当,运笔呆板、生涩,连贯性小,往往会出现一些不适当的动作或停顿现象。书法水平的高低是相比较而言的,而且并不是一成不变的。书法水平低的人经过不断的练习可以提高,书法水平高的人,由于主客观条件的变化(如长期不写字或年老久病等)其书写技能也可能降低。另外,书写人也可能故意改变自己的书法水平。在文书检验中,首先必须正确地区别书写人的书法水平的高低,同时还要充分考虑到可能引起书法水平发生变化的各种因素。在通常情况下,书法水平是属于文字的共同性特征。检验时,如果发现嫌疑人样本的书法水平很低,而文书物证的书法水平很高,二者相差悬殊,此种书写技能高低的明显差别,就可以作为否定同一的重要依据。因为书写技能的提高需要有个过程,即使书写人故意改变自己的书写水平,也很难使自己的书法水平立即显著提高。即使高水平的人故意降低,也会发现其原有水平的痕迹。

字的形体特征:字形是指字的外部轮廓的形状。汉字是方块字,但在不同人的书法中,则表现为方形、长方形、扁形、圆形、菱形、斜形(向左倾斜或向右倾斜)和不规则形等不同特征。字形特征是属于文字的一般特征,在检验时,要注意分析字形是否一致。

字的写法特征:字的写法,是指整个字的组成形式,即一个字是由哪几部分、哪些笔画和以怎样的结构形式构成的。常用的汉字大约有三千个。从结构形式上来看,是一字一形,各不相同。现在的行书字基本上是"自由体",规范要求不严格,往往一个字存在着几个不同的写法。在实际生活中所遇到的主要有以下几类:现行规范写法、繁体写法、异体写法、习俗简化字写法、古体写法、区性写法、职业性写法、自造字写法、简缩写法,等等。

错别字特征:所谓错别字,通常是指两种情况,一种是错字,即把字的形状结构写错了。另一种是别字,即本来该写这个字,却写了另外的字。例如,把"身教胜于言教"误写成"深教胜于严教",把"如火如荼"误写成"如火如茶",把"势不两立"误写成"势不两利"。深、言、茶、利等字的笔画和结构都没有错,本身不是错字,但是用错了地方,全句的意思也就错了。错别字特征,特别是错字特征,能够反映书写人的文化程度,特殊性比较强,而且又比较稳定,一般不容易改变,因此,在文字检验中价值比较大,应注意发现和利用。但在运用错别字特征时,应注意区分是偶然性的误笔,还是习惯性的错别字,并且还要注意鉴别是否犯罪分子有意伪装。

笔顺特征:笔顺,是指书写文字时笔画先后的顺序。汉字笔顺是按着一定规则书写的。一般的笔顺规则是:先上后下;先左后右;先外后内(又叫先进入后关门);先横后竖;先撇后捺;先钩后挑;先中间后两边,等等。笔顺规则是人们约定俗成的,大多数人都这样写。但是也有不少人在写字时并不按正常的笔画顺序,尤其在草书和笔画连贯性较大的"自由体"中,笔顺的一般规则基本上被破坏了。人们平时写字的笔顺大体有三种情况:一种是按正常笔顺规则写的,称为正常笔顺;另一种虽然不符合笔顺规则,但是许多人都那样写,成为社会上比较通用的笔顺;再一种是大多数人都不用,而只有少数人或个别人习惯用的笔顺,称为特殊笔顺。笔顺特征的稳定性程度比较大,书写人在有意伪装的情况下,往往不注意改变笔顺。因此,在文字检验中,要注意发现和利用那些比较特殊的笔顺特征。特别是在字数较少或伪装案件中,更应注意运用这种特征。笔顺特征在一般情况下比较容易发现,但是有时由于字的结构比较复杂,判断笔顺特征较为困难,特别在隶书或楷书中,由于字是一笔一画组成的,往往难于发现其笔顺特征。但是,如果仔细观察起收笔的动向、运笔趋势、相近笔画的连贯关系以及笔画的交叉部位等特点,仍可以揭示出书写人的笔顺习惯。

结构搭配的比例特征:结构搭配,是指单个字的各笔画或偏旁部首之间的相互关系。主要包括两个方面:其一是搭配关系,即笔画之间或偏旁部首之间交接部位及相对位置的高低远近等特征;其二是比例特征,即笔画或偏旁部首之间的大小、长短、宽窄等比例关系。

基本笔画的写法特征:笔画是构成汉字的要素。绝大多数的汉字都是由多笔画构成的。汉字的基本笔画一般可分为八种:点、横、竖、撇、捺、挑、折、钩。每种笔画都有各种不同的写法,这些细微差别能够反映不同人的书写习惯。因此在文检中应用的最广泛,特别是当文书物证上的字迹很少的情况下,仔细研究基本笔画的写法特征更具有着重要的意义。但是,基本笔画的写法特征也比较容易受主观和客观条件的影响,因此,在运用此类特征时,要注意分析其是否发生变化,以及引起变化的原因。

标点符号和其他符号的书法特征:标点符号大体分为标号和点号两大类。标号是用来表示书面言语里词语的性质和作用的,包括引号、括号、破折号、省略号、专名号、书名号、着重号和间隔号。点号是表示书面言语中的停顿或说话时的语气的,包括句号、逗号、顿号、分号、冒号、问号和感叹号。除了上述十五种外,在书面言语中还有其他一些符号,如重略号、调转号、添插符号和改错符号等。每种标点符号的写法和用法都有统一的规范,但是,每个人都有自己的写法,在起笔、运行、环绕、收笔等方面都会表现出书写人各自不同的运笔特征,而且标点符号的安排位置也会有不同特点。标点符号的书法特征一般比较稳定,在书写人有意伪装的情况下,往往不注意改变标点符号的书写方法。因此,它在文字检验中价值比较大,特别是在伪装案件和字数较少的案件中,标点符号的书法特征往往对正确作出鉴定结论有重要作用。

2. 文字布局特征

文字布局特征,是指文字符号的安排形式,是书写习惯的一种客观反映。主要包括书写人在字序和行序、字行的形态、字间与行间的间隔、字行与格线的关系、字行与页边的关系、分段与缩头、程式语的安排位置、固定词组的写法和搭配关系等方面的习惯特点。书写人的文字布局特征包括的方面很广泛,而且比较稳定,但它属于一般特征,可以为侦查提供线索,不能作为识别书写人的根据。

3. 书面言语特征

书面言语特征,是指书写人用词造句习惯的表现形式。主要包括书写人运用文言词和古旧词、运用方言词、运用行业语及专业术语、运用外来词、运用熟语、运用标点符号、运用体裁,以及句子形式、虚词、程式语和不规范的构词等方面的习惯特点。分析书面言语特征,可以判断书写人的语文水平、社会职业、知识范围、生活环境、居住地区、年龄阶段等。同时,也可以为识别文书物证的书写人提供辅助材料。

2.2.4.2　非书写文字

1. 打印和铅印文字的特征

打印机分机械式打印机和点阵式电子打印机两类。

机械式打印机打印文字的特征反映。主要有打字机主动机构的间距,分格距离,铅字类型,字丁笔画的残缺、弯曲、磨损等细节特征,以及文字行间距离、混合字、模糊字和双影字等。外文打印机打印文字与中文打印机打印文字的特征反映相同。

点阵式电子打印机打印文字的特征反映。主要有字符形体,点阵规格,字距、行距,字符变换等一般特征,以及色带上的字符印迹,印字头的结构、偏斜、脏污,列阵印迹不匀,字库反向间隙,字库增添或缺损等细节特征。分析打印文字的特征反映,可以辨别打印文书是否伪造,是用哪一种乃至哪一部打字机打印等。

铅印文字主要反映铅字的字体、型号、铅字笔画的细节特征。铅字字体有仿宋体、正楷体、隶书体等。每种字形,按高度和宽度,又分成若干号。同体同号的字,由于铸造字的字模不同,必然会出现许多不同的细节特征,即使同一个字模铸造的铅字丁,在印刷使用过程中也会发生变化。所以,同一个印刷厂铅印的文书,通过对字丁分析、鉴定,也可能发现其差异之点。不难看出,对铅印字迹所反映的字丁的特征的分析、鉴别,可以判明文书是否伪造、变造,还可以查明铅字字丁的出处,从而为侦查提供线索。

2. 印刷图案符号的特征

票证、证件上都印有一定的图案符号。印刷图案符号所反映的特征主要包括以下几方面:版面的格式和项目。比如票证有图案、花纹、文字和印文等,一些重要的票证(如人民币)和证件(如护照)还有保护花纹。分析时,应注意可疑票证、证件上这些内容是否齐全。如果比真票证、证件多了或少了某些内容,即可确定可疑票证、证件是假的。印刷板型一般分为凸版、凹版和平版三种。分析时,应注意可疑票证、证件是何种板型所印。如果与真票证、证件所用板型不同,即可确定可疑票证、证件为假的。图案、文字的结构主要包括:文字的形体、大小、排列位置及笔画形状。相同颜色的图案、文字之间的相互位置关系。细小花纹的数目、粗细、长短、转折形状。底纹的结构、颜色和清晰程度。有照相网点的图案,网点的密度、形状、大小。

有的票证和证件,为了防止伪造,易于鉴别,在印版上做了暗记。分析时,应注意有无暗记、暗记的位置和形状。其他特征,如有些票证边缘齿孔的大小、密度和形状;票面的大小以及剪切线的位置、形状等。应该指出的是,分析和鉴别印刷图案文字符号的特征反映时,要注意票证、证件在使用过程中可能发生的变化以及在印刷过程中的漏版或产生的其他缺点,不要机械比对,要考虑到各种可能发生的变化。

3. 印章印文的特征

印章按用途可分为公章、专用章和私章三种。印章的印面粘上印泥印出来的印,称印文。印文通常可分为有色印文和无色凸凹印文。一定的机关、团体和个人,因某种专门需要,留给有关的对方一枚供核对、验证之用的印文,称为印鉴。印章在国家机关、团体、企事业单位和人民群众的日常活动中起着重要的作用。印章印文是各种文书、证件真实性的一个重要凭据。犯罪分子为了进行贪污、诈骗等活动,往往采取各种方法盗窃和伪造印章印文,制造各种假文书、假证件。犯罪分子伪造印章印文的方法有:雕刻假印章,用单字拼合法伪造印章印文,用描绘的方法伪造印文或部分伪造印文等。印文是否伪造,一般通过向有关单位或个人索取真印文样本比对鉴别印文的特征反映,即可查明。

在侦查犯罪中,有时还需要用物理学或化学方法显现模糊难辨的印文,以判明印文盖印的时间、地点,为侦查提供方向。印章印文所反映的印章特征可分为以下两类:

规格性特征:是按一定规格要求刻制印章时形成的。主要包括:印面内容及安排格式,印面的形状及大小,印面边框的形态,印面的字体等。

细节性特征:是由刻制方法、技术和印章在使用过程中形成的。主要包括:文字、图案、线条的位置距离,笔画、线条的形状、交接、搭配位置及其比例关系,附加图案(如国徽、五角星)的具体结构形状,印面的疵点、缺损以及某些笔画、线条、图案的磨损等。在研究印章印文的特征反映时,应注意影响印章特征的一些因素。主要有:印章受水和空气干湿度的影响,会发生胀缩变化;印章受盖印的压力、落印姿势、衬垫物软硬、印油多少等因素的影响,使印面上的文字、线条等产生粗大或细小的变化;印章因清洗会使文字、线条清晰、细小;印章因长期使用不清洗,会使印面附着物牢固,刀痕(木质、橡胶印章)消失等。

4.文书物质材料的特征

文书物质材料,是指制作文书的各种材料,包括纸张、墨水、墨汁、圆珠笔油、复写纸色料、油墨、铅笔芯、印泥、印油以及胶水、糨糊等。文书物质材料的状况能反映出文书的制作方法特点,并能反映出文书所用纸张的种类、成分、光泽、色泽、弹性、透明度、网纹、厚度等固有特征,以及纸张上的格线、图案、文字及其他符号等附加特征;所用墨水、圆珠笔油、油墨、印油的种类、成分、光泽、颜色等特征;所用胶水、糨糊以及其他黏合剂的种类、成分、光泽、色调等特征。案件中的文书物质材料对于侦查有着重要意义。案件中使用的文书物质材料的制作方法特点,可以反映出犯罪分子的职业特点;对案件中使用的文书物质材料的性质、成分等进行鉴定,并根据其种类、规格、牌号与已知样品进行核对,可以判断其产地、销售和使用范围,为侦查提供方向;鉴定案件中使用的文书物质材料与被告人所占有的文书物质材料的种类、成分等是否相同,其肯定性结论可以作为缩小侦查范围的依据,其否定性结论可以作为排除被告人具备某种作案条件的证据。鉴定可疑文书的物质材料与真实文书的物质材料是否相同,可以从文书物质材料的角度,为鉴别货币、证券、证件、契约、记录等的真伪提供根据。

2.3　刑事侦查实验技术

侦查实验,是为确定对查明案情有意义的某一事实或现象是否存在,或者在某种条件下能否发生或怎样发生,而参照案件原有条件将该事实或现象加以重新演示的活动。我国《刑事诉讼法》第78条规定:"为了查明案情,在必要的时候,经公安局长批准,可以进行侦查实验。"侦查实验是一项重要的侦查措施,通常是在现场勘查过程中进行,必要时,在侦查、预审、起诉、审判过程中也可以进行。侦查实验是一种检查性的措施。一般用于鉴别证人的证言和被告人的供词是否真实可靠;审查辨认结果是否准确;审查对案件有关的说法的可信程度,等等。

侦查实验以其所要解决的问题为标准,一般可以分为以下几类:

(1)感知可能性实验

即在一定条件下,某些现象通过感觉器官在人脑中直接反映的可能性实验。比如检查在一定环境中看见或听见的可能性实验,就属于此类实验。

（2）行为可能性实验

即在一定条件下实施某种外在活动的可能性实验。包括:行为能力可能性实验。即胜任某种外在活动主观条件的可能性实验。比如是否可能搬移重物,是否具有专门技能（如绘画、制图、驾驶汽车等）的实验。行为过程可能性实验。即从事某种外在活动所经过的顺序的可能性实验。比如在一定条件下是否可能按照一定的顺序完成盗窃活动的实验。行为结果可能性实验。即实施某种外在活动所达到的最后结局的可能性实验。比如在一定条件下,某人是否可能将一重物从甲地搬移到乙地;某人在一定的时间内是否可能从甲地步行到乙地的实验等。

（3）自然力可能性实验

即在一定条件下某些现象不经人力干预,自由发展可能性的实验。比如这个草堆在一定条件下能否自燃的实验;某库房能否容纳一定数量货物的实验;在某一场所保存某些物品时,其重量能否发生自然损耗的实验等。

侦查实验适用的范围很广,通常用来解决以下问题:确定在一定条件下,能否听到某种声音或看到某种事物;确定在某种条件下,能否完成某种行为;确定在某种条件下,某种事实或现象是否能够发生;确定在某种条件下,使用某种工具能否形成与犯罪现场上的痕迹相一致的痕迹;确定在某种条件下,使用某种工具能否留下某种痕迹或形成某种损伤;确定某种事实或现象是否曾经发生或可能在什么条件下发生。

由此可见,侦查实验对于侦查破案乃至整个刑事诉讼活动具有重要意义。它是侦查人员判明案情,查对证人、被害人的陈述及被告人的供述与辩解是否符合客观实际情况,是否真实可靠的一种有效方法。侦查实验的结论不仅能够为分析判断案情提供依据,为侦查破案提供线索,而且还可作为重要的诉讼证据。

侦查实验应当尽可能在被审查事件发生的原地点进行。如果原地点的具体条件已发生重大变化,而可能影响实验结果时,应先恢复原状,然后再进行实验。侦查实验的时间、光线、风向、风速、气温等自然条件应同事件发生时的条件相近似。在实验过程中,应注意因某些自然条件不一致可能使实验发生的误差,必要时,可采取相应的模拟条件加以补救,并在实验记录中加以说明。要尽可能利用原来的工具和物品进行实验。如果原来的工具或物品被损坏,或因为鉴定的需要,不宜重复使用时,必须选用种类、型号及新旧程度相同的工具或物品进行实验。应当坚持在同一条件下变换方法多次实验,或者变换条件反复实验。侦查实验,严禁一切足以造成危险、侮辱人格或者有伤风化的行为。

做好实验前的准备工作,是顺利完成侦查实验任务的前提。主要包括以下方面:

（1）明确实验的任务

主持实验的侦查人员应当根据实验所要解决的问题,仔细研究有关材料,详细询问事主、证人、被告人和其他有关人员,正确确定实验的目的、任务。

（2）确定实验的内容和方法

即根据实验的种类、目的、任务,确定实验的具体内容和方法,以及实验的次数和顺序,等等,以保证实验有条不紊顺利进行。

（3）确定实验的时间和地点

侦查实验应当尽可能在事件发生的原地点进行。如果原地点的条件已不具备,或者改变实验地点对实验的进程和结果并无影响时,也可以另选地点或者在实验室内进行。

(4)确定参加实验的人员

侦查实验应在侦查人员的主持下进行。实验如果涉及到有关专门性的问题,要延请有关专门人员参加,并请他们担任该实验项目的操作执行者。侦查实验应延请两名与案件无关,为人公正的见证人到场见证。如果为了审查当事人或证人的陈述是否真实时,可让当事人或证人参加实验。侦查实验如果是分为若干小组分头进行时,每一个小组均应有两名见证人到场见证。如果理解实验的目的和内容要求具有一定的专门知识,则应延请具有此种专门知识的人作为实验见证人。在侦查实验过程中,实验主持人必须当场向见证人提示经实验所见到或听到的情况,并让他们注意这些情况的产生过程和特点。为了保证侦查实验的顺利进行,还应指派一定的人员担任实验现场的警戒工作。侦查实验开始之前,实验主持人应当向参加实验的人员宣布纪律,要求所有参加实验的人员必须服从实验主持人的统一指挥,按照分工,各负其责,互相配合,不得各行其是。要爱护实验现场上的公私财物,不得私拿、丢失或无故损坏。对侦查实验的内容和结果,应当严格保密。

准备实验所必需的工具和物品。

侦查实验所采取的方法是否科学,直接关系到实验的成败。实验的方法应根据实验的种类、内容、目的来确定。在一般情况下,侦查实验可采用形式逻辑中探求因果联系的五种方法,即求同法、求异法、求同求异共用法、共变法和剩余法。并且要注意各种实验方法的综合运用,使之相互补充和相互印证。比如,运用求同法实验的结果是肯定的,就应在与这种结果相反的条件下,运用求异法实验,以验证求同法实验的结果。

为了使侦查实验结果在刑事诉讼中起到证据的作用,从实验一开始,就应将实验的情况和结果用笔录、照相、绘图、录音、录像、制作模型等方法加以记录和固定。侦查实验记录以笔录为主,用其他方法固定的实验情况和结果,应作为笔录的附件。笔录一般由前言、叙事和结束三部分构成:前言部分,应写明实验的法律依据;案件的基本情况;实验的内容和目的;实验主持人、助手、执行者、见证人的工作单位、职务、技术职称等基本情况。叙事部分,应写明实验的过程和结果。即在什么条件下,用何种方法和材料进行实验;各参加者的具体分工和所在位置;实验执行者做了些什么动作;实验的具体方法和次数;实验的条件有何种改变;每次实验的结果如何;对实验的进程和结果是怎样固定的,等等。结束部分,应写明实验的起止时间,参加实验人员和见证人的声明和签名。

侦查人员对侦查实验的结果必须认真进行审查评断,主要应注意以下几个方面:实验的时间、地点、自然环境和条件是否与事件发生时的环境和条件相一致。实验的方法是否科学,实验所采用的工具和物品是否与原来的工具和物品相同或者相似。实验人是否具有某种专业知识、专门技能,有无解决某种专门性问题的能力,其所运用的专业知识是否科学。实验人与案件有无利害关系,能否客观公正地进行实验。提供所发生事件有关情况的当事人、证人、被告人、犯罪嫌疑人的生理功能和心理状态是否正常,与事件发生时相比有无重大变化。实验结果与案内其他证据材料是否协调一致。如果实验结果与案内其他证据相矛盾,则应进一步分析矛盾的性质和原因,必要时可重新进行实验。

对肯定性结果和否定性结果的运用侦查实验可能得出肯定性的结果或否定性的结果。运用实验的肯定性结果和否定性结果时,应根据实验的目的进行具体分析。主要有以下几种情况:

肯定性结果只能为分析案件某一情节提供依据;否定性结果则不能证明该情节就一定不存在。比如,证人某甲证明在家中听到隔壁有人威胁被害人某乙的声音是深夜11点钟,经实验证明确实可以听见,据此,可以分析案发时间是深夜 11 点钟。相反,如果经实验,证实听不见,则不能证明案发时间不是深夜 11 点钟。

肯定性结果只能为缩小侦查范围提供依据,而不能证实某人一定犯罪;否定性结果则可排除该人具备一定的犯罪条件。比如经实验证明某人可以将被盗的一重物从犯罪现场搬移到某处,这只能证明该人具有实施犯罪的条件,但不能肯定该人就一定犯罪。相反,如果经过实验证明该人根本搬不动这一重物,此时,即可根据这一否定性结果,排除该人具有这一犯罪条件。

在审查是否有伪造现场可能时,侦查实验的肯定性结果意义并不大,不能据此否定伪造现场的可能,而否定性结果则能证明有伪造现场的事实。例如:库房值班员报案,称犯罪人挖墙洞进入库房盗走了大量铝锭。经实验,该洞口可以自由出入,这一结果对证实值班员监守自盗、伪造现场,意义不大。反之,如果实验证明该洞口不能自由出入,这一否定结果就可以作为该值班员监守自盗、伪造现场的一个重要证据。

对单一性结果和非单一性结果的运用侦查实验的结果可能是单一性的,也可能是非单一性的。证实某一事实或现象的发生或存在只有一种客观可能性的,是单一性结果;证实具有两种以上客观可能性的,为非单一性结果。根据单一性结果,可以认定有关事实或现象极大可能存在或不存在;根据非单一性结果,只能对某一事实或现象的发生或存在做假定性的推测。应该指出,侦查实验不可能将原来的事实或现象完全彻底地反映出来,它只能证明某一事实或现象发生或存在的可能性,而不是必然性,因而所得出的结果不可能与原来完全一样。所以,任何侦查实验结果都不能单独作为侦查中认定或否定某一事实或现象的依据,应当与案内其他证据相结合,综合运用。

2.4 刑事侦查辨认、询问与讯问

2.4.1 辨认

辨认,亦称侦查辨认,是指在侦查人员的主持下由证人、被害人及其他有关人员对犯罪嫌疑人及与案件有关的物品、尸体或场所进行的识别指认活动。辨认是一项常用的侦查措施。我国公安部制定的《公安机关办理刑事案件程序规定》第 19 条规定:"为了确定被告人和物证,经县以上公安机关负责人或者主管部门负责人批准,可以由被害人、目睹人或知情人对可证明有犯罪嫌疑的人和物进行辨认。"

辨认是一种与询问证人、询问被害人密切相关的侦查措施,是询问的一种特殊形式。辨认人的辨认结论与证人证言和被害人的陈述一样可以作为诉讼证据。在侦查过程中,正确地运用辨认措施,对于确定和缩小侦查范围,发现侦查线索,澄清嫌疑或认定犯罪分子有着十分重要的意义。

辨认是一项极其复杂而严肃的侦查活动,为了保证辨认结果的准确性,必须采取正确的方法。辨认方法应视辨认种类而异,不可能千篇一律。

2.4.1.1 对人辨认

对人的辨认可以分为实人辨认、照片辨认、录像辨认、语音辨认等数种。各种辨认都有其自己的特点,辨认的方法也有所不同。

实人辨认,是指辨认人对被辨认人直接进行辨认。实人辨认既可采用公开的形式进行,也可采用秘密的形式进行。侦查人员在组织公开辨认时,应事先通知被审查的嫌疑人,要求他接受辨认,嫌疑人不得拒绝。公开辨认应取混杂辨认的方式,即将嫌疑人混杂于若干个性别、年龄、体貌特征相近似的人员之中,一起接受辨认人的辨认。举行公开辨认,应邀请两名与案件无关,为人公正的见证人参加。辨认应在光线条件较好的室内进行。在实施辨认时,辨认人可以与被辨认人面对面地直接辨认,也可以让辨认人躲在一定掩体之后,对被辨认人直接进行观察辨认。一般情况下,辨认人只对被辨认人的静态特征进行辨认,包括头部及全身的正面、侧面、背面特征。必要时,也可以让辨认人对被辨认人的动态特征(包括坐立及行走姿势等)进行辨认。有时还可以将体貌辨认与语音辨认结合起来进行辨认。对嫌疑人的秘密辨认,是指在不让嫌疑人知晓的情况下进行的辨认。秘密辨认可以在有特定嫌疑人的情况下进行,也可以在没有特定嫌疑人的情况下进行。在无特定嫌疑人的情况下进行秘密辨认,通常称为"寻找辨认"。即由侦查人员带领辨认人在犯罪分子可能出没的场所进行守候辨认,找寻犯罪分子。这种辨认实际上也是一种混杂辨认,只不过混杂的对象为不特定的多数人。秘密辨认的场所依嫌疑人的情况而定。如果无特定的嫌疑人,那么,辨认的场所应选择罪犯可能出没的地方;如果有特定嫌疑人,而尚未对其采取强制措施时,应选择有利于辨认人看清嫌疑人,而又不会被其发觉的场所进行辨认。比如,嫌疑人是某工厂的工人或某单位的职工,可把辨认人安排在该单位的传达室,在职工上下班时间,对过往的人员进行辨认;或者将嫌疑人安排在一个合适的场所,进行秘密辨认。如果嫌疑人已被拘捕,应组织辨认人在羁押场所进行秘密辨认。秘密辨认是侦破过程中经常运用的一种侦查手段。如果需要将秘密辨认的结果作为诉讼证据公开出示时,则应另外举行公开辨认,邀请见证人参加,并制作正式辨认笔录。

照片辨认,是指辨认人通过被辨认人的照片进行的辨认。一般用于不能或不便进行实人辨认的场合。照片辨认也应采取混杂辨认的方式,即将被审查的嫌疑人的照片混杂于其他相似的人的照片之中,提交辨认人辨认。混杂的照片,在式样、规格、色彩等方面应与嫌疑人照片相一致。比如,不能把一张大照片混于几张小照片之中。在无法取得嫌疑人单人照片的情况下,可以利用集体合影照片进行辨认。但照片不能过小,至少应能看清照片上人像的面部特征。由于拍摄技术上的原因,有些嫌疑人照片会歪曲或掩盖嫌疑人的某些特征,照片的影像与嫌疑人本人有较大差别,此种情况不宜举行照片辨认。另外,提交辨认的照片在拍摄的时间上,应尽可能接近案发时间,以保证辨认结果的可靠性。

录像辨认,是指辨认人通过观看有关被辨认人的录像片进行辨认。它既具有实人辨认的真实性、直观性,又具有照片辨认的方便性。既能反映被辨认人的静态特征,又能反映被辨认人的动态特征。同时,还有利于消除辨认人的顾虑和紧张心理。所以,录像辨认作为一项新的技术方法,在侦查实践中已被广泛运用。录像辨认通常在以下两种情况下采用:一种情况是用于查找犯罪人,比如,公安机关在某些重要场所或案件多发场所,装上摄像机。如果犯罪分子到此处作案,便会秘密拍摄下来,然后组织有关人员观看录像片指认犯罪人;另一种情况是用于审查犯罪嫌疑人,比如,侦查人员对犯罪嫌疑人进行录像,然后提交被害人、目睹人或其他知情人进行辨认。采用录像辨认应该注意的是:摄制辨认录像时要保证画面清晰,能充分反映嫌疑人的体貌特征,防止影像失真;在辨认时要严格遵守人身辨认的各项规则。

语音辨认,是辨认人利用听觉功能,对被辨认人的语音进行辨认。语音辨认是视觉辨认的重要补充,在实践中主要用于以下两种情况:其一,在不能进行视觉辨认的条件下运用。这可起到视觉辨认不能起到的作用。如有些犯罪分子选择夜晚实施抢劫、强奸、杀人等犯罪活动,或者蒙面作案,辨认人的视觉受到限制,无法感知被辨认人的面貌特征,但是被辨认人在作案过程中讲话的语音则会以声音表象的形式留在辨认人的记忆之中。由于人的语音具有特定性和稳定性,辨认人可以根据语音特征去寻找和认定犯罪人。其二,在能够进行视觉辨认的条件下运用。这可对视觉辨认的结果起到印证的作用。如在视觉辨认之后,再进行听觉辨认,使之相互印证,就能够提高视觉辨认的可靠性。所以,凡是有条件进行语音辨认的,都应在举行视觉辨认之后,再进行听觉辨认,或者二者同时结合进行。在侦查实践中,语音辨认又可分为实音辨认和录音辨认两种。实音辨认是让辨认人直接对被辨认人的声音进行辨认。此种辨认,一般是在有了确定的嫌疑人之后进行。例如,某青年女工夜里回家途中遭两名歹徒抢劫,其中一名歹徒在剥她的大衣时说:"喂!把大衣脱下来,快点!"后又说:"趁活着赶快滚吧!"由于光线很暗,被害人没有看清歹徒的面貌特征,但记住了歹徒的声音:音调低,有些沙哑。侦查人员在找到犯罪嫌疑人之后,在犯罪现场举行语音辨认,让被害人在原来条件下,听了几个人说话的声音,从中认定某嫌疑人就是作案的歹徒。录音辨认,是指辨认人通过听录音对被辨认人进行辨认。此种方法多用于寻找犯罪分子。在侦破绑架、敲诈勒索以及利用电话进行流氓活动等案件中,通过组织被害人、知情人听犯罪分子作案时的电话录音,往往可以查明犯罪分子的身份。录音辨音也可以用于认定犯罪分子。即将被审查的嫌疑人的讲话录音,掺杂在几个声音相似的人的讲话录音之中,提交辨认人进行辨认,以确定该嫌疑人是否为犯罪分子。为了保证辨认的客观准确性,在制作辨认录音时,录音所用的材料和工具应符合辨认要求,既要注意录音效果的清晰度,又要保持录音条件的一致性。比如,嫌疑人的声音是从电话中录下来的,掺杂人员的声音也应通过电话录制。嫌疑人讲话时戴着口罩,掺杂人员讲话时也应戴着口罩。

2.4.1.2 对物品的辨认

物品辨认适用的范围很广泛,实践中经常用的有:对现场遗留物的辨认;对不知名死者的衣物和随身携带物品的辨认;对赃物的辨认,等等。辨认的方法可采用公开和秘密两种形式。对无名尸的衣物和随身携带物品及其照片的辨认,一般是采取公开辨认的形式,即公开组织周围群众及知情人对物品进行识别。同时,侦查人员也可按照该物品的生产、流通、使用范围,携带该物品或物品照片到有关地区组织群众对物品进行辨认。目的在于,通过辨认衣物和随身携带的物品,查明死者的身份,为侦查破案提供线索和方向。对罪犯遗留在犯罪现场上的作案工具、凶器和随身物品,一般是采用秘密的方法进行辨认。如果犯罪分子或犯罪嫌疑人已被拘捕,可以组织被害人、知情人进行公开辨认,为揭露和证实犯罪提供证据。对那些特定特征不明显的现场遗留物,在侦查过程中,可以组织有关的专业人员或专家进行鉴别,确定这些物品的生产、使用单位和销售范围。对侦查过程中查获的赃物应将其提交事主、被害人及知情人进行辨认。对侦查中发现的某些可疑物品,也应组织事主或财物保管人等进行辨认,以确定其是否为本案的赃物。赃物辨认既可公开进行,也可秘密进行。公开辨认通常是在犯罪人或犯罪嫌疑人被拘捕后举行。组织对物品的辨认,侦查人员应当先对辨认人进行详细询问,问清被辨认物品的具体特征,然后再进行辨认。如果辨认人是该物品的失主,询问时应当让辨认人提供与该物品相类似的物品或者提供该物品相关联的部分(如断裂部分、拆下的部件等),这对核对辨认结论的可靠性具有重要意义。对物品的辨认一般应遵守混杂辨认的规则。被辨认物要混杂在特征类似的若干同类物品之中,提交辨认人辨认。在选择掺杂物时,只要一般特征相似即可,而不应专门挑选各种特征十分相似的同类物品,更不应专门仿造相类似的特征。

如果被辨认物品比较特殊,难以找到同类掺杂物,或者被辨认物品的特定特征十分明显,比如,是事主自己书写的字画或制作的工艺品,辨认人对被辨认物品的特征了解得非常清楚,也可以将被辨认物品单独提交辨认人进行辨认,而不必掺杂其他同类物品。

2.4.1.3　对尸体的辨认

尸体辨认可采取公开的形式进行。通常是将尸身、尸体照片和死者的随身衣物三个方面结合进行。为了便于辨认,应由法医协助做好辨认前的准备工作。准备工作的内容视尸体的情况而定:对颜面部受伤变形或污损、腐败的尸体要做必要的清洗整容;对尸体进行尸表检验,以发现和记录尸表上的各种特征;根据尸骨和牙齿对死者作出法医骨学和法医齿学的分析判断;根据尸体的颅骨恢复死者生前面貌,供辨认和查找尸源时参考。对无名尸体首先应组织现场周围的群众、失踪人的亲属等进行辨认。在具体做法上,可以让辨认人直接辨认尸体或尸体照片;也可以通过衣物等辨认死者的身份;还可以由侦查人员带着死者的部分物品或者尸体或衣物的照片,深入到有关地区或单位组织群众辨认。如果辨认人认出死者是谁,则应详细询问其认定的根据及其最后一次见到死者的时间、地点,以便与现场无名尸体的实际情况进行核对。对尸体的辨认不适用混杂辨认的规则。但是辨认的其他规则仍须遵守。

2.4.1.4　对场所的辨认

在侦查过程中,对有些案件需要事主、被害人或其他知情人对犯罪有关场所进行辨认。比如,由于被害人、事主或目睹人在案发时心情过于紧张或者对地理环境生疏,而无法说清犯罪分子作案的确切地点。在这种情况下,就应举行场所辨认。组织辨认之前,侦查人员应让辨认人仔细回忆该场所的环境特征,并根据辨认人提供的情况,分析判断该场所可能位于何处或者可能是哪个具体地点,然后带领辨认人寻找辨认犯罪场所。在实践中,由于辨认人对犯罪场所环境特征的感知、记忆有差错,而往往会发生错认犯罪地点的情况。因此,侦查人员对辨认人指认的犯罪地点,应认真进行勘验,仔细寻找犯罪分子作案时遗留的各种痕迹物品,并结合辨认人事先关于犯罪事件的陈述,审核辨认结果的可靠性。在侦查破案过程中,往往会遇到有的被告人供述了自己的犯罪事实,但不能明确指出作案地点或有关场所。在此种情况下,侦查人员应令其详细供述犯罪现场的环境特征,然后带领被告人寻找辨认犯罪现场。这是场所辨认的一种特殊形式。

2.4.1.5　辨认的影响因素和评价指标

辨认是一种错综复杂的认识过程,受各种主客观因素的制约。侦查人员对辨认结果,无论是肯定的或否定的,均须结合案内其他证据材料进行分析评断和甄别核实,然后才能作为诉讼证据使用。在分析评断时,一般应注意以下几个方面的因素:

(1)辨认人方面的因素

辨认人作为辨认的主体,在辨认中起着关键的作用。实践表明,辨认人识别能力的强弱和能否作出客观公正辨认,直接关系到辨认结果的可靠程度。因此,对辨认人本身的情况必须认真地进行审查评断。

审查辨认人与案件及案件当事人有无利害关系,判明其有无做虚假辨认的情况。

审查辨认人的生理条件,主要查明辨认人是否具备正常的感知能力、记忆能力、识别能力和表述能力,尤其要注意其有无近视、色盲、夜盲、听力减弱和健忘等生理缺陷,以及这些缺陷对辨认结果可能造成的影响。

审查辨认人的职业技能条件,即注意了解辨认人的文化程度、生活经历、职业专长和兴趣爱好,进而分析其是否具备对某种辨认客体的识别能力,以及识别能力的强弱。必要时可通过实验加以证实。

审查辨认人的心理状态,即查明辨认人在感知辨认客体时心理状态是否正常,精神是否高度紧张,神志是否清醒,对辨认客体的感知、记忆和识别是否积极主动。并注意评断辨认人的心理状态对辨认结果的影响。

(2)辨认对象方面的因素

辨认对象也称辨认客体,包括被辨认的人、物品、尸体及场所等。辨认结果是否真实可靠往往受辨认对象因素的制约。这些因素主要包括:

①辨认对象的特征是否突出

尤其是能够反映客体本质属性的特定特征是否明显,是否容易与其他相似客体区别开来。

②辨认对象的特征的稳定性程度

应查明该客体与辨认人感知时相比,是否已经发生重大变化,特别要注意查明辨认对象的特征是否经过伪装、遮掩或变造。

辨认对象的特征的复杂程度。即分析判断感知和识别这些特征是否需要具备某种专门知识,进而评断辨认人是否具有此种识别辨认能力。

(3)感知的客观条件方面的因素

辨认人对辨认对象的正确感知不仅决定于辨认人自身的感知能力,还取决于感知时的客观外界条件。这些客观条件除了感知对象的特征是否明显、稳定等因素外,还包括感知时自然环境条件的优劣和感知过程的长短以及距离的远近等因素。比如,在光线明亮的情况下,往往能够看清犯罪分子的身高、体态、面貌及衣着特征,等等;在光线昏暗的情况下,则只能看到犯罪分子的大体轮廓,无法看清其细节特征。因此,在评断辨认结果时,应注意分析辨认人感知时当地的自然环境因素。又比如,辨认人与辨认对象接触的时间越长,对辨认对象特征的感知就越全面、清晰,印象也越深刻,记忆越牢固。辨认人在遭到犯罪分子突然袭击的情况下,由于正面接触的时间短促,往往看不清犯罪分子的具体特征。因此,详细询问辨认人与辨认对象的接触过程,对于评断辨认结果的可靠程度有着重要意义。

(4)组织辨认的程序和方法方面的因素

这主要是审查在辨认的组织和实施过程中有无违反辨认规则的情况,举行辨认的方法是否科学,辨认笔录的记载是否客观、准确,等等。总之,对辨认结果应从多方面进行甄别核实,而不能盲目相信。在使用辨认结果证明案件事实时,要特别慎重。不能仅凭辨认结果就认定犯罪分子或者排除嫌疑,更不能仅仅根据被害人、证人的指认,就决定破案抓人。必须将辨认结果与案内其他证据材料结合起来进行分析研究,加以综合运用。

2.4.2　询问

刑事侦查中的询问,是指公安机关和人民检察院的侦查人员用口头的方式向证人、被害人调查了解案件情况的诉讼活动。包括以下含义:

询问的主体只能是公安机关和人民检察院的侦查人员。其他任何机关、团体或个人都无权在侦查中询问证人。根据 1982 年最高人民法院、最高人民检察院、公安部《关于机关团体和企事业单位保卫处科在查破案件时收集的证据材料可以在刑事诉讼中使用的通知》的规定,县(市辖区)直属以上的机关、团体、企业、事业单位保卫处、科,在公安机关指导下,查破一般反革命案件和其他一般刑事案件时,可以依法询问证人、被害人,这种询问的笔录可以在刑事诉讼中作为证据使用。这是公安机关和人民检察院把部分侦查权下放给这些保卫处、科。只有这些受委托的单位才有权查破一般反革命案件和其他一般刑事案件,并且有权在侦查中询问证人、被害人。询问的对象是证人、被害人。询问的方式一般是采用口头问话的方式让证人、被害人对案件情况进行陈述。但是,证人要求自己书写书面证词,也应当允许。在必要的时候,侦查人员也可以要求证人提供书面证词。询问的内容应是证人、被害人所了解的案件情况。即他们所知道的有关本案应查明的情况,包括事件本身以及关于事件发生前后的有关情况;案件当事人、被害人、证人的身份以及他们之间的相互关系,等等。询问是一种刑事诉讼行为,必须严格遵照法律规定的程序进行。

询问是一种重要的侦查措施,是侦查机关及时查明案件事实,准确地揭露和证实犯罪不可缺少的手段之一。询问,特别是对证人的询问贯穿于侦查破案的全过程,从立案侦查,摸底排队,审查嫌疑人,认定犯罪人,直至最后破案都离不开询问。询问作为侦查破案的一种基本措施,具有以下重要意义:

询问是侦查人员查明案情的基本方法之一。刑事犯罪案件大都是已经发生的事实,侦查人员对案件事实并没有亲自耳闻目睹,他们需要通过询问报案人、知情人、被害人及被害人的亲属来了解案件发生的时间、地点、原因、结果以及犯罪分子实施犯罪的方法、手段和过程等事实情节,并以此为依据制订侦查计划,运用侦查措施。

询问是收集证据的重要途径。侦查人员通过询问不仅可以获取证人证言和被害人陈述,而且还能够发现新的证据线索,获取新的证据。

询问是审查和核实证据的一种重要手段。侦查人员通过询问证人、被害人可以审查侦破过程中所收集的各种证据材料是否真实可靠,以及它们与案件事实之间是否存在内在联系。

询问是查缉犯罪分子的一种重要措施。犯罪分子作案后往往迅速逃离犯罪现场,或者乔装打扮将自己隐匿起来。侦查工作的一项重要任务就是及时将犯罪分子缉拿归案。侦查人员通过询问证人、受害人往往能够了解犯罪分子的体貌特征、生活习惯、活动规律和逃匿方向,从而为查缉犯罪分子提供有利条件。总之,询问在侦查破案中有着非常重要的作用,每个侦查人员都应掌握询问证人、受害人的基本功,善于根据不同询问对象的心理特点,采用不同的询问对策。

2.4.2.1　询问证人

我国《刑事诉讼法》第 37 条第 1 款规定:"凡是知道案件情况的人,都有作证的义务。"此条规定说明,我国刑事诉讼中的证人是指向司法机关陈述所知案件情况的人。

证人证言是一种重要的诉讼证据,它直接关系到办案的质量。在侦破过程中所取得的证人证言,多数是符合客观实际的。但是,也有不少证言并不准确,甚至是虚构的,其原因是多方面的。有的证人因为与被告人或事主有利害关系,故意歪曲或夸大事实情节;有的证人基于某种个人目的(如为了报私仇或表现自己"积极"),而故意提供假情况;有的证人由于受到主客观条件的影响,所提供的证言与实际情况不符。因此,侦查人员对证人证言必须认真进行审查和核实,以判明其是否真实和证明力的大小。根据侦查实践经验,对证人证言主要应从以下六个方面进行审查判断:

(1)证人与案件之间的关系

即证人与案件本身以及与本案的被告人、被害人之间是否有利害关系,分析他是否有可能为了开脱自己、维护亲情、友谊、报恩或泄愤报复而提供虚假的证言。当然,不是说凡是与案件有利害关系的人都会提供虚假证言,而只是一种可能性,是在审查证人证言时应当注意的一个方面。

(2)证人的思想品质和一贯表现

一般来说,政治觉悟高、思想品质优秀的人,提供的证言比较真实,而思想觉悟低、品质不好的人,往往容易提供伪证。当然这也不能一概而论,而应对具体情况进行具体分析。

(3)证人证言的来源

即要弄清证人所提供的证言是自己耳闻目睹的,还是听别人传说的。如果是证人直接听到或看到的,还应弄清其感知这些情况时的主客观条件,诸如本人的听力、视力状况以及感知的时间、距离、光线、风向,等等,以判断他在当时情况下,能否正确地感知与案件有关的某种情况。必要时,可以进行侦查实验。如果是听他人传说的,则应尽可能地向直接感知案件情况的人调查、核对,以判断有无失实的可能。

(4)证言的内容

证人有关案件情况的叙述是否真实可靠,这是侦查人员审查判断证人证言所要解决的关键问题。因为只有内容真实的证言,才能作为诉讼证据。审查证言内容的基本方法就是分析证人所叙述的事实情节有无矛盾,是否符合事物发展的规律。在通常情况下,如果证人有意作伪证,捏造事实,或者夸大、缩小案件的某些情节,必然会出现漏洞或矛盾,违背事物发展的规律。所以,当发现证言内容有矛盾和可疑之处时,必须深入核查,切实弄清其原因。同时,还应将证人证言同案内其他证据进行综合研究,使之相互印证,分析它们是否协调一致,以鉴别证言的真伪。

(5)证人的作证能力

即审查证人的感知力、记忆力和表述力,判断是否可能影响其客观地提供证言。证人的感知能力(主要包括证人感觉器官的功能和感知事物的知识、经验,等等)和记忆力、表述力对证言的真实性有着直接影响。几个证人在客观环境和条件相同的条件下,由于他们的感知能力不同,他们所了解的案情往往会有很大的差别。在感知能力相同的情况下,由于他们的记忆力、表述能力的不同,所提供证言的内容也可能不同。我国《刑事诉讼法》规定,生理上、精神上有缺陷或者年幼,不能辨别是非、不能正确表达的人,不能作为证人。目的是为了保证证言的客观真实性。因此,侦查人员在审查证人证言时,应当注意审查提供证言者的主观条件,弄清有无妨碍其如实提供证言的因素和是否具备作证的能力,从而对证言的真伪和证明力的大小作出正确的判断。必要时,也可以聘请专门人员对证人的作证能力进行鉴定。

（5）证人提供证言时的客观条件

证人是证言的提供者，证人能否客观地、充分地把自己所感知的案件情况提供出来，与提供证言时的客观条件有直接关系。因此，侦查人员在审查证人证言时，应注意审查证人是在什么情况下提供证言，是否受到询问人的威胁、引诱、欺骗，是否受到案件当事人或其他人的贿买、胁迫、指使，等等。如果发现上述妨碍证人客观真实地提供证言的情况，还应进一步分析这些因素对证人证言的影响，以及应当采取的补救措施。总之，对证人证言应持慎重态度，要进行认真细致的分析判断，注意鉴别其真伪，并判断其证明力的大小。只有经过审查判断认为真实可靠、具有证明力的证言，才能作为诉讼证据加以采用。

2.4.2.2 询问被害人

刑事侦查中的被害人，是指其合法权益受到犯罪行为直接侵害的人。在自诉案件中，被害人是诉讼当事人，享有当事人的权利，负有当事人的义务。在公诉案件中，被害人既不是当事人，也不是证人，而是独立的诉讼参与人，享有特定的诉讼权利。由此可见，被害人与证人同犯罪行为的关系是不同的。被害人是遭受犯罪行为直接侵害的人，而证人则是独立于犯罪行为之外。由此决定了被害人的人身不可替代性和不同于证人的特殊的诉讼地位。被害人的陈述，是指被害人就其所了解的案件情况，向司法机关所作出的叙述。根据我国刑事诉讼法规定，被害人陈述是刑事诉讼中的一种独立证据。

由于受各种主客观条件的影响，被害人的陈述既可能是真实可靠的，也可能是不真实或不完全真实的。因此，必须经过审查判断，查证属实后，才能作为认定案件事实的依据。对被害人陈述的审查判断主要应从以下几个方面进行：

被害人与被告人的关系。即被害人与被告人是否相识，平素关系是否正常，有无私仇或利害冲突，等等，以便正确判断被害人陈述的真伪。

被害人陈述的来源。即要查明被害人陈述的内容是直接感知的，还是由他人告知的，或是凭自己想象、推测得来的。如果是直接感知的，则要审查被害人当时所处的客观环境和主观条件如何，以及这些因素对陈述内容的影响。如果是听他人告知的，则应问清告知的具体人和告知的经过，以便找知情人进行查对。如果是推测的，则应让被害人说明推测的根据，以供侦查人员分析研究案情时参考。

被害人陈述的内容是否合情合理。即审查被害人陈述的内容是否符合客观事物的发展规律。如果不合情理，则应进一步询问或采取其他方法调查核实。

审查被害人的陈述与案件其他证据是否协调一致。如果发现被害人的陈述与其他证据相矛盾，则应查明产生矛盾的原因，必要时可以再收集其他证据加以印证、核实。

审查被害人是否具有辨别是非和正确表达的能力。被害人与证人一样都是以所陈述的内容来证明案件事实。被害人由于生理、精神上有缺陷或者年幼，而不具备辨别是非和正确表达的能力，他所作出的陈述就失去了客观真实性，当然不能用作为诉讼证据。有的被害人虽然具备辨别是非和正确表达的能力，但由于生理、精神上有缺陷或者年幼，其感知能力、记忆能力、表述能力比较低，往往会使其陈述内容的真实性受到影响。因此，侦查人员在审查被害人陈述时，应注意审查被害人的生理、精神状况和智力发育程度及其对陈述内容可能造成的影响。

审查被害人的思想品质和一贯表现。被害人的思想表现如何，生活作风是否正派，往往会影响到其陈述内容的真实程度，因此，这也是审查被害人陈述时，应注意的一个方面。

总之,对待被害人的陈述要同对待其他证据一样,必须进行全面、细致的分析研究,认真查证,不能盲目轻信,更不能仅仅根据被害人的陈述,就决定破案抓人。

2.4.3 讯问

讯问是侦查机关为了查明案情,依法对被告人进行审问的一种侦查活动。根据我国《刑事诉讼法》第62条的规定,讯问被告人必须由公安机关和人民检察院的侦查人员负责进行。其他任何机关、团体或个人都无权讯问。在我国,讯问被告人,一般是在被告人被依法逮捕或者拘留之后,由公安机关的预审部门来进行。讯问被告人是预审部门的一项基本任务。人民检察院负责侦查的案件,由人民检察院的侦查办案人员进行讯问。我国《刑事诉讼法》第3条规定:"对刑事案件的侦查、拘留、预审,由公安机关负责。批准逮捕和检察(包括侦查)、提起公诉,由人民检察院负责。审判由人民法院负责。我国公安机关办理刑事案件一般是分两个阶段进行的:第一阶段是从发现犯罪,决定立案侦查时开始,通过侦查,确认犯罪分子并查清其主要罪行,或者认定重大犯罪嫌疑人,到依法对犯罪分子或重大犯罪嫌疑人采取强制措施为止;第二阶段是从依法逮捕或者拘留人犯后开始,通过审讯和调查,进一步收集和审查证据,查清全部案情,直至将被告人移送人民检察院审查起诉或由公安机关撤销案件做其他处理为止。侦查和预审是相互衔接的两个工作过程。侦查是预审的前提和基础;预审则是侦查的继续和发展。二者在刑事诉讼过程中统称为侦查阶段。由此可见,预审部门对被告人的讯问是一项重要的侦查活动,它同人民法院对被告人的审讯,在性质上是不同的。

侦查人员讯问的对象主要包括下列四种:

(1)依法被逮捕的人犯

在一般情况下,人犯在被捕前其主要犯罪事实业已查清。这是逮捕人犯的首要条件。但是,在侦查阶段,一般不限制侦查对象的人身自由,侦查人员所采取的各种侦查措施,基本上是秘密进行的,不触动侦查对象。正是由于这种客观条件的限制,往往很难查清案件的全部事实情节,特别是那些只有通过采取面对面的公开的侦查措施才能发现和证实的犯罪事实及线索,在侦查阶段是很难解决的。而预审阶段,通过讯问被告人和公开调查取证,既可以彻底揭露和证实被告人全部犯罪事实情节,又可以听取被告人的申辩,从而做到不错不漏,不枉不纵。

(2)依法被拘留的人犯

根据我国《刑事诉讼法》的规定,拘留的对象是罪该逮捕的现行犯和重大犯罪嫌疑分子。侦查机关对于被拘留的人犯,必须在24小时内进行讯问,如果发现不应当拘留时,必须立即释放;如果认为需要逮捕的,应当在法定的时间内办好逮捕手续,宣布逮捕;如果需要逮捕而又证据不足,或者发现了法定的其他不宜拘留的情况,可以对被拘留人采取取保候审或监视居住的措施。

(3)不需要逮捕、拘留的被告人

根据我国《刑事诉讼法》第63条的规定,对于不需要逮捕、拘留的被告人,可以传唤到指定的地点或者到他的住处、所在单位进行讯问,但是应当出示人民检察院或者公安机关的证明文件。

被群众扭送的人犯和投案自首的犯罪人。通过讯问,弄清案件性质,并作出相应的处理。

询问通常是在侦查的基础上进行的,其主要任务是:

查清被告人的全部罪行,收集犯罪证据预审部门受理的案件大部分是经过侦查的案件,也有一部分案件,由于被告人在实施犯罪行为时被当场抓获,或者由人民群众直接扭送到公安机关,事先未有经过侦查。这些未有经过侦查的案件,当然不可能掌握被告人的全部罪行和充分的证据材料。而经过侦查的案件,情况也各有不同,其中有的犯罪事实清楚,证据充分、确凿;有的只是主要犯罪事实清楚,证据确凿,一些次要问题和具体情节未搞清。有的案件,各种证据之间,相互矛盾,哪个可靠,哪个虚假,尚未解决;或者同案犯之间,有的罪行查清了,有的还没有查清,凡此种种,都必须通过讯问,彻底搞清。首先要查清被告人所进行的全部犯罪活动,然后,对每条罪行的作案时间、地点、手段、经过、危害后果和目的、动机等都要搞得清清楚楚,同时还要有充分、确凿的证据来加以证明。在实践中,有些犯罪分子不是只实施了一次犯罪活动,特别是那些惯犯、流窜犯一般都是多次作案,罪行累累,而查获他则多是通过一起具体案件的侦破,或者是在其犯罪时被当场抓获。因此,在讯问之前,一般是查清了某一具体案件的犯罪事实,而没有掌握被告人的其他罪行,或者虽有犯罪的线索,但由于工作条件的限制,在侦查阶段,还没有进行查证,未能核实。这就要求在讯问过程中,不仅要查清现案,而且要注意发现疑点,抓住线索,详细追查,深挖侦查阶段没有掌握的其他罪行,挤净余罪,查破积案。

追查同案犯和发现其他犯罪线索不少刑事案件,特别是重大刑事案件,往往是多数人结伙作案,有的已经形成有组织有计划的犯罪集团。对于这类案件有些在破案时就已查清,将同案犯全部抓获;但有的在破案时只查获一名或几名罪犯,而不掌握其他同案犯,这就需要通过讯问被告人,查清全部同案犯,主动配合侦查部门及时查获漏网的犯罪分子,以便清除后患。比如,通过讯问主犯注意挖从犯,或者通过讯问从犯注意挖主犯;通过讯问盗窃犯注意挖销赃、窝赃犯;通过讯问青少年犯注意挖教唆犯,等等。犯罪分子既要进行犯罪活动,就必然与社会上某些阴暗面发生错综复杂的联系,因而往往会结识其他一些违法犯罪分子或了解许多犯罪线索。通过讯问被告人,不仅要追清同案犯,而且还要促使被告人把所知道的其他犯罪人和犯罪线索全部提供出来,以便进一步扩大战果。应该指出,追查其他犯罪人或犯罪线索,必须实事求是,从案件的客观实际出发,使之严格建立在调查研究和对案情正确分析判断的基础上,绝不是无目的的滥追,更不是无止境的穷追,也不是对所有的案件都要追组织联系和同案犯。同时,对于被告人所做的交代和揭发,一定要认真进行查证核实,绝不可轻信口供,草率抓人。

保障无罪的人不受刑事追究,刑事案件是错综复杂的,有些犯罪分子为了逃避打击,在作案时故意制造种种假象,转移侦查视线,嫁祸于人,有的人出于某种动机,无中生有,歪曲事实真相,甚至捏造假材料,提供假证据,诬告陷害他人。由于斗争的复杂性和秘密侦查的局限性,即使侦破工作进行得比较周密细致,有时也难免出现这样或那样的疏忽和错误。因此,在已逮捕、拘留的人犯中,必然会有极少数是属于无罪的人。特别是在被拘留的犯罪嫌疑人中,当然存在着有罪和无罪两种可能性。这就要求侦查人员在讯问过程中,必须认真检验审核侦查材料的真伪,注意发现侦查工作中的疏忽和错误,及时进行补救和纠正。为了保证既不放纵一个罪犯,又不冤枉一个好人,在讯问中,不但要注意获取能够证明被告人有罪的材料和口供,而且也要注意收集能够证明被告人无罪的材料,认真听取被告人无罪的辩解。经过讯问、查证,凡是发现属于错拘、错捕的,必须依照法律规定,立即予以释放,并做好善后工作。

研究和掌握犯罪动态研究和掌握犯罪动态,是侦查机关的一项经常性的重要工作。通过对人犯的讯问,可以了解犯罪分子走上犯罪道路的过程和原因,实施犯罪的目的、动机和目标、手段,以及隐匿、销赃的场所和方法,等等,从中可以分析研究犯罪活动的规律特点,掌握犯罪的动态和趋势,发现我们工作中存在的问题和漏洞。这样,就可以有针对性地提出防范和打击措施,提高同犯罪作斗争的能力。

对犯罪分子进行认罪服法、改恶从善教育。我国是人民民主专政的社会主义国家,同犯罪作斗争历来实行惩办与宽大相结合的政策。对犯罪分子根据他们犯罪的事实情节,依法给予不同的刑事处罚。但是,这种惩罚只是一种手段,不是刑罚的目的。我国刑罚的目的是教育改造罪犯,把绝大多数罪犯改造成为新人,化消极因素为积极因素,以预防和减少犯罪。讯问人犯,是侦查人员同犯罪分子进行面对面的斗争,结合犯罪分子的犯罪事实对他们做耐心细致的政治思想教育和法制教育,使之认罪服法,不仅能够促使被告人如实交代自己的全部罪行,而且还可以为判刑后投入劳动改造,奠定较好的思想基础。因此,侦查人员在讯问过程中,既要揭露被告人的罪行,又要抓住机会对其进行政治思想教育和法制教育,使其认识到所犯罪行的严重危害性和思想根源,并决心弃旧图新,接受改造。

由于被告人口供与其他证据相比,有着更大的虚假性,这是由被告人在诉讼中所处的特殊地位决定的。所以,对被告人的供述和辩解必须认真细致地进行审查判断,以确定其是否真实可靠,与案件事实有无联系。审查判断被告人口供主要应采取以下方法:

审查被告人口供是否符合客观事物发生、发展的一般规律。对被告人供述的犯罪事实,从犯罪时间、地点、动机、目的、手段和后果等各个方面进行综合分析研究,判断在当时的具体条件下,被告人是否可能实施某种犯罪行为,是否合情理。如果发现矛盾,则应进一步调查、核对。对于被告人的辩解,同样也要审查是否具有合理性,是否符合客观事实。

审查被告人供述或辩解的动机实践表明,被告人供述或辩解的动机是复杂多样的。由于动机不同,供述或辩解的真实程度也就明显不同。所以,查清被告人提供口供的动机,是甄别被告人口供真伪的一个重要方法。

审查被告人是在什么条件下作出供述或辩解的。即查清被告人是否受到讯问人员的刑讯逼供或诱供、骗供,是否受到同案犯的威胁、引诱,以及外界的其他不良影响。这对于正确判断供述和辩解的真实性,具有重要意义。

审查被告人的口供与案件中其他证据是否一致。首先要审查被告人前后多次口供以及与同案被告人之间的口供有无矛盾,如有矛盾,则应分析研究存在矛盾的原因;如果同案犯之间口供完全一致,还应查清他们之间是否订立攻守同盟或者相互串供。然后,将被告人的口供同案件中的其他证据联系起来,进行综合分析判断,使之相互印证,看它们彼此之间是否协调一致,鉴别其真伪。

2.5　本章小结

本章回顾了经典刑事侦查学的技术手段以及侦查措施,总结起来不难发现,刑事侦查是一门集成了技术搜查、逻辑判断、意识导向的综合工作。在经典的研究方法中,也不乏不断吸取高精尖的领先科学技术手段,如识别技术、DNA 检测技术等等。但归结起来,综合传统刑事侦查的现状,我们不难发现它存在着诸多的不足:

刑事侦查的技术手段很大程度上依赖于人的判断,而人的判断大多基于感性和理性的综合。这在某些精密判断的过程中是存在一定的风险的。如以往的侦查判断中,往往掺杂了人的经验,这对判断的准确性和科学性形成了巨大的挑战。而随着科学技术的进步,尤其是互联网技术、大数据的应用,机器智能在某种程度上可以对人的智能进行替代,当然,是在不参与任何人文因素诸如法律、道德的前提下。就判断而言,例如辨认、识别、同一性鉴定方面,基于大数据,尤其是人工智能算法,针对不同的侦查问题给出判断结果,结合置信概率给出判断的可接受程度,或可信度指标,是数据驱动刑事侦查的发展趋势之一。

另外,防患于未然也是刑事侦查的主要任务之一,以往的刑事侦查中,往往针对个案进行总结和应对。然而,对于案件的预防、预测,往往没有真正行之有效的方案。基于大数据的整合,结合互联网的数据库、数据仓库技术,实现犯罪的预测和预防,也是未来刑事侦查的重要研究方向之一。

总而言之,刑事侦查的目的在于"法网恢恢,疏而不漏",大数据引领下的刑事侦查学,我们更期待"天下无贼"。

第三章　大数据基本理论及其应用前景

3.1　大数据时代背景

3.1.1　大数据的历史溯源

马修·方丹·莫里（Matthew Fontaine Maury）是一位很有前途的美国海军军官。1839年，在他前往双桅船"合奏号"（Consort）接受一个新任务时，他乘坐的马车突然滑出了车道，瞬间倾倒，把他抛到了空中。他重重地摔到了地上，大腿骨粉碎性骨折，膝盖也脱臼了。当地的医生帮他复位了膝盖关节，但大腿受伤过重，几天后还需要重新手术。直到33岁，他的伤才基本痊愈，但是受伤的腿却留下了残疾，变得有点儿跛，再也无法在海上工作。经过近三年的休养，美国海军把他安排进了办公室，并任命他为图表和仪器厂的负责人。谁也想不到，这里竟成了他的福地。作为一位年轻的航海家，莫里曾经对船只在水上绕弯儿不走直线而感到十分不解。当他向船长们问及这个问题时，他们回答说，走熟悉的路线比冒险走一条不熟悉而且可能充满危险的路线要好得多。他们认为，海洋是一个不可预知的世界，人随时都可能被意想不到的风浪困住。但是从他的航行经验来看，莫里知道这并不完全正确。他经历过各种各样的风暴。一次，他听到来自智利瓦尔帕莱索扩展港口的预警，亲眼目睹了当时刮成圆形的风就像钟表一样；但在下午晚些或日落的时候，大风突然结束，静下来变成一阵微风，仿佛有人关了风的开关一样。在另一次远航中，他穿过墨西哥蓝色海域的暖流，感觉就像在大西洋黑黢黢的水墙之间穿行，又好像在密西西比河静止不动的河面上挺进。当莫里还是一个海军军官学校的学生时，他每次到达一个新的港口，总会向老船长学习经验知识，这些经验知识是代代相传下来的。他从这些老船长那里学到了潮汐、风和洋流的知识，这些都是在军队发的书籍和地图中无法学到的。相反，海军依赖于陈旧的图表，有的都使用了上百年，其中的大部分还有很大的遗漏和离谱的错误。在他新上任为图表和仪器厂负责人时，他的目标就是解决这些问题。他清点了库房里的气压计、指南针、六分仪和天文钟。他发现，库房里存放着许多航海书籍、地图和图表；还有塞满了旧日志的发霉木箱，这些都是以前的海军上尉写的航海日志。刚开始的时候，他觉得这些都是垃圾，但当他拍掉被海水浸泡过的书籍上的灰尘，凝视着里面的内容时，莫里突然变得非常激动。这里有他所需要的信息，例如对特定日期、特定地点的风、水和天气情况的记录。大部分信息都非常有价值。莫里意识到，如果把它们整理到一起，将有可能呈现出一张全新的航海图。这些日志是无章可循的；页面边上尽是奇怪的打油诗和乱七八糟的信手涂鸦，与其说它们是对航海行程的记录，还不如说它们是船员在航海途中无聊的娱乐而已。尽管如此，仍然可以从中提取出有用的数据。莫里和他的20台"计算机"——那些进行数据处理的人，一起把这些破损的航海日志里记录的信息绘制成了表格，这是一项非常繁重的工作。莫里整合了数据之后，把整个大西洋按经纬度划分成了五块，并按月份标出了温度、风速和风向，因为根据时间的不同这些数据也有所不同。整合之后，这些数据显示出了有价值的模式，也提供了更有效的航海路线。

为了提高精确度，莫里需要更多的信息，因此他创建了一个标准的表格来记录航海数据，并且要求美国所有的海军舰艇在海上使用，返航后再提交表格。商船也拼命地想得到他的图表，莫里就要求以他们的航海日志作为回报。他宣称："每艘航行在公海上的船舶从此以后都可以被视为一个浮动的天文台，一个科学的殿堂。"为了改进和完善图表，他需要寻求更多的数据（正如谷歌利用网页排名来获得更多的数据）。莫里让船长定期向海里扔掷标有日期、位置、风向以及当时洋流情况的瓶子，然后再来寻找这些瓶子。许多船挂了一面特殊的旗帜，表明它参与了这个信息交流计划。这些旗帜就是出现在一些网站上的友情链接的前身。通过分析这些数据，莫里知道了一些良好的天然航线，这些航线上的风向和洋流都非常利于航行。他所绘制的图表帮助商人们节省了一大笔钱，因为航海路程减少了三分之一左右。一个船长感激地说："我在得到你的图表之前都是在盲目地航行，你的图表真的指引了我。"有一些顽固的人拒绝使用这个新制的图表，而当他们因为使用旧方法航行到半路出了事故或者花费的航行时间长很多的时候，他们反而帮助证明了莫里系统的实用性。1855 年，莫里的权威著作《关于海洋的物理地理学》(The Physical Geography of the Sea)出版，当时他已经绘制了 120 万数据点了。莫里写道，在这些图表的帮助下，年轻的海员们不用再亲自去探索和总结经验，而能够通过这些图表立即得到来自成千上万名经验丰富的航海家的指导。他的工作为第一根跨大西洋电报电缆的铺设奠定了基础。同时，在公海上发生了一次灾难性的碰撞事件之后，他马上修改了他的航线分析系统，这个修改后的系统一直沿用至今。他的方法甚至应用到了天文学领域，1846 年当海王星被发现的时候，莫里有了一个好点子，那就是把错把海王星当成一颗恒星时的数据都汇集起来，这样就可以画出海王星的运行轨迹了。这个土生土长的弗吉尼亚人在美国历史上并不受关注，这也许是因为他在美国内战期间不再为海军效力，而是摇身一变成了美国联邦政府在英国的间谍。但是多年前，当他前去到欧洲为他绘制的图表寻求国际支持的时候，四个国家授予了他爵士爵位，包括梵蒂冈在内的其他八个国家还颁给了他金牌。即使到了今天，美国海军颁布的导航图上仍然有他的名字。

2009 年出现了一种新的流感病毒。这种甲型 H1N1 流感结合了导致禽流感和猪流感的病毒的特点，在短短几周之内迅速传播开来。全球的公共卫生机构都担心一场致命的流行病即将来袭。有的评论家甚至警告说，可能会爆发大规模流感，类似于 1918 年在西班牙爆发的影响了 5 亿人口并夺走了数千万人性命的大规模流感。更糟糕的是，我们还没有研发出对抗这种新型流感病毒的疫苗。公共卫生专家能做的只是减慢它传播的速度。但要做到这一点，他们必须先知道这种流感出现在哪里。

美国，和所有其他国家一样，都要求医生在发现新型流感病例时告知疾病控制与预防中心。但由于人们可能患病多日实在受不了了才会去医院，同时这个信息传达回疾控中心也需要时间，因此，通告新流感病例时往往会有一两周的延迟。而且，疾控中心每周只进行一次数据汇总。然而，对于一种飞速传播的疾病，信息滞后两周的后果将是致命的。这种滞后导致公共卫生机构在疫情爆发的关键时期反而无所适从。在甲型 H1N1 流感爆发的几周前，互联网巨头谷歌公司的工程师们在《自然》杂志上发表了一篇引人注目的论文。它令公共卫生官员们和计算机科学家们感到震惊。文中解释了谷歌为什么能够预测冬季流感的传播：不仅是全美范围的传播，而且可以具体到特定的地区和州。谷歌通过观察人们在网上的搜索记录来完成这个预测,而这种方法以前一直是被忽略的。谷歌保存了多年来所有的搜索记录,而且每天都会收到来自全球超过 30 亿条的搜索指令,如此庞大的数据资源足以支撑和帮助它完成这项工作。

谷歌公司把 5 000 万条美国人最频繁检索的词条和美国疾控中心在 2003 年至 2008 年间季节性流感传播时期的数据进行了比较。他们希望通过分析人们的搜索记录来判断这些人是否患上了流感,其他公司也曾试图确定这些相关的词条,但是他们缺乏像谷歌公司一样庞大的数据资源处理能力和统计技术。虽然谷歌公司的员工猜测,特定的检索词条是为了在网络上得到关于流感的信息,如"哪些是治疗咳嗽和发热的药物",但是找出这些词条并不是重点,他们也不知道哪些词条更重要。更关键的是,他们建立的系统并不依赖于这样的语义理解。他们设立的这个系统唯一关注的就是特定检索词条的使用频率与流感在时间和空间上的传播之间的联系。谷歌公司为了测试这些检索词条,总共处理了 4.5 亿个不同的数学模型。在将得出的预测与 2007 年、2008 年美国疾控中心记录的实际流感病例进行对比后,谷歌公司发现,他们的软件发现了 45 条检索词条的组合,将它们用于一个特定的数学模型后,他们的预测与官方数据的相关性高达 97%。和疾控中心一样,他们也能判断出流感是从哪里传播出来的,而且判断非常及时,不会像疾控中心一样要在流感爆发一两周之后才可以做到。

所以,2009 年甲型 H1N1 流感爆发的时候,与习惯性滞后的官方数据相比,谷歌成为了一个更有效、更及时的指示标。公共卫生机构的官员获得了非常有价值的数据信息。惊人的是,谷歌公司的方法甚至不需要分发口腔试纸和联系医生——它是建立在大数据的基础之上的。这是当今社会所独有的一种新型能力:以一种前所未有的方式,通过对海量数据进行分析,获得有巨大价值的产品和服务,或深刻的洞见。基于这样的技术理念和数据储备,下一次流感来袭的时候,世界将会拥有一种更好的预测工具,以预防流感的传播。

大数据不仅改变了公共卫生领域,整个商业领域都因为大数据而重新洗牌。购买飞机票就是一个很好的例子。2003 年,奥伦·埃齐奥尼(Oren Etzioni)准备乘坐从西雅图到洛杉矶的飞机去参加弟弟的婚礼。他知道飞机票越早预订越便宜,于是他在这个大喜日子来临之前的几个月,就在网上预订了一张去洛杉矶的机票。在飞机上,埃齐奥尼好奇地问邻座的乘客花了多少钱购买机票。当得知虽然那个人的机票比他买得更晚,但是票价却比他便宜得多时,他感到非常气愤。于是,他又询问了另外几名乘客,结果发现大家买的票居然都比他的便宜。对大多数人来说,这种被敲竹杠的感觉也许会随着他们走下飞机而消失。然而,埃齐奥尼是美国最有名的计算机专家之一,从他担任华盛顿大学人工智能项目的负责人开始,他创立了许多在今天看来非常典型的大数据公司,而那时候还没有人提出"大数据"这个概念。

1994 年,埃齐奥尼帮助创建了最早的互联网搜索引擎 Meta Crawler,该引擎后来被 InfoSpace 公司收购。他联合创立了第一个大型比价网站 NetBot,后来把它卖给了 Excite 公司。他创立的从文本中挖掘信息的公司 ClearForest 则被路透社收购了。在他眼中,世界就是一系列的大数据问题,而且他认为自己有能力解决这些问题。作为哈佛大学首届计算机科学专业的本科毕业生,自 1986 年毕业以来,他也一直致力于解决这些问题。飞机着陆之后,埃齐奥尼下定决心要帮助人们开发一个系统,用来推测当前网页上的机票价格是否合理。作为一种商品,同一架飞机上每个座位的价格本来不应该有差别。但实际上,价格却千差万别,其中缘由只有航空公司自己清楚。埃齐奥尼表示,他不需要去解开机票价格差异的奥秘。他要做的仅仅是预测当前的机票价格在未来一段时间内会上涨还是下降。这个想法是可行的，但操作起来并不是那么简单。这个系统需要分析所有特定航线机票的销售价格并确定票价与提前购买天数的关系。

如果一张机票的平均价格呈下降趋势，系统就会帮助用户作出稍后再购票的明智选择。反过来，如果一张机票的平均价格呈上涨趋势，系统就会提醒用户立刻购买该机票。换言之，这是埃齐奥尼针对 9 000 米高空开发的一个加强版的信息预测系统。这确实是一个浩大的计算机科学项目。不过，这个项目是可行的。于是，埃齐奥尼开始着手启动这个项目。埃齐奥尼创立了一个预测系统，它帮助虚拟的乘客节省了很多钱。这个预测系统建立在 41 天之内的 12 000 个价格样本基础之上，而这些数据都是从一个旅游网站上爬取过来的。这个预测系统并不能说明原因，只能推测会发生什么。也就是说，它不知道是哪些因素导致了机票价格的波动。机票降价是因为有很多没卖掉的座位、季节性原因，还是所谓的"周六晚上不出门"，它都不知道。这个系统只知道利用其他航班的数据来预测未来机票价格的走势。"买还是不买，这是一个问题。"埃齐奥尼沉思着。他给这个研究项目取了一个非常贴切的名字，叫"哈姆雷特"。

这个小项目逐渐发展成为一家得到了风险投资基金支持的科技创业公司，名为 Farecast。通过预测机票价格的走势以及增降幅度，Farecast 票价预测工具能帮助消费者抓住最佳购买时机，而在此之前还没有其他网站能让消费者获得这些信息。这个系统为了保障自身的透明度，会把对机票价格走势预测的可信度标示出来，供消费者参考。系统的运转需要海量数据的支持。为了提高预测的准确性，埃齐奥尼找到了一个行业机票预订数据库。而系统的预测结果是根据美国商业航空产业中，每一条航线上每一架飞机内的每一个座位一年内的综合票价记录而得出的。如今，Farecast 已经拥有惊人的约 2 000 亿条飞行数据记录。利用这种方法，Farecast 为消费者节省了一大笔钱。

棕色的头发，露齿的笑容，无邪的面孔，这就是奥伦·埃齐奥尼。他看上去完全不像是一个会让航空业损失数百万潜在收入的人。但事实上，他的目光放得更长远。2008 年，埃齐奥尼计划将这项技术应用到其他领域，比如宾馆预订、二手车购买等。只要这些领域内的产品差异不大，同时存在大幅度的价格差和大量可运用的数据，就都可以应用这项技术。但是在他实现计划之前，微软公司找上了他并以 1.1 亿美元的价格收购了 Farecast 公司。而后，这个系统被并入必应搜索引擎。到 2012 年为止，Farecast 系统用了将近十万亿条价格记录来帮助预测美国国内航班的票价。Farecast 票价预测的准确度已经高达 75%，使用 Farecast 票价预测工具购买机票的旅客，平均每张机票可节省 50 美元。

Farecast 是大数据公司的一个缩影，也代表了当今世界发展的趋势。五年或者十年之前，奥伦·埃齐奥尼是无法成立这样的公司的。他说："这是不可能的。"那时候他所需要的计算机处理能力和存储能力太昂贵了！虽说技术上的突破是这一切得以发生的主要原因，但也有一些细微而重要的改变正在发生，特别是人们关于如何使用数据的理念。

信息社会所带来的好处是显而易见的：每个人口袋里都揣有一部手机，每台办公桌上都放有一台电脑，每间办公室内都拥有一个大型局域网。但是，信息本身的用处却并没有如此引人注目。半个世纪以来，随着计算机技术全面融入社会生活，信息爆炸已经积累到了一个开始引发变革的程度。它不仅使世界充斥着比以往更多的信息，而且其增长速度也在加快。信息总量的变化还导致了信息形态的变化——量变引发了质变。最先经历信息爆炸的学科，如天文学和基因学，创造出了"大数据"这个概念。如今，这个概念几乎应用到了所有人类致力于发展的领域中。

大数据并非一个确切的概念。最初，这个概念是指需要处理的信息量过大，已经超出了一般电脑在处理数据时所能使用的内存量，因此工程师们必须改进处理数据的工具。这导致了新的处理技术的诞生，例如谷歌的 MapReduce 和开源 Hadoop 平台（最初源于雅虎）。这些技术使得人们可以处理的数据量大大增加。更重要的是，这些数据不再需要用传统的数据库表格来整齐地排列———一些可以消除僵化的层次结构和一致性[3]的技术也出现了。同时，因为互联网公司可以收集大量有价值的数据，而且有利用这些数据的强烈的利益驱动力，所以互联网公司顺理成章地成为了最新处理技术的领头实践者。它们甚至超过了很多有几十年经验的线下公司，成为新技术的领衔使用者。

今天，一种可能的方式是，亦是本书采取的方式，认为大数据是人们在大规模数据的基础上可以做到的事情，而这些事情在小规模数据的基础上是无法完成的。大数据是人们获得新的认知、创造新的价值的源泉；大数据还是改变市场、组织机构，以及政府与公民关系的方法。这仅仅只是一个开始，大数据时代对我们的生活，以及与世界交流的方式都提出了挑战。最惊人的是，社会需要放弃它对因果关系的渴求，而仅需关注相关关系。也就是说只需要知道是什么，而不需要知道为什么。这就推翻了自古以来的惯例，而我们做决定和理解现实的最基本方式也将受到挑战。

3.1.2 大数据的时代理念

"大数据"全在于发现和理解信息内容及信息与信息之间的关系，然而直到最近，我们对此似乎还是难以把握。IBM 的资深"大数据"专家杰夫·乔纳斯（Jeff Jonas）提出要让数据"说话"。从某种层面上来说，这听起来很平常。人们使用数据已经有相当长一段时间了，无论是日常进行的大量非正式观察，还是过去几个世纪里在专业层面上用高级算法进行的量化研究，都与数据有关。在数字化时代，数据处理变得更加容易、更加快速，人们能够在瞬间处理成千上万的数据。但当我们谈论能"说话"的数据时，我们指的远远不止这些。

实际上，大数据与三个重大的思维转变有关，这三个转变是相互联系和相互作用的。首先，要分析与某事物相关的所有数据，而不是依靠分析少量的数据样本。其次，我们乐于接受数据的纷繁复杂，而不再追求精确性。最后，我们的思想发生了转变，不再探求难以捉摸的因果关系，转而关注事物的相关关系。

很长一段时间以来，准确分析大量数据对我们而言都是一种挑战。过去，因为记录、储存和分析数据的工具不够好，我们只能收集少量数据进行分析，这让我们一度很苦恼。为了让分析变得简单，我们会把数据量缩减到最少。这是一种无意识的自省：我们把与数据交流的困难看成是自然的，而没有意识到这只是当时技术条件下的一种人为的限制。如今，技术条件已经有了非常大的提高，虽然人类可以处理的数据依然是有限的，也永远是有限的，但是我们可以处理的数据量已经大大地增加，而且未来会越来越多。通过使用所有的数据，我们可以发现如若不然则将会在大量数据中淹没掉的情况。例如，信用卡诈骗是通过观察异常情况来识别的，只有掌握了所有的数据才能做到这一点。在这种情况下，异常值是最有用的信息，你可以把它与正常交易情况进行对比。这是一个大数据问题。而且，因为交易是即时的，所以你的数据分析也应该是即时的。

在越来越多的情况下，使用所有可获取的数据变得更为可能，但为此也要付出一定的代价。数据量的大幅增加会造成结果的不准确，与此同时，一些错误的数据也会混进数据库。然而，重点是我们能够努力避免这些问题。我们从不认为这些问题是无法避免的，而且也正在学会接受它们。这就是由"小数据"到"大数据"的重要转变之一。传统的样本分析师们很难容忍错误数据的存在，因为他们一生都在研究如何防止和避免错误的出现。在收集样本的时候，统计学家会用一整套的策略来减少错误发生的概率。在结果公布之前，他们也会测试样本是否存在潜在的系统性偏差。这些策略包括根据协议或通过受过专门训练的专家来采集样本。但是，即使只是少量的数据，这些规避错误的策略实施起来还是耗费巨大。尤其是当我们收集所有数据的时候，这就行不通了。不仅是因为耗费巨大，还因为在大规模的基础上保持数据收集标准的一致性不太现实。就算是不让人们进行沟通争吵，也不能解决这个问题。大数据时代要求我们重新审视精确性的优劣。如果将传统的思维模式运用于数字化、网络化的 21 世纪，就会错过重要的信息。执迷于精确性是信息缺乏时代和模拟时代的产物。在那个信息贫乏时代，任意一个数据点的测量情况都对结果至关重要。所以，我们需要确保每个数据的精确性，才不会导致分析结果的偏差。有时候，当我们掌握了大量新型数据时，精确性就不那么重要了，我们同样可以掌握事情的发展趋势。大数据不仅让我们不再期待精确性，也让我们无法实现精确性。然而，除了一开始会与我们的直觉相矛盾之外，接受数据的不精确和不完美，我们反而能够更好地进行预测，也能够更好地理解这个世界。值得注意的是，错误性并不是大数据本身固有的。它只是我们用来测量、记录和交流数据的工具的一个缺陷。如果说哪天技术变得完美无缺了，不精确的问题也就不复存在了。错误并不是大数据固有的特性，而是一个亟须我们去处理的现实问题，并且有可能长期存在。因为拥有更大数据量所能带来的商业利益远远超过增加一点精确性，所以通常我们不会再花大力气去提升数据的精确性。这又是一个关注焦点的转变，正如以前，统计学家们总是把他们的兴趣放在提高样本的随机性而不是数量上。如今，大数据给我们带来的利益，让我们能够接受不精确的存在了。

知道人们为什么对这些信息感兴趣可能是有用的，但这个问题目前并不是很重要。但是，知道"是什么"可以创造点击率，这种洞察力足以重塑很多行业，不仅仅只是电子商务。所有行业中的销售人员早就被告知，他们需要了解是什么让客户作出了选择，要把握客户作出决定背后的真正原因，因此专业技能和多年的经验受到高度重视。大数据却显示，还有另外一个在某些方面更有用的方法。亚马逊的推荐系统梳理出了有趣的相关关系，但不知道背后的原因。在小数据世界中，相关关系也是有用的，但在大数据的背景下，相关关系大放异彩。通过应用相关关系，我们可以比以前更容易、更快捷、更清楚地分析事物。相关关系通过识别有用的关联物来帮助我们分析一个现象，而不是通过揭示其内部的运作机制。当然，即使是很强的相关关系也不一定能解释每一种情况，比如两个事物看上去行为相似，但很有可能只是巧合。通过给我们找到一个现象的良好的关联物，相关关系可以帮助我们捕捉现在和预测未来。如果 A 和 B 经常一起发生，我们只需要注意到 B 发生了，就可以预测 A 也发生了。这有助于我们捕捉可能和 A 一起发生的事情，即使我们不能直接测量或观察到 A。更重要的是，它还可以帮助我们预测未来可能发生什么。当然，相关关系是无法预知未来的，他们只能预测可能发生的事情。但是，这已经极其珍贵了。

我们理解世界不再需要建立在假设的基础上，这个假设是指针对现象建立的有关其产生机制和内在机理的假设。因此，我们也不需要建立这样一个假设，关于哪些词条可以表示流感在何时何地传播；我们不需要了解航空公司怎样给机票定价。取而代之的是，我们可以对大数据进行相关关系分析,从而知道哪些检索词条是最能显示流感的传播的,飞机票的价格是否会飞涨。我们用数据驱动的关于大数据的相关关系分析法,取代了基于假想的易出错的方法。大数据的相关关系分析法更准确、更快,而且不易受偏见的影响。建立在相关关系分析法基础上的预测是大数据的核心。这种预测发生的频率非常高,以至于我们经常忽略了它的创新性。当然,它的应用会越来越多。

在小数据时代,相关关系分析和因果分析都不容易,都耗费巨大,都要从建立假设开始。然后我们会进行实验——这个假设要么被证实要么被推翻。但由于两者都始于假设,这些分析就都有受偏见影响的可能,而且极易导致错误。与此同时,用来做相关关系分析的数据很难得到,收集这些数据时也耗资巨大。现今,可用的数据如此之多,也就不存在这些难题了。当然,还有一种不同的情况也逐渐受到了人们的重视。在小数据时代,由于计算机能力的不足,大部分相关关系分析仅限于寻求线性关系。这个情况随着数据的增加肯定会发生改变。事实上,实际情况远比我们所想象的要复杂。经过复杂的分析,我们能够发现数据的"非线性关系"。相关关系很有用,不仅仅是因为它能为我们提供新的视角,而且提供的视角都很清晰。而我们一旦把因果关系考虑进来,这些视角就有可能被蒙蔽掉。

3.2　大数据的基本概念及术语

3.2.1　数据化

"数据"(data)这个词在拉丁文里是"已知"的意思,也可以理解为"事实"。这是欧几里得的一部经典著作的标题,这本书用已知的或者可由已知推导的知识来解释几何学。如今,数据代表着对某件事物的描述,数据可以记录、分析和重组它。这是指一种把现象转变为可制表分析的量化形式的过程。

数据化和数字化大相径庭。数字化指的是把模拟数据转换成用0和1表示的二进制码,这样电脑就可以处理这些数据了。数字化并不是计算机改革的开始,最初的计算机革命是计算能力的飞跃。我们通过计算机计算过去需要耗费很长时间的项目,比方说导弹弹道表、人口普查结果和天气预报。直到后来才出现了模拟数据和数字化。所以1995年,当美国麻省理工学院媒体实验室的尼古拉斯·尼葛洛庞帝(Nicholas Negroponte)发表他的标志性著作《数字化生存》的时候,他的主题就是"从原子到比特"。20世纪90年代,我们主要对文本进行数字化。随着过去的几十年里存储能力、处理能力和带宽的提高,我们也能对图像、视频和音乐等类似的内容执行这种转化了。

记录信息的能力是原始社会和先进社会的分界线之一。早期文明最古老的抽象工具就是基础的计算以及长度和重量的计量。公元前3000年,信息记录在印度河流域、埃及和美索不达米亚平原地区就有了很大的发展,而日常的计量方法也大有改善。美索不达米亚平原上书写的发展促使了一种记录生产和交易的精确方法的产生,这让早期文明能够计量并记载事实情况,并且为日后所用。计算机的出现带来了数字测量和存储设备,这样就大大提高了数据化的效率。几百年来,计量从长度和重量不断扩展到了面积、体积和时间。公元前的最后一个千年,西方的计量方法已经基本准备就绪,但是还是有着比较严重的缺陷。早期文明的计量方法不太适合计算,哪怕是比较简单的计算。比如罗马数字的计算系统就不适合数字计算,因为它没有一个以 10 为底的记数制或者说是十进制,所以大数目的乘除就算是专家都不知道该怎么算,而简单的乘除对一般人来说也不容易。

早在阿拉伯数字传播到欧洲之前,计数板的使用就已经改善了算术。计数板就是在光滑的托盘上放上代币来表示数量,人们通过移动代币到某个区域进行加减。但是,这种计数板有着严重的缺陷,即过大和过小的计算无法同时进行。最主要的缺陷还在于,这些计数板上的数字变化很快,不小心的碰撞或者是摆错一位都会导致完全错误的结果。而且,即便计数板勉强可以进行计算,它也不适合用来记录。因为一旦需要将数字记录在计数板以外的地方,就必须把计数板上的数字转化成罗马数字,这可就费时费力了。算术赋予了数据新的意义,因为它现在不但可以被记录还可以被分析和再利用。阿拉伯数字从 12 世纪开始在欧洲出现,而直到 16 世纪晚期才被广泛采用。到 16 世纪的时候,数学家们大肆鼓吹他们使用阿拉伯数字计算能比使用计数板快 6 倍。但最终让阿拉伯数字广为采用的还是复式记账法的出现,它也是数据化的一种工具。公元前 3000 年,会计手稿就出现了。但是,记账法在接下来的几百年里发展缓慢,基本上一直保持在记录某地的某个特定交易的阶段。记账人和他的雇主最关心的就是判断某个账户或者自己所从事的行业是否赚钱,而这正是当时的记账手法无法轻易做到的事情。到了 14 世纪,随着意大利的会计们开始使用两个账本记录交易明细,这种尴尬的境地开始发生改变。这种记账法的优势在于,人们只需要将借贷相加,就可进行制表并得知每个账户的盈亏情况。如此,数据骤然发声了,虽然仅限于读出盈亏情况。

如今,复式记账法通常被看成是会计业和金融业不断发展的成果。事实上,在数据利用的推进过程中,它也是一个里程碑似的存在。它的出现实现了相关账户信息的"分门别类"记录。它建立在一系列记录数据的规则之上,也是最早的信息记录标准化的例子,使得会计们能够读懂彼此的账本。复式记账法可以使查询每个账户的盈亏情况变得简单容易。它会提供交易的记账线索,这样就更容易找到需要的数据。它的设计理念中包含了"纠错"的思想,这也是今天的技术人才们应该学习的。如果一个账本看着不对劲,我们可以查询另一个相对应的账本。但是,和阿拉伯数字一样,复式记账法也没有立即取得成功。直到200 年之后,一个数学家和一个商业家族才让它大受欢迎,他们也改变了数据化的历史。

伴随着数据记录的发展,人类探索世界的想法一直在膨胀,我们渴望能更精准地记录时间、距离、地点、体积和重量,等等。到了 19 世纪,随着科学家们发明了新工具来测量和记录电流、气压、温度、声频之类的自然科学现象,科学已经离不开定量化了。那是一个一切事物都需要被测量、划分和记录的时代,人们理解自然的热情甚至高涨到通过分析测量人的颅骨来试图分析人的心智能力。好在对颅相学这类伪科学的热情最终淡去了,但是人类对于量化一切的热情却始终没有减退。新工具和开放的思维促进了测量事物和记录数据的繁荣,而现代数据化就诞生于这片沃土之中。数据化的基础已经奠定完好,只是在模拟时代这依然是费时费力的。有时候似乎需要无穷无尽的激情和耐心,或者说,起码也要有奉献一生的准备,比如 16 世纪的第谷·布拉赫(Tycho Brahe)就夜夜细心观察天体运动。数据化在模拟时代成功的例子并不多,因为这需要很好的运气一大串的偶然巧妙地结合在一起。中校莫里就很幸运,他因伤坐进了办公室,但是却在那里发现了珍贵的航海日志,可不是每个人都能这么幸运的。然而,数据化的实现有一点必不可少,那就是要从潜在的数据中挖掘出巨大的价值,然后揭示出新的深刻洞见。

计算机也使得通过数学分析挖掘出数据更大的价值变成了可能。简而言之,数字化带来了数据化,但是数字化无法取代数据化。数字化是把模拟数据变成计算机可读的数据,和数据化有本质上的不同。

当文字变成数据,它就大显神通了——人可以用之阅读,机器也可用之分析。在刑事侦查中,关键在于收集信息并进行数据化的价值,因为这些数据有非常多的潜在用途。此外,地球本身构成了世界上最基础的信息。但是,历史上它几乎从来没有被量化和数据化过。其实,人和事物的地理定位自然是信息的组成部分,不然我们如何能够吟唱"所谓伊人,在水一方",但是,这些信息需要转变为数据。定位时时刻刻都可能生成信息。只要愿意,埃拉托色尼或者墨卡托大可以每时每刻都对他们所处的位置进行定位,这谁也管不着。但就算这是可行的,也不现实。同样地,早期的接收器非常复杂和昂贵,适用于潜艇而不是出租车。幸好,改变发生了,这多亏了数字设备中廉价芯片的普及。GPS 导航的价格由 20 世纪 90 年代的上百美元骤降到了今天的 1 美元以下。用 GPS 进行定位一般仅需要几秒钟的时间,它使用的是标准化坐标表示法。除了人以外,我们也可以跟踪事物的地理位置信息。随着汽车装上了无线传感器,地理位置信息的数据化深刻变革了保险的概念。这些数据提供了关于时间、地点和实际行驶路程的详细信息,使保险公司能更好地为车险定价。在英国,车主可以根据他的实际驾驶地点和时间购买汽车保险,而不是只能根据他的年龄、性别和履历来购买年险。这种保险定价法激励投保人产生更好的行为习惯。同时,这改变了保险的基础,从考虑一个群体的平均风险转变为个性化的分析。通过汽车定位每个人的地理方位也改变了一些固定资产投入的模式,比方说公路和其他基础设施可以让使用这些资源的司机和其他人分担一部分投入。当然,在实现对所有人和事以数据形式保持持续定位之前,这显然还无法实现,但这是我们的发展方向。

数据化能帮助我们获取到更多关于人体运作方式的信息。挪威耶维克大学的研究人员和 Derawi Biometrics 公司联合为智能手机开发了一款应用程序,可以分析人走路时的步伐并将其作为手机解锁的安全系统。同时,佐治亚理工学院的罗伯特·德拉诺和布莱恩·派尔思开发了一款叫作 iTrem 的应用程序,用手机内置的测震仪监测人身体的颤动,以应对帕金森和其他神经系统疾病。这个程序给医生和病人都带来了好处;它让患者避免了在医院做昂贵的体检,也让医学专家们能远程监控人们的疾病以及治疗效果。据东京的调查人员说,用智能手机测量震动虽然没有三轴测震仪这种专门的医疗器械那么精确,但也只差了一点,所以完全可以放心使用。这再一次证明,一点点的不精确比完全精确更有效。在大多数情况下,我们会采集信息并将之存储为数据形式再加以利用。几乎所有领域,任何事情都能这样处理。Green Goose 是一家创业公司,他们销售能放置在物品上的微型运动感应器,用它监测物品的使用次数。比如把它放置在一捆牙线、一个洒水壶或者一盒猫食上,就能数据化牙齿清洁、植物护理以及宠物喂养的信息。很多人对"物联网"有着狂热的喜爱,试图在一切生活中的事物中都植入芯片、传感器和通信模块。这个词听起来好像和互联网亲如姐妹,其实不过是一种典型的数据化手段罢了。

我们正在进行一个重大的基础设施项目,它在某种程度上与我们过去所做的都不一样,无论是罗马的水渠还是启蒙运动时期的百科全书。它如此的新颖,而我们又深处其中;同时,又因为它是无形的,不像水渠中能触摸到的水,所以我们并未意识到它的存在。这个它,就是无处不在的数据化。像其他的基础设施那样,它会给社会带来根本性的变革。水渠让城市的发展成为可能,印刷机推进了启蒙运动,报纸为民族国家的兴起奠定了基础。但这些基础设施都侧重于流动——关于水、关于知识。电话和互联网也是如此。相比较而言,数据化代表着人类认识的一个根本性转变。有了大数据的帮助,我们不会再将世界看作是一连串我们认为或是自然或是社会现象的事件,我们会意识到本质上世界是由信息构成的。整整一个多世纪以来,物理学家们一直宣称情况应该是这样的——并非原子而是信息才是一切的本源。不可否认,这也许听上去无法理解。然而通过数据化,在很多情况下我们就能全面采集和计算有形物质和无形物质的存在,并对其进行处理。将世界看作信息,看作可以理解的数据的海洋,为我们提供了一个从未有过的审视现实的视角。它是一种可以渗透到所有生活领域的世界观。

3.2.2 数据挖掘

数据的真实价值就像漂浮在海洋中的冰山,第一眼只能看到冰山一角,而绝大部分则隐藏在表面之下。数据挖掘作为一个新兴的多学科交叉应用领域,正在各行各业的决策支持活动扮演着越来越重要的角色。本节将介绍数据挖掘与数据库知识发现的基本知识,以及从大量有噪声、不完整,甚至是不一致数据集合中,挖掘出有意义的模式知识所涉及的概念与技术方法。将从数据管理技术演化角度,介绍数据挖掘的由来。以及数据挖掘的作用和意义。同时还将介绍数据挖掘系统的结构、数据挖掘所获得的知识种类,以及数据挖掘系统的分类。最后还简要介绍了当前数据挖掘领域尚存在的一些热点问题。

计算机与信息技术经历了半个世纪的发展,给人类社会带来了巨大的变化与影响。在支配人类社会三大要素(能源、材料和信息)中,信息愈来愈显示出其重要性和支配力,它将人类社会由工业化时代推向信息化时代。随着人类活动范围的扩展,生活节奏的加快,以及技术的进步,人们能以更快速更容易更廉价的方式获取和存储数据,这就使得数据及其信息量以指数方式增长。早在20世纪80年代,据粗略估算,全球信息量每隔20个月就增加一倍。而进入90年代,全世界所拥有的数据库及其所存储的数据规模增长更快。一个中等规模企业每天要产生100 MB以上来自各生产经营等多方面的商业数据。美国政府部门的一个典型大数据库每天要接收约5TB数据量,在15秒到1分钟时间里,要维持的数据量达到300TB,存档数据达15~100PB。在科研方面,以美国宇航局的数据库为例,每天从卫星下载的数据量就达3~4TB之多;而为了研究的需要,这些数据要保存七年之久。90年代互联网出现与发展,以及随之而来的企业内部网和企业外部网以及虚拟私有网的产生和应用,使整个世界互联形成一个小小的地球村,人们可以跨越时空地在网上交换信息和协同工作。这样,展现在人们面前的已不是局限于本部门、本单位和本行业的庞大数据库,而是浩瀚无垠的信息海洋。据估计,1993年全球数据存储容量约为2 000TB,到2000年增加到3 000 000TB,面对这极度膨胀的数据信息量,人们受到"信息爆炸""混沌信息空间"和"数据过剩"的巨大压力。

然而,人类的各项活动都是基于人类的智慧和知识,即对外部世界的观察和了解,作出正确的判断和决策以及采取正确的行动,而数据仅仅是人们用各种工具和手段观察外部世界所得到的原始材料,它本身没有任何意义。从数据到知识到智慧,需要经过分析加工处理精练的过程。如图3-1所示,数据是原材料,它只是描述发生了什么事情,并不能构成决策或行动的可靠基础。通过对数据进行分析找出其中关系,赋予数据以某种意义和关联,这就形成所谓信息。信息虽给出了数据中一些有一定意义的东西,但它往往和人们需要完成的任务没有直接的联系,也还不能作为判断、决策和行动的依据。对信息进行再加工,即进行更深入的归纳分析,方能获得更有用的信息,即知识。而所谓知识,可定义为"信息块中的一组逻辑联系,其关系是通过上下文或过程的贴近度发现的"。从信息中理解其模式,即形成知识。在大量知识积累的基础上,总结出原理和法则,就形成所谓智慧。事实上,一部人类文明发展史,就是在各种活动中,知识的创造、交流,再创造不断积累的螺旋式上升的历史。

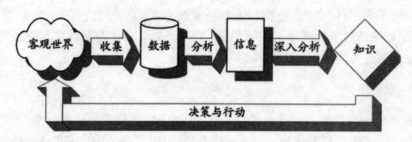

图 3-1 人类活动所涉及数据与知识之间的关系示意图

计算机与信息技术的发展,加速了人类知识创造与交流的这种进程,据德国《世界报》的资料分析,如果说19世纪时科学定律(包括新的化学分子式,新的物理关系和新的医学认识)的认识数量一百年增长一倍,到20世纪60年代中期以后,每五年就增加一倍。这其中知识起着关键的作用。当数据量极度增长时,如果没有有效的方法,由计算机及信息技术来帮助从中提取有用的信息和知识,人类显然就会感到像大海捞针束手无策。据估计,目前一个大型企业数据库中数据,只有约7%得到很好应用。因此目前人类陷入了一个尴尬的境地,即"丰富的数据"而"贫乏的知识"。

随着计算机硬件和软件的飞速发展,尤其是数据库技术与应用的日益普及,人们面临着快速扩张的数据海洋,如何有效利用这一丰富数据海洋的宝藏为人类服务,业已成为广大信息技术工作者的所重点关注的焦点之一。与日趋成熟的数据管理技术与软件工具相比,人们所依赖的数据分析工具功能,却无法有效地为决策者提供其决策支持所需要的相关知识,从而形成了一种独特的现象"丰富的数据,贫乏的知识"。为有效解决这一问题,自20世纪80年代开始,数据挖掘技术逐步发展起来,数据挖掘技术的迅速发展,得益于目前全世界所拥有的巨大数据资源以及对将这些数据资源转换为信息和知识资源的巨大需求,对信息和知识的需求来自各行各业,从商业管理、生产控制、市场分析到工程设计、科学探索等。数据挖掘可以视为是数据管理与分析技术的自然进化产物,如图3-2所示。

自60年代开始,数据库及信息技术就逐步从基本的文件处理系统发展为更复杂功能更强大的数据库系统;70年代的数据库系统的研究与发展,最终导致了关系数据库系统、数据建模工具、索引与数据组织技术的迅速发展,这时用户获得了更方便灵活的数据存取语言和界面;此外在线事务处理OLAP手段的出现也极大地推动了关系数据库技术的应用普及,尤其是在大数据量存储、检索和管理的实际应用领域。

自80年代中期开始,关系数据库技术被普遍采用,新一轮研究与开发新型与强大的数据库系统悄然兴起,并提出了许多先进的数据模型:扩展关系模型、面向对象模型、演绎模型等;以及应用数据库系统:空间数据库、时序数据库、多媒体数据库等;目前异构数据库系统和基于互联网的全球信息系统也已开始出现并在信息工业中开始扮演重要角色。

被收集并存储在众多数据库中且正在快速增长的庞大数据,已远远超过人类的处理和分析理解能力(在不借助功能强大的工具情况下),这样存储在数据库中的数据就成为"数

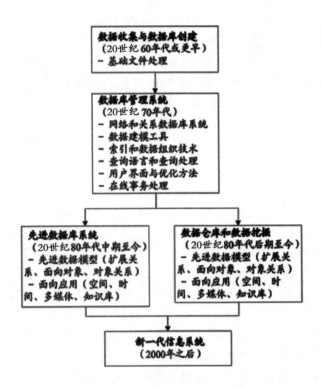

图 3 - 2 数据挖掘进化过程示意图

据坟墓",即这些数据极少被访问,结果许多重要的决策不是基于这些基础数据而是依赖决策者的直觉而制订的,其中的原因很简单,这些决策的制订者没有合适的工具帮助其从数据中抽取出所需的信息知识。而数据挖掘工具可以帮助从大量数据中发现所存在的特定模式规律,从而可以为商业活动、科学探索和医学研究等诸多领域提供所必需的信息知识。数据与信息知识之间的巨大差距迫切需要系统地开发数据挖掘工具,来帮助实现将"数据坟墓"中的数据转化为知识财富。

3.2.3 数据仓库

早在 20 世纪 80 年代,人们在"物竞天择,适者生存"的大原则下,就认识到"谁最先从外部世界获得有用信息并加以利用,谁就可能成为赢家"。而今置身市场经济且面向全球性剧烈竞争的环境下,任何商家的优势不单纯地取决于如产品、服务、地区等方面因素,而在于创新。用知识作为创新的原动力,就能使商家长期持续地保持竞争优势。因此要能及时迅速地从日积月累庞大的数据库中,以及互联网上获取与经营决策相关的知识,自然而然就成为满足易变的客户需求以及因市场快速变化而引起激烈竞争局面的唯一武器。因此,如何对数据与信息快速有效地进行分析加工提炼以获取所需知识,就成为计算机及信息技术领域的重要研究课题。

事实上计算机及信息技术发展的历史,也是数据和信息加工手段不断更新和改善的历史。早年受技术条件限制,一般用人工方法进行统计分析和用批处理程序进行汇总和提出报告。在当时市场情况下,月度和季度报告已能满足决策所需信息要求。随着数据量的增长,多数据源所带来的各种数据格式不相容性,为了便于获得决策所需信息,就有必要将整个机构内的数据以统一形式集成存储在一起,这就是形成了数据仓库(Data warehouse)。数据仓库不同于管理日常工作数据的数据库,它是为了便于分析针对特定主题的集成化的、时变的即提供存贮 5~10 年或更长时间的数据,这些数据一旦存入就不再发生变化。

数据仓库的出现,为更深入对数据进行分析提供了条件,针对市场变化的加速,人们提出了能进行实时分析和产生相应报表的在线分析工具 OLAP。OLAP 能允许用户以交互方式浏览数据仓库内容,并对其中数据进行多维分析,且能及时地从变化和不太完整的数据中提取出与企业经营活动密切相关的信息。例如:OLAP 能对不同时期、不同地域的商业数据中变化趋势进行对比分析。

OLAP 是数据分析手段的一大进步,以往的分析工具所得到的报告结果只能回答"什么",而 OLAP 的分析结果能回答"为什么"。但分析过程是建立在用户对深藏在数据中的某种知识有预感和假设的前提下,由用户指导的信息分析与知识发现过程。但由于数据仓库(通常数据贮藏量以 TB 计)内容来源于多个数据源,因此其中埋藏着丰富的不为用户所知的有用信息和知识,而要使企业能及时准确地作出科学的经营决策,以适应变化迅速的市场环境,就需要有基于计算机与信息技术的智能化自动工具,来帮助挖掘隐藏在数据中的各类知识。这类工具不再基于用户假设,而应能自身生成多种假设;再用数据仓库或大型数据库中的数据进行检验或验证;然后返回用户最有价值的检验结果。此外这类工具还应能适应现实世界中数据的多种特性(即量大、含噪声、不完整、动态、稀疏性、异质、非线性等)。要达到上述要求,只借助于一般数学分析方法是不能达到的。多年来,数理统计技术方法以及人工智能和知识工程等领域的研究成果,诸如推理、机器学习、知识获取、模糊理论、神经网络、进化计算、模式识别、粗糙集理论等等诸多研究分支,给开发满足这类要求的数据深度分析工具提供了坚实而丰富的理论和技术基础。

20 世纪 90 年代中期以来,许多软件开发商,基于数理统计、人工智能、机器学习、神经网络、进化计算和模式识别等多种技术和市场需求,开发了许多数据挖掘与知识发现软件工具,从而形成了近年来软件开发市场的热点。目前数据挖掘工具已开始向智能化整体数据分析解决方案发展,这是从数据到知识演化过程中的一个重要里程碑。如图 3-3 所示。

图 3-3　数据到知识的演化过程示意图

3.3　大数据的研究方法

大数据的关键在于数据的挖掘,数据挖掘(Data mining,简称 DM),简单地讲就是从大量数据中挖掘或抽取出知识,数据挖掘概念的定义描述有若干版本,正如上一节所叙述,以下给出一个被普遍采用的定义描述:

数据挖掘,又称为数据库中知识发现,它是一个从大量数据中抽取挖掘出未知的、有价值的模式或规律等知识的复杂过程。数据挖掘的全过程定义描述如图3-4所示。

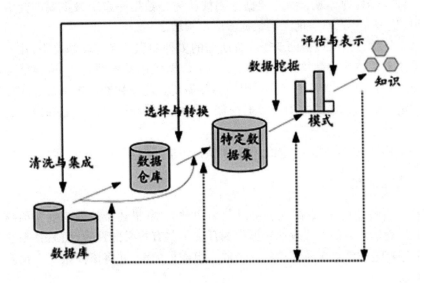

图 3 - 4　数据挖掘全过程示意图

整个知识挖掘(KDD)过程是由若干挖掘步骤组成,而数据挖掘仅是其中的一个主要步骤。整个知识挖掘的主要步骤有:

●数据清洗,其作用就是清除数据噪声和与挖掘主题明显无关的数据;

●数据集成,其作用就是将来自多数据源中的相关数据组合到一起;

●数据转换,其作用就是将数据转换为易于进行数据挖掘的数据存储形式;

●数据挖掘,它是知识挖掘的一个基本步骤,其作用就是利用智能方法挖掘数据模式或规律知识;

●模式评估,其作用就是根据一定评估标准从挖掘结果筛选出有意义的模式知识;

●知识表示,其作用就是利用可视化和知识表达技术,向用户展示所挖掘出的相关知识。

尽管数据挖掘仅仅是整个知识挖掘过程中的一个重要步骤,但由于目前工业界、媒体、数据库研究领域中,"数据挖掘"一词已被广泛使用并被普遍接受,因此本节也广义地使用"数据挖掘"一词来表示整个知识挖掘过程,即数据挖掘就是一个从数据库、数据仓库或其他信息资源库的大量数据中发掘出有趣的知识。

从数据仓库的角度来看,数据挖掘可以被认为是在线分析处理(OLAP)的高级阶段,但是基于多种数据理解先进技术的数据挖掘,其数据分析能力要远超过以数据汇总为主的数据仓库在线分析处理功能。

目前市场有许多所谓"数据挖掘系统",实际上它们仅仅是一个基于统计的数据分析工具,或一个机器学习工具。数据挖掘有机结合了来自多学科技术,其中包括:数据库、数理统计、机器学习、高性能计算、模式识别、神经网络、数据可视化、信息检索、图像与信号处理、空间数据分析等,这里我们强调数据挖掘所处理的是大规模数据,且其挖掘算法应是高效的和可扩展的。通过数据挖掘,可从数据库中挖掘出有意义的知识、规律,或更高层次的信息,并可以从多个角度对其进行察看。所挖掘出的知识可以帮助进行决策支持、过程控制、信息管理、查询处理等等。因此数据挖掘被认为是数据库系统最重要的前沿研究领域之一,也是信息工业中最富有前景的数据库应用领域之一。

利用数据挖掘技术可以帮助获得决策所需的多种知识。在许多情况下,用户并不知道数据存在哪些有价值的信息知识,因此对于一个数据挖掘系统而言,它应该能够同时搜索发现多种模式的知识,以满足用户的期望和实际需要。此外数据挖掘系统还应能够挖掘出多种层次(抽象水平)的模式知识。数据挖掘系统还应容许用户指导挖掘搜索有价值的模式知识。

数据挖掘功能以及所能够挖掘的知识类型说明描述如下:

3.3.1 定性归纳

从数据分析角度出发,数据挖掘可以分为两种类型:描述型数据挖掘和预测型数据挖掘。前者是以简洁概述的方式表达数据中的存在一些有意义的性质;而后者则通过对所提供数据集应用特定方法分析所获得的一个或一组数据模型,并将该模型用于预测未来新数据的有关性质。

数据库通常包含了大量细节性数据,然而用户却常常想要得到能以简洁描述性方式所提供的概要性总结。这样的数据摘要能够提供一类数据的整体情况描述;或与其他类别数据相比较的有关情况的整体描述。此外用户通常希望能轻松灵活地获得从不同角度和分析细度对数据所进行的描述。描述型数据挖掘又称为概念描述,它是数据挖掘中的一个重要组成部分。本节就将主要介绍如何有效地进行定性归纳以获得概念描述的有关内容。

最简单的描述型数据挖掘就是定性归纳。定性归纳常常也称为概念描述。这里概念描述涉及一组(同一类别)的对象,诸如:商店常客等,作为一种数据挖掘方法,概念描述(数据挖掘)并不是简单地进行数据合计操作,而是生成对数据的定性描述和对比定性描述。定性概念描述提供了一个有关数据整体的简洁清晰描述;而对比定性概念描述则提供了基于多组(不同类别)数据的对比概念描述。因此概念描述主要包含:概念描述与对比描述两个主要部分,以下将要介绍两项挖掘工作的实现方法。描述一组数据有多种方法,不同的人常常会需要不同角度或不同抽象水平的概念描述。一个概念的描述通常也不是唯一的,但基于不同的主观与客观标准,会有一些概念描述内涵优于其他概念描述。这里的客观标准一般指描述的简洁性及其所涵盖的范围;主观标准则与用户背景知识及其所涉及的有关信念相关。

概念描述与数据泛化密切相关。给定存储在数据库中的大量数据,能够用简洁清晰的高层次抽象泛化名称来描述相应的定性概念是非常重要的,这样用户就可以利用基于多层次数据抽象的功能对数据中所存在的一般性规律进行探索。例如:一个商场数据库中,销售主管不用对每个顾客的购买记录进行检查,而只需要对更高抽象层次的数据进行研究即可,如:对按地理位置进行划分的顾客购买总额、每组顾客的购买频率以及顾客收入情况进行更高层次的研究分析。这种多维多层次的数据泛化分析与数据仓库中的多维数据分析,即在线分析处理功能相似,那么这两者究竟有何区别呢?

首先,数据仓库和OLAP工具是基于多维数据模型的,它是以数据立方形式对数据进行处理的。其处理内容主要包括两方面:维(属性)和处理功能(如:合计)。而在目前大多数数据仓库系统中,其所能处理的属性类型和处理功能都是有限的。目前许多OLAP所处理的属性只能是非数值类型的;而处理功能也仅能用于对数值数据的处理;与之相比,在概念描述形成过程中,数据库中的数据可以是各种类型,其中包括:数值型、非数值型、文本型、图像,此外数据处理功能也可以涉及复杂数据类型、非数值数据的合并,因此就 OLAP 处理所涉及维的类型以及处理功能而言,OLAP 是一种简单的数据分析的方法;而数据库概念描述则能够处理复杂数据类型和对复杂数据进行处理。

再者,数据仓库中在线分析处理过程完全是一个用户控制驱使的过程,选择所分析维(属性)和有关 OLAP 操作均是由用户控制的,尽管大多数 OLAP 系统的操作界面友好,但仍然需要用户对每一维的作用都要有较好的理解;与此相比,概念描述则是一个更加自动化的数据挖掘过程,它的目的就是帮助用户确定数据分析所应包含维(属性),以及数据挖掘应进行到哪一抽象层次以便获得更加有趣的数据摘要。

数据库中数据及对象在基本概念层次包含了许多细节性的数据信息,如:在商场销售数据库的商品信息数据中,就包含了许多诸如:商品编号、商品名称、商品品牌等低层次信息,对这类大量的数据进行更高层次抽象以提供一个概要性描述是十分重要的。例如:对春节所销售商品情况进行概要描述对于市场和销售主管来讲显然是十分重要的。要顺利完成这一任务就需要一个十分重要的数据挖掘功能:数据泛化。

数据泛化是一个从相对低层概念到更高层概念且对数据库中与任务相关的大量数据进行抽象概述的一个分析过程。对大量数据进行有效灵活的概述方法主要有两种:一是数据立方方法;二是基于属性的归纳方法。

利用数据立方方法进行数据泛化,被分析的数据存放在一个多维数据库(数据立方)中。通常数据立方中的数据需要经过费时复杂的运算操作,这些运算与操作结果就被存放这些数据立方中,不同的抽象层次均需要进行这类运算,最终所获得的这些数据立方可用于决策支持、知识发现,或其他许多应用。数据立方的维是通过一系列能够形成层次的属性或网格,例如:日期可以包含属性天、周、月、季和年,这些属性构成了维的网格。一个数据立方中存放着预先对部分或所有维(属性)的合计计算结果。通过对多维数据立方进行 Roll up 和 Drill down 操作可以完成数据泛化和数据细化工作。Roll up 操作可以消减数据立方中的维数,或将属性值泛化为更高层次的概念。Drill down 操作则恰恰相反。因为在数据分析中有许多合计函数需要进行重复计算,在多维数据立方中存放预先计算好的结果数据可以确保更快的响应时间,以及从不同角度与多种不同抽象层次上提供更为灵活的查看数据方式。

数据立方方法提供了一种有效的数据泛化方法,且构成了描述型数据挖掘中一个重要功能。但多数商用数据立方的实现都是将维的类型限制在简单非数值类型方面,而且将处理限制在简单数值合计方面。由于许多应用涉及到更加复杂数据类型的分析。数据立方方法并不能解决概念描述所能解决的一些重要问题,诸如:在描述中应该使用哪些维? 在泛化过程应该进行到哪个抽象层次上。这些问题均是由用户负责提供答案的。

利用基于属性归纳方法(AOI)对数据进行数据泛化和概要描述,最早于 1989 年提出,略早于数据立方方法。数据立方方法被认为是基于数据仓库、预先计算的具体实施方法。该方法在进行 OLAP 或数据挖掘查询处理之前,就已完成了离线合计计算。而 AOI 方法是一种在线数据分析技术方法。虽然离线数据处理与在线数据处理并没有根本的区别。数据立方的合计运算也可以在线计算但是离线预处理运算可以帮助加速基于属性归纳过程。

以下首先对基于属性的归纳方法进行初步介绍,然后再详细介绍说明该方法的有关内容。基于属性归纳的基本思想就是首先利用关系数据库查询来收集与任务相关的数据并通过对任务相关数据集中各属性不同值个数的检查完成数据泛化操作。数据泛化操作是通过属性消减或属性泛化(又称为概念层次提升)操作来完成的。通过合并(泛化后)相同行并累计它们相应的个数。这就自然减少了泛化后的数据集大小。所获(泛化后)结果以图表和规则等多种不同形式提供给用户。以下就是利用 AOI 方法进行数据泛化的过程说明。

例如:从一个大学数据库的学生数据中挖掘出研究生的概念描述。所涉及的属性包括:姓名、性别、专业、出生地、出生日期、居住地、电话和成绩。方法的第一步就是首先利用数据库查询语言从大学数据库中将(与本挖掘任务相关的)学生数据抽取出来;然后指定一组与挖掘任务相关的属性集,这对于用户而言可能比较困难。例如:假设根据属性城市、省和国家定义出生地维,在这些属性中,用户或许只考虑了城市属性。为了对出生地进行泛化处理,就必须将出生地泛化所涉及的其他属性也包含进来。换句话说,系统应能自动包含省和国家作为相关属性,以便在归纳过程中可以从城市泛化到更高概念层次。

而在另一方面,用户或许会提供过多的属性,这时就需要利用属性选择方法从描述型数据挖掘中过滤掉(基于统计的)无关或弱相关的属性。基于属性归纳的基本操作就是:数据泛化,其所涉及的操作主要有两种:属性消除和属性泛化。

属性消减,它基于以下规则进行:若一个属性(在初始数据集中)有许多不同数值,且(a)该属性无法进行泛化操作(如:没有定义相应的概念层次树),或(b)它更高层次概念是用其他属性描述的,这时该属性就可以从数据集中消去。

上述规则实质就是:一对属性 - 值代表了泛化后一个规则中的一个合取项。消去(规则)一个合取项相当于消除了一个约束,因此泛化了相应规则。如在(a)情况下,一个属性有许多不同数值但却没有对它的泛化操作,该属性应该被消去,因为无法对它进行泛化。若保留它则需要保留(规则中)析取项,这就与挖掘简洁清晰规则知识需求相矛盾。在另一方面(b),若一个属性的更高层次可以用其他属性描述,例如街道属性,它的更高层次概念是利用(城市,省,国家)三个属性来表示的。此时消取街道属性相当于应用泛化操作。因此属性消减规则对应于(基于示例学习)泛化操作中"消去规则条件项"规则。

属性泛化,它是基于以下规则进行:若一个属性(在初始数据集中)有许多不同数值,且该属性存在一组泛化操作,则可以选择一个泛化操作对该属性进行处理。上述规则是基于以下的理由:在一个数据集中对一个属性的一个值(一行)进行泛化操作,将会使得相应(所产生的)规则覆盖更多数据(行),这也就泛化了它所表示的概念。因此属性泛化规则对应于(基于示例学习)泛化操作中"沿泛化概念树上升"规则。属性消减和属性泛化两条规则都表明:若一个属性有许多不同值,则应对其应用泛化操作。但这也提出一个问题,"究竟一个属性应有多少不同值才能认为是许多呢?"。根据所涉及属性或具体应用情况,一个用户或许选择一些属性仍保留在低层次抽象水平而对其他一些属性进行更高层次的泛化处理。对泛化抽象层次的控制也是相当主观的,这一控制也称为属性泛化控制。若属性被泛化"过高",就将会导致过分泛化以致所获(结果)规则变得失去意义。另一方面,若属性泛化没有到达"足够高的层次",那么"亚泛化"也可能同样会变得失去意义。因此在基于属性归纳时掌握泛化平衡是非常重要的。有许多控制泛化过程的方法,以下就是两种常用的方法:

第一种技术称为属性泛化阈值控制。该技术就是对所有属性统一设置一个泛化阈值,或每个属性分别设置一个阈值；若一个属性不同取值个数大于属性泛化阈值，就需要对相应属性做进一步的属性消减或属性泛化操作。数据挖掘系统通常都有一个缺省属性阈值（一般从2到8），当然用户或专家可以修改此值。如果用户认为对一个属性泛化已到达"过高"层次，他可以修改（增加）相应阈值；同样如用户想继续进行一个属性的泛化操作，他可以修改（减少）相应阈值。第二种技术称为泛化关系阈值控制。这就设置泛化关系阈值。若一个泛化关系中内容不相同的行数（元组数）大于泛化关系阈值，这就需要进一步进行相关属性的泛化工作。否则就不需要做更进一步的泛化。通常数据挖掘系统都预置这一阈值（一般为10到30），也可由用户与专家设置或修改。例如：若用户认为一个泛化关系（行数）太少，他就可以增加相应阈值；而若他认为一个泛化关系不足，他可以减少相应的阈值。这两个技术可以串行使用，即首先应用属性阈值控制来泛化每个属性；然后再应用泛化关系阈值控制来进一步减少泛化关系的（规模）大小。

这里需要注意的是，无论如何应用泛化控制技术，用户都应能够调整泛化阈值以便获得有意义的概念描述。具体调整方法前面已作了介绍。但是OLAP操作与AOI操作在方法上还有着很大的不同，OLAP中的每一步都是由用户指导并控制的；而在AOI方法中，大多数工作都是由归纳进程自动完成并受制于泛化阈值控制，用户只能在自动归纳后进行一些小的调整。

在属性归纳的基础上，下面介绍几种基于属性的数据挖掘方法：

1. 属性相关分析

在机器学习、统计学、模糊逻辑和粗糙集等领域提出了许多属性相关分析的方法。属性相关分析的基本思想就是针对给定的数据集或概念，对相应属性进行计算已获得（描述属性相关性）的若干属性相关参量。这些参量包括：信息增益、Gani值、不确定性和相关系数等。

概念描述中的属性相关分析过程说明如下：

（1）数据收集

利用数据库查询命令建立目标数据集，以及对比数据集（如果需要进行对比概念描述的话），对比数据集与目标数据集互不相交。

（2）利用保守AOI方法进行属性相关分析

本步骤利用所确定的相关分析方法，选择出一组属性（维），由于对于给定数据集的不同抽象层次属性（维）相关程度变化较大，因此原则上讲，在进行相关分析时需要对每个属性特定概念抽象层次的相关性进行分析。这里可以首先利用AOI方法进行初步属性相关分析工作，消除数据集中取不同值个数过多的属性或对可泛化属性进行泛化。保险起见，这里属性泛化控制阈值都设置的较大，以便容许留下较多属性供稍后属性相关分析使用。利用AOI方法所获得的数据集被称为数据挖掘任务的候选数据集。

（3）利用所确定评估标准评估每个初选后的属性

这一步骤所使用相关评估既可以是数据挖掘系统的一部分；也可以由用户另外提供（这依赖于数据挖掘系统是否足够灵活）。例如：可以使用前面所介绍的信息增益方法。

（4）消除无关或弱相关的属性

根据概念描述挖掘任务，以及以上所介绍的属性相关分析方法，从候选数据集消除无关或弱相关的属性。可以用一个阈值来定义所谓的"弱相关"。这一步骤完成后，就会获得一个初始目标数据工作集（和一个初始对比数据工作集）。

2. 属性概念对比

在许多实际应用中,用户可能会对多个不同类别的数据集进行对比归纳,以获得概念对比描述知识。这种概念对比描述知识是基于对比数据集挖掘出目标数据集的概念描述。需要指出的是目标数据集与对比数据集应包含相同属性(维)以确保它们是可比的。例如:雇员、地址和商品这三个数据集就是不可比的,而过去三年销售额则是可以比较的。计算机系学生同物理系学生同样也是可比的。

通常概念对比的操作过程说明如下:

(1)数据收集

利用数据库查询命令获取与挖掘任务相关的数据集,并将它们分为目标数据集和对比数据集;

(2)属性相关分析

在数据集所包含属性较多情况下,就需要应用分析概念对比方法,以便保留相关程度最高的若干属性(维)供稍后分析处理;

(3)同步泛化

对目标数据集属性的泛化操作是受用户或专家所设置阈值控制的,并最终获得主目标数据集。而且对比数据集属性的泛化也要达到主目标数据集同样的属性泛化层次。其操作是受用户或专家定义的阈值控制,并最终获得主对比数据集;

(4)卷上卷下(Roll up 或 Brill dowm)操作

依据用户要求,对目标数据集和对比数据集进行同步或异步(如果容许的话)卷上卷下操作;

(5)挖掘结果表示

所挖掘出的概念对比描述可以以表格、图形以及规则的形式表示出来。表示中通常还需要包括对比的信息,以全面反映目标数据集与对比数据集之间的比较结果。

3. 属性描述信息

关系数据库系统通常提供了五个内置的合计函数:count( )、sum( )、avg( )、max( )和min( )。这些函数可以在数据立方中进行高效的运算,因此在对多维数据进行描述型数据挖掘时,可以使用这些函数。但在许多数据挖掘任务中,用户需要了解更多有关中心趋势和数据分布等数据特点。中心趋势描述包括:均值、中间数、模和中间范围;数据分布描述包括:四分值、异常值、变化等统计信息。这些描述型统计信息对于了解数据分布有很大的帮助。尽管许多统计方法已被研究了很多年;但从数据挖掘角度来看,仍然需要对如何在大型多维数据分析中运用这些方法来进行有效的运算做更进一步的研究。

3.3.2 分类与预测

数据库中隐藏着许多可以为决策提供所需要的知识。分类与预测是两种数据分析形式,它们可用于抽取能够描述重要数据集合或预测未来数据趋势的模型。分类方法用于预测数据对象的离散类别;而预测则用于预测数据对象的连续取值,如:可以构造一个分类模型来对银行贷款进行风险评估(安全或危险);也可建立一个预测模型以利用顾客收入与职业(参数)预测其可能用于购买计算机设备的支出大小。机器学习、专家系统、统计学和神经生物学等领域的研究人员已经提出了许多具体的分类预测方法。最初的数据挖掘方法大多都是在这些方法及基于内存基础上所构造的算法。目前数据挖掘方法都要求具有基于外存以处理大规模数据集合能力且具有可扩展能力。本节将要介绍决策树归纳方法、贝叶斯分类方法和贝叶斯信念网络等数据分类方法。此外还要介绍 k 最近邻法、基于示例学习法、遗传算法等其他分类学习方法。而所要介绍的预测方法包括:线性及非线性的回归模型等内容;此外还包括这些方法的一些修改与完善以帮助实现对大规模数据进行分类与预测操作。

数据分类过程主要包含两个步骤:第一步,建立一个描述已知数据集类别或概念的模型;该模型是通过对数据库中各数据行内容的分析而获得的。每一数据行都可认为是属于一个确定的数据类别,其类别值是由一个属性描述(被称为类别标记属性)。分类学习方法所使用的数据集称为训练样本集合,因此分类学习又可称为监督学习,它是在已知训练样本类别情况下,通过学习建立相应模型;而无教师监督学习则是训练样本的类别与类别个数均未知的情况下进行的。通常分类学习所获得的模型可以表示为分类规则形式、决策树形式,或数学公式形式。例如:给定一个顾客信用信息数据库,通过学习所获得的分类规则可用于识别顾客是否是具有良好的信用等级或一般的信用等级。分类规则也可用于对(今后)未知(所属类别)的数据进行识别判断,同时也可以帮助用户更好地了解数据库中的内容。第二步,就是利用所获得的模型进行分类操作,首先对模型分类准确率进行估计,本章的最后将要介绍几种估计分类准确率的方法。

与分类学习方法相比,预测方法可以认为是对未知类别数据行或对象的类别(属性)取值,利用学习所获的模型进行预测。从这一角度出发,分类与回归是两种主要预测形式。前者用于预测离散或符号值;而后者则是用于预测连续或有序值。通常数据挖掘中,将预测离散无序类别(值)的数据归纳方法称为分类方法;而将预测连续有序值的数据归纳方法(通常采用回归方法)称为预测方法。目前分类与预测方法已被广泛应用于各行各业,如在信用评估、医疗诊断、性能预测和市场营销等实际应用领域。

(1)决策树分类

所谓决策树就是一个类似流程图的树型结构,其中树的每个内部结点代表对一个属性(取值)的测试,其分支就代表测试的每个结果;而树的每个叶结点就代表一个类别。树的最高层结点就是根结点。如图 3 - 5 所示,就是一个决策树示意描述,该决策树描述了一个购买电脑的分类模型,利用它可以对一个学生是否会在本商场购买电脑进行分类预测。决策树的中间结点通常用矩形表示;而叶子结点常用椭圆表示。

为了对未知数据对象进行分类识别,可以根据决策树的结构对数据集中的属性值进行测试,从决策树的根结点到叶结点的一条路径就形成了对相应对象的类别预测。决策树可以很容易转换为分类规则。

(2)贝叶斯分类

贝叶斯分类器是一个统计分类器。它们能够预测类别所属的概率,如:一个数据对象属于某个类别的概率。贝叶斯分类器是基于贝叶斯定理而构造出来的。对分类方法进行比较的有关研究结果表明:简单贝叶斯分类器(称为基本贝叶斯分类器)在分类性能上与决策树和神经网络都是可比的。在处理大规模数据库时,贝叶斯分类器已表现出较高的分类准确性和运算性能。基本贝叶斯分类器假设一个指定类别中各属性的取值是相互独立的。这一假设也被称为:类别条件独立,它可以帮助有效减少在构造贝叶斯分类器时所需要进行的计算量。

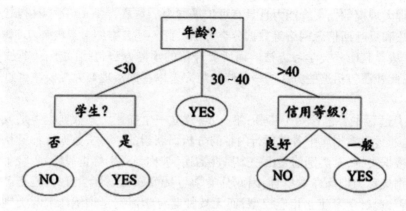

图 3-5　决策树示意图

贝叶斯定理假设 X 为一个类别未知的数据样本,H 为某个假设,若数据样本 X 属于一个特定的类别 C,那么分类问题就是决定 $P(H|X)$,即在获得数据样本 X 时,H 假设成立的概率。贝叶斯定理则描述了如何根据 $P(X)$、$P(H)$ 和 $P(X|H)$ 计算获得的 $P(H|X)$,有关的具体公式定义描述如下:

$$P(H|X) = P(X|H) * P(H)/P(X)$$

从理论上讲与其他分类器相比,贝叶斯分类器具有最小的错误率。但实际上由于其所依据的类别独立性假设和缺乏某些数据的准确概率分布,从而使得贝叶斯分类器预测准确率受到影响。但各种研究结果表明:与决策树和神经网络分类器相比,贝叶斯分类器在某些情况下具有更好的分类效果。

贝叶斯分类器的另一个用途就是它可为那些没有利用贝叶斯定理的分类方法提供了理论依据。例如在某些特定假设情况下,许多神经网络和曲线拟合算法的输出都同贝叶斯分类器一样,使得事后概率取最大。

(3) 神经网络分类

神经网络起源生理学和神经生物学中有关神经细胞计算本质的研究工作。所谓神经网络就是一组相互连接的输入输出单元,这些单元之间的每个连接都关联一个权重。在网络学习阶段,网络通过调整权重来实现输入样本与其相应(正确)类别的对应。由于网络学习主要是针对其中的连接权重进行的,因此神经网络的学习有时也称为连接学习。

鉴于神经网络学习时间较长,因此它仅适用于时间容许的应用场合。此外它们还需要一些关键参数,如网络结构等;这些参数通常需要经验方能有效确定。由于神经网络的输出结果较难理解,因而受到用户的冷落,也使得神经网络较难成为理想的数据挖掘方法。

神经网络的优点就是对噪声数据有较好适应能力,并且对未知数据也具有较好的预测分类能力。目前人们也提出了一些从神经网络中抽取出(知识)规则的算法。这些因素又将有助于数据挖掘中的神经网络应用。

一个多层前馈神经网络利用后传算法完成相应的学习任务。如图 3-6 所示就是一个神经网络示意描述。其中的输入对应每个训练样本的各属性取值;输入同时赋给第一层(称为输入层)单元,这些单元的输出结合相应的权重,同时馈给第二层(称为隐藏层)单元;隐藏层的带权输出又作为输入再馈给另一隐层等等,最后的隐层结点带权输出馈给输出层单元,该层单元最终给出相应样本的预测输出。

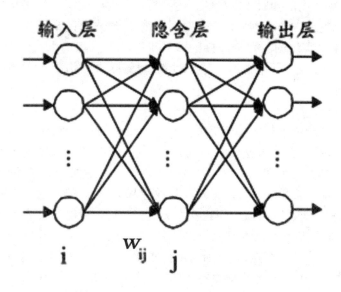

图 3-6　一个多层前馈神经网络的示意图

多层神经网络如图 3-6 所示,它包含两层处理单元(除输入层外);同样包含两个隐层的神经网络称为三层神经网络,如此等等。该网络是前馈的,即每一个反馈只能发送到前面的输出层或隐含层。它是全连接的,即每一个层中单元均与前面一层的各单元相连接。只要中间隐层足够多的话,多层前馈网络中的线性阈值函数,可以充分逼近任何函数。

在神经网络训练开始之前,必须先确定神经网络的结构,就是要确定:输入层的单元数、隐含层的个数(和层数)、每个隐含层的单元数目,以及输出层单元数目。并没有什么特定规则来帮助确定隐含层中的最佳单元数目。神经网络的结构设计是一个不断试错的过程。不同网络结构所获得的神经网络常常会获得不同的预测准确率。网络中的权重初始值设置常常也会影响最终的预测准确率。若一个神经网络训练后其预测准确率不理想,一般就需要改变网络结构或初始权重,继续进行(新一轮)训练过程,直到获得满意结果为止。

后传方法通过不断处理一个训练样本集,并将网络处理结果与每个样本已知类别相比较所获误差来帮助完成学习任务。对于每个训练样本,不断修改权重以使网络输出与实际类别之间的均方差最小。权重的修改是以后传方式进行的,即从输出层开始,通过之后的隐含层,直到最后面的隐含层;所以这种学习方法被称为后传方法。尽管不能保证,但通常在学习停止时权重修改将会收敛。

值得一提的是:每输入一个训练样本,就根据相应的网络输出误差对所有权值和偏差进行更新操作,这种操作方式称为逐个更新;而若将每个训练样本所得到的网络输出误差进行累计并最终利用所有样本的累计误差对网络中的权值和偏差进行更新,这种操作方式称为批处理更新。一般逐个更新方式所获得结果要比批处理更新方式所获得结果要好(预测准确率要高)。

神经网络的一个主要缺点就是网络所隐含知识的(清晰)表示。以网络及其各单元间连接的权值和偏差所构成的(学习所获)知识难以被人理解。如何从神经网络中抽取相应的知识并以(易于理解的)符号形式加以描述已成为神经网络研究中的一个重点。相关的方法包括:神经网络规则的抽取和网络敏感性分析。目前已提出了许多从神经网络中抽取规则知识的方法。这些方法基本都是通过对网络结构、输入值的离散化和神经网络训练过程等加以约束限制来实现的。完全连接的网络难以清楚描述出来。但通常(从神经网络中)抽取规则的第一步就是网络消减。这一过程包括:除去网络中不会导致网络预测准确率下降的带权连接。

(4)其他分类方法简介

本节将要简要介绍一下其他的分类方法。这其中包括:k 最近邻分类、基于示例推理、遗传算法、粗糙集和模糊集合方法。一般而言,这些方法在商用数据挖掘系统中采用的频率要比前面所介绍的方法小许多。例如 k 最近邻分类方法,需要存储所有的训练样本,这在处理大规模数据集时就会出现较大问题。而其他像基于示例推理、遗传算法和粗糙集等用于分类的方法,尚在原型研究阶段。但这些方法正在受到越来越多的重视。

k 最近邻分类器是基于类比学习的分类方法。训练样本是由 n 个数值属性所描述。每个样本代表 n 维空间中的一个点,这样所有的样本就被存放在 n 维空间中。当给定一个未知(类别)数据对象,一个 k 最近邻分类器就搜索 n 维空间,并从中找出 k 个与未知数据对象最为接近的训练样本,这 k 个训练样本就是未知数据对象的"k 个最近邻"。这样未知类别的数据对象就被归属于这"k 个最近邻"中出现次数最多的类别。而当 $k=1$ 时,未知类别的数据对象就被归属于最接近它的一个训练样本所具有的类别。最近邻分类器是基于实例学习或懒惰学习方法,因为它实际并没有(根据所给训练样本)构造一个分类器,而是将所有训练样本首先存储起来,当要进行分类时,就临时进行计算处理。与积极学习方法,如决策树归纳方法和神经网络方法相比,后者在进行分类前就已构造好一个分类模型;但前者,懒惰学习方法,在当训练样本数目迅速增加时,就会导致最近邻的计算量迅速增加。因此懒惰学习方法需要有效的索引方法支持。就学习而言,懒惰学习方法比积极学习方法要快,但懒惰学习方法在进行分类时,需要进行大量的计算,因此这时它要比积极学习方法慢许多。此外与决策树归纳方法和神经网络方法不同的是,最近邻分类器认为每个属性的作用都是相同的(赋予相同权值),这样在属性集包含有许多不相关属性时,就会误导分类学习过程。k 最近邻分类器也可以用于预测,也就是可以返回一个实数值作为一个未知数据对象的预测值。这时就可以取这"k 个最近邻"的输出实数值(作为类别值)的均值作为结果输出。

基于示例推理(CBR)分类器,不同于最近邻分类器,后者将训练样本存为欧氏空间中的点;而 CBR 所存储的示例常常涉及复杂的符号描述。CBR 在商业上有许多应用,如:客户服务中的问题求解,或与产品有关的故障诊断问题等。此外,CBR 还可应用于工程、法律等领域,在这些领域中示例通常都是技术设计方案或法律案件等。当给定一个未知示例需要分类时,一个基于示例的推理器将首先检查是否有一个相同训练样本存在,若找到,则返回训练样本中所包含的解决方法;若没有相同训练样本存在,就寻找与新示例的组成有相似之处的训练样本,从某种意义上讲,这些训练样本也是(新示例的)最近邻。如果示例可以用图来表示的话,那么这就涉及到相似子图的搜索。基于示例的推理器将试图对最近邻的若干解决方法进行合并以给出一个(针对新示例)解决方法。若各示例返回方法不兼容,必要时还必须回溯搜索其他的解决方法。基于示例的推理器可以利用背景知识和问题求解策略来帮助获得一个可行的解决方法。基于示例推理分类方法中所存在的问题包括:寻找相似度量方法(如子图匹配)、开发快速索引技术和求解方法的合并等。

遗传算法借鉴了自然进化的基本思想。遗传算法学习过程说明如下：

（1）创建一个初始生物群，其中包含随机产生的规则集。每条规则可以用位串码来表示。

（2）基于适者生存的原则，根据当前生物群产生新的生物群，其中包含了更合适的规则集；这些规则一部分来自原来的规则，另一部分则是新产生的规则（又称规则的后代）。规则的合适度是通过对一组训练样本的分类准确率来确定的。

（3）生物群的后代则是通过利用遗传操作，如：交叉、变异。在交叉操作中，来自一对规则的位串编码进行交换以形成新的一对规则。而在变异操作中，随机选择一个规则的位串编码进行求反，从而得到一个新规则。

（4）基于先前生物群（规则集）来不断产生新生物（新规则），直到生物群"进化"到某个阶段，即其中的每个规则均满足预先设置的一个阈值。遗传算法很容易实现并行运算，也可以用于分类等优化问题的求解。在数据挖掘中，它也可用于对其他算法的适应度进行评估。

粗糙集理论可以用于分类问题以帮助发现不准确或噪声数据中所存在的结构关系。它只能处理离散量，因此连续量必须首先进行离散化后方可使用。粗糙集理论是建立在给定数据集内构造等价集合（类别）的基础上的。一个等价集合（类别）中所有的数据样本应是不可分辨的。也就是说依据数据样本所包含的属性，一个等价集合中数据样本应是相同的。在现实世界的数据中，常常会遇到一些集合（类别），就所包含的属性而言，它们中的数据是无法区别的。利用粗糙集可以近似或"粗略"地定义这样集合（类别）。对于一个集合（类别）粗糙集定义就是：通过两个集合，一个 C 的下近似集合和 C 的上近似集合来描述。C 的下近似集合包含那些肯定无疑属于 C 的数据样本，而 C 的上近似集合则是那些不能肯定不属于 C 的数据样本。可以利用粗糙集来进行属性消减、相关分析等操作，从给定数据集中寻找出可以描述相应数据特征概念的最小属性集合本身就是一个 NP 问题，但是人们提出了一些可以帮助减少其计算复杂度的算法；其中的一个方法就是利用可分辨矩阵，该矩阵存有两个数据样本之间属性取值之差。借助可分辨矩阵就无须搜索这个数据样本集合，而只需要搜索该矩阵，就可以帮助发现冗余属性。

用于分类的基于规则系统的缺点之一就是对连续值的处理是间断的，在进行分类的数据挖掘系统中，模糊逻辑是非常有用的。它提供了在较高抽象层次上进行挖掘的优势。一般基于规则系统利用模糊逻辑涉及到以下几个方面：

①属性值需要转换为模糊值。

②给定一个新样本，可以应用多于一个的规则；每个被应用的规则对概念隶属度的计算都贡献一票。一般需要将每个预测类别的相应隶属度（模糊值）累加起来，以便获得最终的结果。

③步骤（2）中所获得的隶属度之和将被系统返回，实际上这些隶属度也可以与相应的权值相乘之后再累加。而依赖模糊隶属函数的具体复杂程度所涉及到的计算或许也很复杂。

（5）预测（回归）方法

对一个连续数值的预测可以利用统计回归方法所建的模型来实现。例如：可构造一个能够预测具有 10 年工作经验的大学毕业生工资的模型；或在给定价格情况下，可预测一个产品销量的模型。利用线性回归可以帮助解决许多实际问题。而借助变量转换，也就是将一个非线性问题转化成一个线性问题,以使得利用线性回归方法可以帮助解决更多的问题。这里由于篇幅有限,就只能简单介绍一下有关的情况,这主要包括:线性、多变量和非线性回归等建模方法。

线性回归是利用一条直线来描述相应的数据模型。线性回归是一种最简单的回归方法。两元回归利用了一个自变量 X 来为一个因变量 Y 建模。通过向基本线性回归公式中添加高阶项(幂次大于1),就可以获得多项式的回归模型。而应用变量转换方法,则可以将非线性模型转换为可利用最小二乘法解决的线性模型。

有一些模型本身就是非线性不可分解的,如指数的幂和。它们无法转换为一个线性模型。这种情况下,可以通过更为复杂的公式运算,来获得其最小二乘情况下的近似。利用线性回归可以为连续取值的函数建模。由于线性回归较为简单,因此得到了广泛的应用。而广义线性模型则可以用于对离散取值变量进行回归建模。在广义线性模型中,因变量 X 的变化速率是 Y 均值的一个函数;这一点与线性回归不同,后者中因变量 Y 的变化速率是一个常数。常见的广义线性模型有:对数回归和泊松回归。其中对数回归模型是利用一些事件发生的概率作为自变量所建立的线性回归模型。而泊松回归模型主要是描述数据出现次数的模型,因为它们常常表现为泊松分布。

对数线性回归模型可以近似描述离散多维概率分布。因此可以利用该模型对数据立方中各单元所关联的概率进行估计。在对数线性回归模型中,所有的属性度必须是离散的,因此连续属性在进行处理前必须首先进行离散化;然后基于高维数据立方,及相应模型来估计四维空间中的数据单元所关联的概率。基于这种方式以及循环技术就可以由低维数据立方建立高维数据立方。该技术可以处理多维数据,除了预测之外,对数线性模型还可以用于数据压缩(高维数据占用的空间比低维数据要少许多)、数据平滑(高维数据所受到噪声的干扰比低维数据要少许多)。

3.3.3 关联挖掘

关联规则挖掘就是从大量的数据中挖掘出有价值描述数据项之间相互联系的有关知识。随着收集和存储在数据库中的数据规模越来越大,人们对从这些数据中挖掘相应的关联知识越来越有兴趣。例如:从大量的商业交易记录中发现有价值的关联知识就可帮助进行商品目录的设计、交叉营销或帮助进行其他有关的商业决策。

挖掘关联知识的一个典型应用实例就是市场购物分析。根据被放到一个购物袋的(购物)内容记录数据而发现的不同(被购买)商品之间所存在的关联知识无疑将会帮助商家分析顾客的购买习惯。发现常在一起被购买的商品(关联知识)将帮助商家制订有针对性的市场营销策略。比如:顾客在购买牛奶时,是否也可能同时购买面包或会购买哪个牌子的面包,显然能够回答这些问题的有关信息肯定会有效地帮助商家进行有针对性的促销,以及进行合适的货架商品摆放。如可以将牛奶和面包放在相近的地方或许会促进这两个商品的销售。

挖掘关联规则(知识)就是从给定的数据集中搜索数据项之间所存在的有价值联系。关联规则的支持度和信任度是两个度量有关规则趣味性的方法。它们分别描述了一个被挖掘出的关联规则的有用性和确定性。规则的支持度为2%,就表示所分析的交易记录数据中有2%交易记录同时包含电脑和金融管理软件(即在一起被购买)。规则的60%信任度则表示有60%的顾客在购买电脑的同时还会购买金融管理软件。通常如果一个关联规则满足最小支持度阈值和最小信任度阈值,那么就认为该关联规则是有意义的;而用户或专家可以设置最小支持度阈值和最小信任度阈值。

挖掘关联规则主要包含以下二个步骤:

步骤一:发现所有的频繁项集,根据定义,这些项集的频度至少应等于(预先设置的)最小支持频度;

步骤二:根据所获得的频繁项集,产生相应的强关联规则。根据定义这些规则必须满足最小信任度阈值。

此外还可利用有趣性度量标准来帮助挖掘有价值的关联规则知识。由于步骤二中的相应操作极为简单,因此挖掘关联规则的整个性能就是由步骤一中的操作处理所决定。

对于许多应用来讲,由于数据在多维空间中存在多样性,因此要想从基本或低层次概念上发现强关联规则可能是较为困难的;而在过高抽象层次的概念上所挖掘出的强关联规则或许只表达了一些普通常识。但是对一个用户来讲是常识性知识,可能对另一个用户就是新奇的知识。因此数据挖掘系统应该能够提供在多个不同层次挖掘相应关联规则知识的能力;并能够较为容易对不同抽象空间的内容进行浏览与选择。

Apriori 算法是一种有效的关联规则挖掘算法,它逐级探查,进行挖掘。Apriori 性质:频繁项集的所有非空子集都必须是频繁的。在第 k 次迭代,它根据频繁 k 项集,形成频繁 $(k+1)$ 项集候选,并扫描数据库一次,找出完整的频繁 $(k+1)$ 项集。涉及散列和事务压缩的变形可以用来使得过程更有效。其他变形涉及划分数据(在每一部分上挖掘,然后合并结果)和数据选样(在数据子集上挖掘)。这些变形可以将数据扫描次数减少到一或两次。

频繁模式增长(FP - 增长)是一种不产生候选的挖掘频繁项集方法。它构造一个高度压缩的数据结构(FP - 树),压缩原来的事务数据库。不是使用类 Apriori 方法的产生 - 测试策略,它聚焦于频繁模式(段)增长,避免了高代价的候选产生,获得更好的效率。

大多数关联规则的挖掘方法都利用了支持度 - 信任度的基本结构;尽管利用最小支持阈值和最小信任阈值可以帮助消除或减少挖掘无意义的规则。但其所获得的许多规则仍是无价值的。本节将首先讨论为何强关联规则仍是无意义的,或有误导性原因;然后将介绍增加基于统计独立性和相关分析的有关参数,以帮助确定关联规则的趣味性。

多层关联规则可以根据每个抽象层上的最小支持度阈值如何定义,使用多种策略挖掘。当在较低层使用递减的支持度时,剪枝方法包括层交叉按单项过滤,层交叉按 k - 项集过滤。冗余的(后代)关联规则可以删除,不向用户提供,如果根据其对应的祖先规则,它们的支持度和置信度接近于期望值的话。

挖掘多维关联规则可以根据对量化属性处理分为若干类。

第一,量化属性可以根据预定义的概念分层静态离散化。数据方非常适合这种方法,因为数据方和量化属性都可以利用概念分层。

第二,可以挖掘量化关联规则,其量化属性根据分箱动态离散化,"临近的"关联规则可以用聚类组合。

第三,可以挖掘基于距离的关联规则,其中区间根据聚类定义。

基于限制的挖掘允许用户聚焦,按提供的元规则(即,模式模板)和其他挖掘限制搜索规则。这种挖掘促进了说明性数据挖掘查询语言和用户界面的使用,并对挖掘查询优化提出了巨大挑战。规则限制可以分五类:反单调的、单调的、简洁的、可变的和不可变的。前四类限制可以在关联挖掘中使用,指导挖掘过程,导致更有功效和更有效率的挖掘。

然而,值得强调的是,关联规则不应当直接用于没有进一步分析或领域知识的预测。它们不必指示因果关系。然而,对于进一步探查,它们是有帮助的切入点。这使得它们成为理解数据的流行工具。

3.3.4　聚类分析

聚类是一个将数据集划分为若干组或类的过程,并使得同一个组内的数据对象具有较高的相似度;而不同组中的数据对象是不相似的。相似或不相似的描述是基于数据描述属性的取值来确定的。通常就是利用(各对象间)距离来进行表示的。许多领域,包括数据挖掘、统计学和机器学习都有聚类研究和应用。

本节将要介绍对大量数据进行聚类分析的有关方法;同时也还将介绍如何根据数据对象的属性来计算各数据对象之间的距离(不同)。有关的聚类方法(类型)主要有:划分类方法、分层类方法、基于密度类方法、基于网格类方法和基于模型类方法。

将物理或抽象对象的集合分组成为由类似的对象组成的多个类的过程被称为聚类。由聚类所生成的簇是一组数据对象的集合,这些对象与同一个簇中的对象彼此相似,与其他簇中的对象相异。在许多应用中,一个簇中的数据对象可以被作为一个整体来对待。

聚类分析是一种重要的人类行为。早在孩提时代,一个人就通过不断地改进下意识中的聚类模式来学会如何区分猫和狗,或者动物和植物。聚类分析已经广泛地用在许多应用中,包括模式识别,数据分析,图像处理,以及市场研究。通过聚类,一个人能识别密集的和稀疏的区域,因而发现全局的分布模式,以及数据属性之间的有趣的相互关系。"聚类的典型应用是什么?"在商业上,聚类能帮助市场分析人员从客户基本库中发现不同的客户群,并且用购买模式来刻画不同的客户群的特征。在生物学上,聚类能用于推导植物和动物的分类,对基因进行分类,获得对种群中固有结构的认识。聚类在地球观测数据库中相似地区的确定,汽车保险持有者的分组,及根据房子的类型、价值和地理位置对一个城市中房屋的分组上也可以发挥作用。聚类也能用于对 Web 上的文档进行分类,以发现信息。作为一个数据挖掘的功能,聚类分析能作为一个独立的工具来获得数据分布的情况,观察每个簇的特点,集中对特定的某些簇做进一步的分析。此外,聚类分析可以作为其他算法(如分类等)的预处理步骤,这些算法再在生成的簇上进行处理。

数据聚类正在蓬勃发展,有贡献的研究领域包括数据挖掘,统计学,机器学习,空间数据库技术,生物学,以及市场营销。由于数据库中收集了大量的数据,聚类分析已经成为数据挖掘研究领域中一个非常活跃的研究课题。作为统计学的一个分支,聚类分析已经被广泛地研究了许多年,主要集中在基于距离的聚类分析。基于 $k - \text{means}(k - 平均值)$,$k - \text{medoids}(k - 中心)$ 和其他一些方法的聚类分析工具已经被加入到许多统计分析软件包或系统中,例如 S − Plus,SPSS,以及 SAS。在机器学习领域,聚类是无指导学习的一个例子。与分类不同,聚类和无指导学习不依赖预先定义的类和训练样本。由于这个原因,聚类是通过观察学习,而不是通过例子学习。在概念聚类中,一组对象只有当它们可以被一个概念描述时才形成一个簇。这不同于基于几何距离来度量相似度的传统聚类。概念聚类由两个部分组成:

(1)发现合适的簇;

(2)形成对每个簇的描述。

在这里,追求较高类内相似度和较低类间相似度的指导原则仍然适用。

在数据挖掘领域,研究工作已经集中在为大数据量数据库的有效且高效的聚类分析寻找适当的方法。活跃的研究主题集中在聚类方法的可伸缩性,方法对聚类复杂形状和类型的数据的有效性,高维聚类分析技术,以及针对大的数据库中混合数值和分类数据的聚类方法。聚类是一个富有挑战性的研究领域,它的潜在应用提出了各自特殊的要求。数据挖掘对聚类的典型要求如下:

● 可伸缩性:许多聚类算法在小于 200 个数据对象的小数据集合上工作得很好;但是,一个大规模数据库可能包含几百万个对象,在这样的大数据集合样本上进行聚类可能会导致有偏的结果。我们需要具有高度可伸缩性的聚类算法。

● 处理不同类型属性的能力:许多算法被设计用来聚类数值类型的数据。但是,应用可能要求聚类其他类型的数据,如二元类型,分类/标称类型,序数型数据,或者这些数据类型的混合。

● 发现任意形状的聚类:许多聚类算法基于欧几里得或者曼哈顿距离度量来决定聚类。基于这样的距离度量的算法趋向于发现具有相近尺度和密度的球状簇。但是,一个簇可能是任意形状的。提出能发现任意形状簇的算法是很重要的。

● 用于决定输入参数的领域知识最小化:许多聚类算法在聚类分析中要求用户输入一定的参数,例如希望产生的簇的数目。聚类结果对于输入参数十分敏感。参数通常很难确定,特别是对于包含高维对象的数据集来说。这样不仅加重了用户的负担,也使得聚类的质量难以控制。

● 处理"噪声"数据的能力:绝大多数现实中的数据库都包含了孤立点,缺失,或者错误的数据。一些聚类算法对于这样的数据敏感,可能导致低质量的聚类结果。

● 对于输入记录的顺序不敏感:一些聚类算法对于输入数据的顺序是敏感的。例如,同一个数据集合,当以不同的顺序交给同一个算法时,可能生成差别很大的聚类结果。开发对数据输入顺序不敏感的算法具有重要的意义。

● 高维度:一个数据库或者数据仓库可能包含若干维或者属性。许多聚类算法擅长处理低维的数据,可能只涉及两到三维。人类的眼睛在最多三维的情况下能够很好地判断聚类的质量。在高维空间中聚类数据对象是非常有挑战性的,特别是考虑到这样的数据可能分布非常稀疏,而且高度偏斜。

● 基于约束的聚类:现实世界的应用可能需要在各种约束条件下进行聚类。假设你的工作是在一个城市中为给定数目的自动提款机选择安放位置,为了作出决定,你可以对住宅区进行聚类,同时考虑如城市的河流和公路网,每个地区的客户要求等情况。要找到既满足特定的约束,又具有良好聚类特性的数据分组是一项具有挑战性的任务。

● 可解释性和可用性:用户希望聚类结果是可解释的、可理解的和可用的。也就是说,聚类可能需要和特定的语义解释和应用相联系。应用目标如何影响聚类方法的选择也是一个重要的研究课题。

记住这些约束,我们对聚类分析的学习将按如下的步骤进行。首先,学习不同类型的数据,以及它们对聚类方法的影响。接着,给出了一个聚类方法的一般分类。然后我们详细地讨论了各种聚类方法,包括划分方法,层次方法,基于密度的方法,基于网格的方法,以及基于模型的方法。最后我们探讨在高维空间中的聚类和孤立点分析。

在研究论文中有许多聚类算法。需要根据应用所涉及的数据类型、聚类的目的以及具体应用要求来选择合适的聚类算法。如果利用聚类分析作为描述性或探索性的工具,那么就可以使用若干聚类算法对同一个数据集进行处理以观察可能获得的有关（数据特征）描述。通常聚类分析算法可以划分为以下几大类：

（1）划分方法

给定一个包含 n 个对象或数据行，划分方法将数据集划分为 k 个子集（划分）。其中每个子集均代表一个聚类（$k \leqslant n$）。也就是说将数据分为 k 组，这些组满足以下要求：(a) 每组至少应包含一个对象；且 (b) 每个对象必须只能属于某一组。需要注意的是后一个要求在一些模糊划分方法中可以放宽。给定需要划分的个数 k，一个划分方法创建一个初始划分；然后利用循环再定位技术，即通过移动不同划分（组）中的对象来改变划分内容。一个好的划分衡量标准通常就是同一个组中的对象"相近"或彼此相关；而不同组中的对象"较远"或彼此不同。当然还有许多其他判断划分质量的衡量标准。为获得基于划分聚类分析的全局最优结果就需要穷举所有可能的对象划分。为此大多数应用采用一至两种常用启发方法：(a) k - means 算法，该算法中的每一个聚类均用相应聚类中对象的均值来表示；和 (b) k - mediods 算法，该算法中的每一个聚类均用相应聚类中离聚类中心最近的对象来表示。这些启发聚类方法在分析中小规模数据集以发现圆形或球状聚类时工作得很好。但为了使划分算法能够分析处理大规模数据集或复杂数据类型，就需要对其进行扩展。

但是 k - means 算法只适用于聚类均值有意义的情况。因此在某些应用中，诸如：数据集包含符号属性时，直接应用 k - means 算法就有困难了。k - means 算法一个缺点就是用户还必须事先指定聚类个数。k - means 算法还不适合用于发现非凸形状的聚类，或具有各种不同大小的聚类。此外 k - means 算法还对噪声和异常数据也很敏感，因为这类数据可能会影响到各聚类的均值（计算结果）。k - means 算法还有一些变化（版本）。它们主要在初始 k 个聚类中心的选择、差异程度计算和聚类均值的计算方法等方面有所不同。一个常常有助于获得好的结果的策略就是首先应用自下而上层次算法来获得聚类数目，并发现初始分类；然后再应用循环再定位（聚类方法）来帮助改进分类结果。另一个 k - means 算法的变化版本就是 k - modes 算法。该算法通过用模来替换聚类均值、采用新差异性计算方法来处理符号量，以及利用基于频率对各聚类模进行更新方法，从而将 k - means 算法的应用范围从数值量扩展到符号量。将 k - means 算法和 k - modes 算法结合到一起，就可以对采用数值量和符号量描述对象进行聚类分析，从而构成了 k - prototypes 算法。而 EM 期望（最大化）算法又从多个方面对 k - means 算法进行了扩展。其中包括：它根据描述聚类所属程度的概率权值，将每个对象归类为一个聚类，不是将一个对象仅归类为一个聚类（所拥有）；也就是说在各聚类之间的边界并不是非常严格。因此可以根据概率权值计算相应的聚类均值。此外通过识别数据中所存在的三种类型区域，即可压缩区域、必须存入内存区域和可以丢弃区域，来改善 k - menas 算法的可扩展性。若一个对象归属某个聚类的隶属值是不确定的，那它就是可丢弃的；若一个对象不是可丢弃的且属于一个更紧密的子聚类，那么它就是可压缩的。利用一个被称为是聚类特征的数据结构来对所压缩或所丢弃数据进行综合，若一个对象既不是可以丢弃的，也不是可以压缩的，那它就需要保持在内存里（在聚类过程中）。为实现可扩展性，循环聚类算法仅需对可压缩和可丢弃数据的聚类特征，以及须保持在内存中的对象进行分析处理即可。

k - mediods 聚类算法的基本策略就是通过首先任意为每个聚类找到一个代表对象（mediod）而首先确定 n 个数据对象的 k 个聚类；（也需要循环进行）其他对象则根据它们与这些聚类代表的距离分别将它们归属到各相应聚类中（仍然是最小距离原则）。而如果替换一个聚类代表能够改善所获聚类质量的话,那么就可以用一个新对象替换老聚类对象。这里将利用一个基于各对象与其聚类代表间距离的成本函数来对聚类质量进行评估。为了确定任一个非聚类代表 o1 对象是否可以替换当前一个聚类代表 o0,需要根据以下四种情况对各非聚类代表对象 p 进行检查。

k - mediods 聚类算法比 k - means 聚类算法在处理异常数据和噪声数据方面更为鲁棒;因为与聚类均值相比,一个聚类中心的代表对象要较少受到异常数据或极端数据的影响。但是前者的处理时间要比后者更大。两个算法都需要用户事先指定所需聚类个数 k。

(2)层次方法

层次方法就是通过分解所给定的数据对象集来创建一个层次。根据层次分解形成的方式,可以将层次方法分为自下而上和自上而下两种类型。自下而上的层次方法从每个对象均为一个(单独的)组开始;逐步将这些(对象)组进行合并,直到组合并在层次顶端或满足终止条件为止。自上而下层次方法从所有均属于一个组开始;每一次循环将其(组)分解为更小的组;直到每个对象构成一组或满足终止条件为止。一般有两种基本层次聚类方法,它们分别是:

自下而上聚合层次聚类方法。这种自下而上策略就是最初将每个对象(自身)作为一个聚类;然后将这些原子聚类进行聚合以构造越来越大的聚类,直到所有对象均聚合为一个聚类,或满足一定终止条件为止。大多数层次聚类方法都属于这类方法,但它们在聚类内部对象间距离定义描述方面有所不同。

自顶而下分解层次聚类方法。这种自顶而下策略的做法与自下而上策略做法相反。它首先将所有对象看成一个聚类的内容;将其不断分解以使其变成越来越小但个数越来越多的小聚类,直到所有对象均独自构成一个聚类,或满足一定终止条件(如:一个聚类数阈值,或两个最近聚类的最短距离阈值)为止。

层次方法存在缺陷就是在进行(组)分解或合并之后,无法回溯。这一特点也是有用的,因为在进行分解或合并时无须考虑不同选择所造成的组合爆炸问题。但这一特点也使得这种方法无法纠正自己的错误决策。将循环再定位与层次方法结合起来使用常常是有效的,即首先通过利用自下而上层次方法;然后再利用循环再定位技术对结果进行调整。一些具有可扩展性的聚类算法,如:BIRCH 和 CURE,就是基于这种组合方法设计的。

(3)基于密度方法

大多数划分方法是基于对象间距离进行聚类的。这类方法仅能发现圆形或球状的聚类而在较难发现具有任何形状的聚类。而基于密度概念的聚类方法实际上就是不断增长所获得的聚类直到"邻近"(数据对象或点)密度超过一定阈值(如:一个聚类中的点数,或一个给定半径内必须包含至少的点数)为止。这种方法可以用于消除数据中的噪声(异常数据),以及帮助发现任意形状的聚类。DBSCAN 就是一个典型的基于密度方法,该方法根据密度阈值不断增长聚类。OPTICS 也是一个基于密度方法,该方法提供聚类增长顺序以便进行自动或交互式数据分析。

(4)基于网格方法

基于网格方法将对象空间划分为有限数目的单元以形成网格结构。所有聚类操作均是在这一网格结构上进行的。这种方法主要优点就是处理时间由于与数据对象个数无关而仅与划分对象空间的网格数相关,从而显得相对较快。STING 就是一个典型的基于网格的方法。CLIQUE 和 Wave - Cluster 是两个基于网格和基于密度的聚类方法。

（5）基于模型方法

基于模型方法就是为每个聚类假设一个模型,然后再去发现符合相应模型的数据对象。一个基于模型的算法可以通过构造一个描述数据点空间分布的密度函数来确定具体聚类。它根据标准统计方法并考虑到"噪声"或异常数据,可以自动确定聚类个数;因而它可以产生很鲁棒的聚类方法。

一些聚类算法将若干聚类方法的思想结合在一起,因此有时很难明确界定一个聚类算法究竟属于哪一个聚类方法类别。此外一些应用也需要将多个聚类技术结合起来方可实现其应用目标。

3.4 大数据的应用展望

3.4.1 大数据的应用前沿

实际上大数据技术从一开始就是面向应用的。目前,在很多重要的领域,数据挖掘都可以发挥积极促进的作用。有关大数据与数据挖掘应用的若干重点问题描述如下:

（1）挖掘方法与用户交互问题

这其中涉及所挖掘知识的类型,挖掘多细度的知识,领域知识的利用,定制挖掘和知识挖掘的可视化。

从数据库挖掘不同类型的知识。由于不同的应用需要不同类型的知识,因此数据挖掘应该覆盖广泛的数据分析与知识发现任务需求。这其中包括:数据概念描述、对比概念描述、关联知识、分类知识、聚类分析、趋势和偏差分析,以及相似性分析。这些挖掘任务可以是对同一个数据库进行不同的操作。因此需要设计开发大量的数据挖掘技术。

基于多层抽象水平的交互挖掘。由于无法准确了解从一个数据库中究竟能够发现什么。因此一个数据挖掘过程应该是交互的。鉴于数据库中包含大量的数据,首先需要利用合适的采样技术来帮助实现交互式数据挖掘的探索。交互数据挖掘能够让用户参与并指导对(要挖掘)模式的搜索,或帮助让用户精练所返回的挖掘结果。与数据仓库交互模式类似,用户也可以与数据挖掘系统进行交互来帮助进行更有效的数据挖掘,以便能从多个不同角度发现多个抽象层次(细度)的模式知识。

数据挖掘查询语言与定制数据挖掘。关系(数据库)查询语言,如:SQL 语言,能够帮助用户提出各种有针对性的数据检索要求。同样开发高水平的数据挖掘查询语言以帮助用户描述特定的挖掘任务(包括描述其中的数据特征)、描述挖掘任务所涉及的领域知识、挖掘结果的模式知识类型,以及对挖掘结果有趣性等约束条件。这样一种语言还应该与数据库或数据仓库查询语言集成在一起,并为实现有效灵活的数据挖掘而进行集成优化。

数据挖掘结果表达与可视化。数据挖掘应该能够用高水平语言、可视化表示或其他表示方式来描述所挖掘出的知识,以使用户更加容易地理解和应用所挖掘出的知识。数据挖掘结果的可视化表示,对于交互式数据挖掘系统而言是非常重要的,同时也要求系统采用多种表示形式,如:树、表格、规则、图、示意图、矩阵、曲线来描述数据挖掘结果。

处理有噪声或不完整的数据。数据库中的数据或许反映有噪声、不完整、以外的数据对象。因此当挖掘数据规律时,这些对象或许会使挖掘过程迷失方向以致挖掘出一个不符合实际情况的模型。这时就需要数据清洗和数据分析方法以处理这些有噪声的数据；有时也需要异类挖掘方法以帮助实现意外情况的挖掘与处理。

模式评估：有趣性问题。一个数据挖掘系统能够发现数以千计的模式，而用户常常只对其中的一小部分模式感兴趣；其他大多数都属于常识性或缺乏新意的知识。如何对所挖掘出模式的趣味性进行评估，特别是如何基于用户信念和期待对所挖掘模式进行主观评估，仍然是一个尚待进一步研究的问题。如何利用趣味性来指导挖掘过程以有效减少搜索空间，也是尚待进一步研究的问题。

（2）性能问题

这其中包括：效率、可扩展性和数据挖掘算法的并行化等问题。

数据挖掘算法的效率与可扩展性。为了能够有效地从数据库大量的数据中抽取模式知识，数据挖掘算法就必须是高效的和可扩展的。算法的可扩展性表现在它的（数据挖掘）运行时间与所处理的数据规模呈线性关系，假设挖掘系统可利用的其他资源不变的情况下（如：内存和硬盘空间等）；这也就意味着当被挖掘数据的规模确定后，相应数据挖掘算法的运行时间是可以预测的，当然也是可以接受的。从数据库角度来要求知识发现算法，效率和可扩展性也是构造数据挖掘系统的一个关键问题。前面所介绍的数据挖掘方法与用户交互中的许多问题也涉及到效率与可扩展性的问题。

并行、分布和增量更新算法。许多数据库中数据的巨大规模、广泛分布的数据（存储）地点，以及一些数据挖掘算法的计算复杂性等，都极大地推动了并行分布数据挖掘算法的研究与开发。这类算法将数据分为若干份进行并行处理，然后将处理获得的结果合并在一起。此外一些数据挖掘过程所涉及的高昂代价也促使了增量数据挖掘算法的发展，这类增量挖掘算法无须每次（挖掘时）均对整个数据库进行挖掘而只需对数据库中的增量数据进行挖掘即可。当然增量挖掘算法需要对之前所挖掘获得的模式知识进行增量式修改与完善。

（3）数据库类型多样化所涉及的问题

关系和复杂类型数据的处理。数据库与数据仓库的类型有许多种，期望一个数据挖掘系统能够对所有类型的数据都能够很好地完成挖掘任务是不现实的。鉴于关系数据库与数据仓库应用较广，研究设计高效有效地挖掘这类数据的数据挖掘系统是必要的。然而其他数据库包含复杂数据对象，如：超文本、多媒体数据、空间数据、时间数据或交易数据，显然一个数据挖掘系统不可能满足挖掘不同数据类型并完成不同挖掘任务的要求。因此需要根据特定的挖掘数据，构造相应的数据挖掘系统。

异构数据库和全球信息系统的信息挖掘。本地和广域计算机网络系统（如：互联网）将许多数据源连接在一起，从而构成了一个巨大的、分布的、异构的数据库。如何从来自不同数据源（具有不同数据语义），这其中包括：结构化数据、半结构化数据和无结构数据，挖掘出所需要的模式知识是数据挖掘研究所面临的巨大挑战。数据挖掘或许能够帮助从多个异构数据库中挖掘高层次的数据规律，而这些数据规律是无法通过简单查询系统就可获得的，由此甚至还可以帮助改善信息交换和异构数据库之间的互操作性。

3.4.2　大数据的应用挑战

大数据的精髓在于我们分析信息时的三个转变，这些转变将改变我们理解和组建社会的方法。

　　第一个转变就是,在大数据时代,我们可以分析更多的数据,有时候甚至可以处理和某个特别现象相关的所有数据,而不再依赖于随机采样。19世纪以来,当面临大量数据时,社会都依赖于采样分析。但是采样分析是信息缺乏时代和信息流通受限制的模拟数据时代的产物。以前我们通常把这看成是理所当然的限制,但高性能数字技术的流行让我们意识到,这其实是一种人为的限制。与局限在小数据范围相比,使用一切数据为我们带来了更高的精确性,也让我们看到了一些以前无法发现的细节——大数据让我们更清楚地看到了样本无法揭示的细节信息。

　　第二个改变就是,研究数据如此之多,以至于我们不再热衷于追求精确度。当我们测量事物的能力受限时,关注最重要的事情和获取最精确的结果是可取的。如果购买者不知道牛群里有80头牛还是100头牛,那么交易就无法进行。直到今天,我们的数字技术依然建立在精准的基础上。我们假设只要电子数据表格把数据排序,数据库引擎就可以找出和我们检索的内容完全一致的检索记录。这种思维方式适用于掌握"小数据量"的情况,因为需要分析的数据很少,所以我们必须尽可能精准地量化我们的记录。在某些方面,我们已经意识到了差别。例如,一个小商店在晚上打烊的时候要把收银台里的每分钱都数清楚,但是我们不会、也不可能用"分"这个单位去精确度量国民生产总值。随着规模的扩大,对精确度的痴迷将减弱。达到精确需要有专业的数据库。针对小数据量和特定事情,追求精确性依然是可行的,比如一个人的银行账户上是否有足够的钱开具支票。但是,在这个大数据时代,很多时候,追求精确度已经变得不可行,甚至不受欢迎了。当我们拥有海量即时数据时,绝对的精准不再是我们追求的主要目标。

　　第三个转变因前两个转变而促成,即我们不再热衷于寻找因果关系。寻找因果关系是人类长久以来的习惯。即使确定因果关系很困难而且用途不大,人类还是习惯性地寻找缘由。相反,在大数据时代,我们无须再紧盯事物之间的因果关系,而应该寻找事物之间的相关关系,这会给我们提供非常新颖且有价值的观点。相关关系也许不能准确地告知我们某件事情为何会发生,但是它会提醒我们这件事情正在发生。在许多情况下,这种提醒的帮助已经足够大了。如果数百万条电子医疗记录显示橙汁和阿司匹林的特定组合可以治疗癌症,那么找出具体的药理机制就没有这种治疗方法本身来得重要。同样,只要我们知道什么时候是买机票的最佳时机,就算不知道机票价格疯狂变动的原因也无所谓了。大数据告诉我们"是什么"而不是"为什么"。在大数据时代,我们不必知道现象背后的原因,我们只要让数据自己发声。

　　当然,人类从数千年前就开始分析数据。古代美索不达米亚平原的记账人员为了有效地跟踪记录信息发明了书写。自从圣经时代开始,政府就通过进行人口普查来建立大型的国民数据库。两百多年来,精算师们也一直通过搜集大量的数据来进行风险规避。

　　模拟时代的数据收集和分析极其耗时耗力,新问题的出现通常要求我们重新收集和分析数据。数字化的到来使得数据管理效率又向前迈出了重要的一步。数字化将模拟数据转换成计算机可以读取的数字数据,使得存储和处理这些数据变得既便宜又容易,从而大大提高了数据管理效率。过去需要几年时间才能完成的数据搜集,现在只要几天就能完成。但是,光有改变还远远不够。数据分析者太沉浸于模拟数据时代的设想,即数据库只有单一的用途和价值,而正是我们使用的技术和方法加深了这种偏见。虽然数字化是促成向大数据转变的重要原因,但仅有计算机的存在却不足以实现大数据。

　　我们没有办法准确描述现在正在发生的一切,"数据化"概念可以帮助我们大致了解这次变革。数据化意味着我们要从一切太阳底下的事物中吸取信息,甚至包括很多我们以前认为和"信息"根本搭不上边的事情。比方说,一个人所在的位置、引擎的振动、桥梁的承重等。我们要通过量化的方法把这些内容转化为数据。这就使得我们可以尝试许多以前无法做到的事情,如根据引擎的散热和振动来预测引擎是否会出现故障。这样,我们就激发出了这些数据此前未被挖掘的潜在价值。

在了解和监视人类的行为方面,社会已经有了数千年的经验。但是,如何来监管一个算法系统呢? 在信息化时代的早期,有一些政策专家就看到了信息化给人们的隐私权带来的威胁,社会也已经建立起了庞大的规则体系来保障个人的信息安全。但是在大数据时代,这些规则都成了无用的马其诺防线。人们自愿在网络上分享信息,而这种分享的能力成为了网络服务的一个中心特征,而不再是一个需要规避的薄弱点了。

对我们而言,危险不再是隐私的泄露,而是被预知的可能性——这些能预测我们可能生病、拖欠还款和犯罪的算法会让我们无法购买保险、无法贷款、甚至在实施犯罪前就被预先逮捕。显然,统计把大数据放在了首位,但即便如此,个人意志是否应该凌驾于大数据之上呢? 就像出版印刷行业的发展推动国家立法保护言论自由(在此之前没有出台类似法律的必要,因为没有太多的言论需要保护),大数据时代也需要新的规章制度来保卫权势面前的个人权利。

政府机构和社会在控制和处理数据的方法上必须有全方位的改变。不可否认,我们进入了一个用数据进行预测的时代,虽然我们可能无法解释其背后的原因。如果一个医生只要求病人遵从医嘱,却没法说明医学干预的合理性的话,情况会怎么样呢? 实际上,这是依靠大数据取得病理分析的医生们一定会做的事情。还有司法系统的"合理证据"是不是应该改为"可能证据"呢? 如果真是这样,会对人类自由和尊严产生什么影响呢?

大数据标志着人类在寻求量化和认识世界的道路上前进了一大步。过去不可计量、存储、分析和共享的很多东西都被数据化了。拥有大量的数据和更多不那么精确的数据为我们理解世界打开了一扇新的大门。社会因此放弃了寻找因果关系的传统偏好,开始挖掘相关关系的好处。

寻找原因是一种现代社会的一神论,大数据推翻了这个论断。但我们又陷入了一个历史的困境,那就是我们活在一个"上帝已死"的时代。也就是说,我们曾经坚守的信念动摇了。讽刺的是,这些信念正在被"更好"的证据所取代。那么,从经验中得来的与证据相矛盾的直觉、信念和迷惘应该充当什么角色呢? 当世界由探求因果关系变成挖掘相关关系,我们怎样才能既不损坏建立在因果推理基础之上的社会繁荣和人类前行的基石,又取得实际的进步呢?

3.5　本章小结

本章从大数据的时代背景和历史溯源出发,介绍了大数据的基本的概念、术语和研究方法。从大数据的思想出发,介绍了描述和预测型数据挖掘在大数据应用中的地位,阐述了典型数据挖掘方法的基本原理和思想,为后文的数据挖掘算法在刑事侦查学中的应用案例奠定了基础。最后,展望了大数据概念的前沿问题和一些拓展思考。大数据作为一把锋利的武器,如何合理、正确地应用于刑事侦查案例中,顺应时代的潮流,后文将具体展开。

第四章　数据挖掘在刑事侦查鉴定中的应用

4.1　引　言

4.1.1　背景及现状

由前两个章节的叙述可以知道,刑事侦查鉴定注重客观性、真实性,需要排除诸多的主观人为因素。而大数据、数据挖掘具有让数据说话,不问因果,只注重现象的特点,本节将对二者进行结合,阐述数据挖掘在刑事侦查鉴定中的应用。

痕迹因其在犯罪现场上存在的普遍性、物质的客观性、同犯罪行为密切的关联性和明显的直观性等特性,在刑事工作中发挥着重大的作用。通过对痕迹的分析、研究,可帮助判断犯罪的实施过程及具体情节,为侦查工作提供方向、线索,为并案侦查提供可靠依据,为证明犯罪事实、揭露犯罪人提供重要物证,最后痕迹可建档储存,为侦破现行案件提供查询线索和证据资料。传统的痕迹检验技术因其准确率、检验效率的低下已经不能适应当下复杂化、智能化的犯罪形势,传统的痕迹检验技术需要进行变革。当数据化技术引入痕迹检验中后,实现了痕迹检验过程的数据化,使得痕迹检验的工作效率、检验准确率大幅度的提高,为解决刑事工作中出现的新问题提供了解决思路,适应了当今犯罪形势的变化。本节数据化后的痕迹检验为研究重点,首先介绍了痕迹检验采集过程的数据化,从图像采集和文字采集两个方面介绍了痕迹采集过程中的技术变更过程;然后将痕迹检验的具体过程分为预处理和检验两部分,介绍了痕迹检验前期对痕迹图像进行的图像几何处理、图像算术处理、图像增强、图像恢复和图像的压缩编码等处理过程,为后续的痕迹检验过程提供了检验基础,并对痕迹检验中数据化技术的应用进行概述;最后描画了痕迹档案的建立与管理工作的数据化进展。宇宙及世界万物均在运动,运动中的事物会在自身或周围其他事物上留下一定的印迹或印象。痕迹反映了事物在特定时间和特定空间的运动情况。对痕迹的研究可发现事物变化的现象及之间的复杂联系,进而揭示事物的本质及发展变化规律。痕迹检验是痕迹检验人员对案件痕迹进行分析研究,判断它所反映的造痕客体特征,从而为侦查提供线索、为破案及审判提供证据的科学活动。痕迹检验在我国的初始应用到形成当今的痕迹检验科学体系经过了漫长的历史过程,我国是世界上公认最早应用指纹的国家,是指纹技术的发源地。据史料记载,夏代前后,陶瓷上留有手印,在我国西安半坡遗址出土的陶器上,留有纹线清晰、凹凸明显的指纹,据分析可能是作者有意掠印指纹线作为图案或标记使用。中华人民共和国成立后,国家对刑事技术高度重视,公安机关接管了部分中华人民共和国成立前警察机构的刑事技术部门的档案,留用了一批技术人员,在治安、刑侦部门组建了刑事技术机构,借鉴并继承了古代的许多痕迹检验技术,同时我国刑事技术的发展还大量参考和学习了苏联的犯罪对策技术体系。苏联犯罪对策学专家柯尔金、雷布尼科夫在 1954 年和 1955 年分别被邀请至中国讲授犯罪对策技术学,手印、足迹、工具痕迹、交通工作痕迹、枪弹射击痕迹、牙印痕迹、开锁与破坏锁痕迹检验等痕迹检验地重要项目也正式地被引进刑事科学技术的痕迹检验专业。

　　随着计算机、数码相机、扫描仪、数字电视等数字化设备的普及和 Internet 的迅速普及，传统的信息收集、处理和传播方式都在经历一场深刻的变革，科技的发展、社会的进步使得当下的刑事犯罪也出现了很多新的特点。公安机关破案工作的难度随着犯罪形式的智能、复杂和专业化程度的提高而不断加大，为适应新形势下打击犯罪的需要，克服传统技术的缺陷，将数据技术与痕迹检验技术相结合，使痕迹检验技术由过去的传授型、经验型、手工型向信息化、数据化、智能化发展，进一步提高痕迹检验的效率，掌握打击犯罪的主动权，更好地服务于公安工作和社会化生活的各个方面，为保证执法公正、公平促进社会和谐作出贡献。在 20 世纪 80 年代后，随着数据化技术、计算机应用技术等渐渐引入并应用于刑事技术工作中，痕迹检验技术人员也逐渐改变了传统的、使用人眼和放大镜为基础工具、利用鉴定人员的常识经验作出判断的痕迹检验方式。

　　20 世纪 60 年代后期，计算机技术已经应用于公安机关的日常工作中，1973 年，瑞典警察局首先建立了全国性的犯罪信息计算机辅助管理系统，开展犯罪的档案登记检索、人口管理、车辆管理及指纹识别等工作，提高了警察游案的效率。随着计算机技术的发展，计算机技术在刑事工作中的应用越来越多，欧美为代表的发达国家警察部门先后成立专口机构，研究计算机技术在刑事工作中的引入和使用，并于数字视频采集及处理技术、数字图像获取及处理技术、计算机打印文件检验技术、计算机数据证据的发现、提取、分析技术等领域科研技术的进步，我国公安机关也在 80 年代起加强了对计算化在痕迹检验技术的研究和应用工作，公安系统内部已经陆续开发出多种应用软件。

　　随着图像技术被引入到痕迹检验的专业应用中，痕迹检验技术中的显现、采集和固定化及痕迹检验的过程等具体工作都发生了巨大的变化。在传统的痕迹检验过程中主要使用银版摄影法对痕迹进行拍照固定，拍照当时不能对照片进行检验观看，而只能在对底片进行冲洗等化学制作环节之后才能检查痕迹采集的具体情况，当事后发现因拍摄技术问题和操作失误等造成的痕迹采集问题时，就需要再次回到案件现场进行提取，使得工作量大大增加，如果案件现场已经不再具备提取的条件时，就会直接对检验鉴定的结果造成影响，导致证据的缺失，影响案件的侦破。而数据化的图像拍摄技术在痕迹检验中应用时，既简化了拍摄过程，又能在拍摄过程中即时对拍摄效果进行检验和观察，可最大限度保证拍摄的质量，避免因技术和操作等原因造成的失误，能从根本上解决传统拍摄中产化的问题。此外，数码相机拍摄的照片可立即查看并通过互联网上传到指挥中心，大大减少了侦查破案的工作时间，提高了工作效率。

　　除将传统的模拟信号转换成为数字信号，痕迹检验的数据化提取技术也还包括了扫描技术。从扫描文字、图案，到现阶段的扫描立体三维痕迹，扫描仪的发展更是经历了一个巨大的跨越。如现阶段的天远三维 OKIO 扫描系统，可采集立体三维痕迹，得到其点云数据。并且能用 surfacer、Geomagic 等软件对数据进行测量、可视化检验等处理。

　　此外，涉枪案件通常造成十分恶劣的后果，属于重大刑事案件，必须尽快侦破，以保证社会稳定、人民生命安全。公安部门在涉枪案件的侦破过程中，通过犯罪现场收集的子弹弹头和弹壳证据，利用枪弹痕迹检验技术对证据子弹的弹头和弹壳表面的痕迹进行观察、分析，并通过与现有的弹痕数据进行相似性比对，从而找到对应枪支，为案件侦破提供重要线索和证据。传统的弹痕检验技术主要是通过人工比对方式，需要经验丰富的弹痕识别专家,通过显微镜观察弹痕表面的细节对两发子弹进行比对、识别,由于子弹数量巨大,整个子弹鉴定工作耗时长且工作量大,使得整个子弹鉴定效率很低。同时,通过人工比对,需要在该领域的弹痕检验专家通过直接观察比对子弹的弹痕,只能利用经验和弹痕检验技术给出主观性的鉴定结果,而计算机技术仅作为辅助,依靠人工观察的比对方法主观性大,识别速度慢,识别精度不能保证,且需要很多弹痕识别专家,消耗大量的人力。我国是一个禁止使用枪支的国家,所以公安部门、武警官兵及军队所使用的枪支都受到严格管理并进行枪支建档,但由于在枪支管理上还存在很多不完善之处,且伴随着境外势力的不断渗透,各种非法枪支流入境内,造成枪支种类也明显增加,加之个人改造的非制式枪型,实际需要进行刑事鉴定的子弹数量极大,这样就为案件侦破中对枪种认定和枪支同一性认定带来了极大困难,依靠传统人工弹痕比对方法已经很难满足实际弹痕比对工作的需求。因此,公安部门迫切需要解决弹痕鉴定速度、弹痕识别精度和弹痕数据化存储这三个方面问题,随着信息技术的发展,弹痕检验技术由传统的人工检验方式逐步转向利用计算机技术实现弹痕自动化识别技术。

通过上述的介绍,针对于现有弹痕检验技术中对弹痕检验速度、弹痕识别精度和弹痕数据库建立三个重点,利用计算机技术,建立一套基于三维弹痕信息的高效、高精度,且集成了弹痕数据库的弹痕识别系统符合当前我国枪弹痕迹比对实际需求,对提高枪击案件的侦破率都有着重要的研究意义和实用价值。

4.1.2 可行性论证

随着科学技术的发展,计算化技术中相应的成熟技术也逐渐被引入到痕迹检验中,痕迹检验技术也进入数据化的发展模式。公安机关的工作人员和相关学者通过对计算机技术的学习和引入,研发了适应于基层工作单位实际应用的系列操作软件,对痕迹图像实现自动分析、比较、检验和检索功能。在研究的初期,计算机技术只能对数字图像进行简单的、半自动的分析处理研究,代表国家是日本,在这一时期计算机只能对图像进行简单的处理和特征提取,但并不能得出检验比对的结论。伴随着人们对数字图像处理技术认识的加深和实际应用的增加,简单的、半自动的分析处理技术已经不能适用快速增加的工作量的需求,更多的学者专家开始投入到这一研究领域,代表的国家有英国、美国、日本、加拿大和中国等,使得痕迹的数字图像也逐渐进入到全自动化分析处理阶段。在刑事技术工作中针对痕迹检验的具体需要建立了分类的专业数据库,实现了痕迹数字图像的录入、存储、检索比对全自动化处理过程。如美国、加拿大等国家研制的枪弹痕迹自动比对检索系统,可及时准确对枪弹发射过程中形成的一些重要特征进行自动比对检索,在刑事侦查上发挥重要作用。

在痕迹检验的数据化进程中,相关研发人员根据痕迹的分类不同,分别建立了指掌纹样本库、鞋样样本库、枪弹痕迹与种类样本库等等诸多不同的数据样本库,不仅实现痕迹检验的自动化建档工作,还方便了广大基础专业技术人员对提取发现的痕迹进行自动的查询比对工作。在痕迹检验完毕后,我们可以利用计算机的自动办公软件或者是专业系统软件快速准确地出具痕迹检验鉴定文书,只需要一次的制作就可实现检验结果的反复输出,免除了副本制作烦琐复杂的多次重复劳动,而进行数据化存储也更加方便易行。随着现代痕迹检验技术的数据化程度的不断深入,痕迹检验技术需要与计算机技术结合起来,通过积极探索产生新的检验方法,引进新的相关科学技术,并在实践中得以具体的应用,最终在刑事技术领域发挥更广阔的作用。

预备检验、分别检验、比较检验、综合评断和痕迹档案管理是进行痕迹检验的工作程序,但进入痕迹检验数据化的发展阶段后,痕迹检验的工作效率大幅度提高,工作步骤也得到了提速和简化。为了体现出痕迹检验过程中的数据化进程,分为以下三个步骤:痕迹检验中采集过程的数据化、痕迹检验中检验过程的数据化和痕迹检验档案管理的数据化。

痕迹检验中采集的数据划分为图像采集的数据化和文字采集的数据化。因为在具体的痕迹采集中,无论采用何种提联方式,都需要采用照相法对痕迹加固定后而提取。而且为了在检验时尽量做到对后续检验无影响,或做到无损检材和少耗检材,一般情况下通过对实物上的痕迹进行照相,最终将其转化为图片信息进行检验。另外在痕迹检验工作中不仅需要检材,还需要了解检材的具体来源,采集方法等背景信息,并对检验的过程和检验结果做记录,为提高痕迹检验的准确率和后期审核打下基础,本节讨论痕迹检验信息获取数据化时将主要讨论痕迹的图像采集的数据化和文字采集的数据化。

痕迹检验的过程可分为痕迹预处理过程和痕迹检验过程。由于对痕迹及图像进行数据化采集后,需要对采集效果一般的痕迹图像先进行简单的预处理过程,如将痕迹视频先制成痕迹图像,然后综合对图像进行几何处理、算术处理、图像增强、图像恢复和图像的压缩编码等处理,可为提高痕迹检验的准确率和后续工作的开展提供保证。经过预处理过程后,再开展正式的痕迹检验工作,如进行直接观察、实验和图像比对痕迹检验工作完成后就需要制作痕迹检验档案及对档案进行管理。本节主要介绍数据化的痕迹检验管理工作取代手工管理及半自动化管理方式,为刑侦工作带来的高效与便利。

在数据挖掘领域里,离群点检测是数据挖掘中的一项重要技术,其目标是发现数据集中行为异常的少量的数据对象,其研究对象是数据集中偏离绝大多数对象的很小一部分了。在数据挖掘应用中,在很多场合下发现离群点比发现普通情况更有用、更重要。如在欺诈探测中,离群点可能预示着欺诈行为。在市场分析中,离群点可分析确定极低或极高收入的消费行为,在医疗分析中,离群点用于发现对多种治疗方式的不寻常的反映。离群点挖掘目前已经应用到了金融欺诈、网络监控、数据清洗、电子商务、职业运动员的成绩分析、故障检测、天气预报、医药研究、信贷信用等众多领域。与众多的普通通讯用户通讯特征相比,由于犯罪活动秘密,犯罪分子的通讯活动与普通用户存在很大不同,符合数据挖掘中离群点的定义。如何将离群数据挖掘技术应用到犯罪通讯痕迹的发现中,将他们从众多的各种通讯活动中分离出来,对公安侦察工作有着重要意义,不仅可以有效地破解现在公安侦查工作面对的一个难题,而且高速有效的犯罪通讯痕迹挖掘还能够导致一种新的犯罪预警机制的建立。

在枪弹枪痕识别方面,通过研究国内外相关领域的先进技术,枪弹痕迹的采集技术主要有两种:即2D弹痕图像采集技术和3D弹痕形貌数据采集技术。对2D弹痕图像采集主要是通过CCD相机获取弹痕图像信息。而3D弹痕形貌数据技术则是通过三维数据采集技术获取子弹表面痕迹的形貌数据。以2D弹痕图像数据为基础的弹痕识别研究,其基本原理是通过数字图像处理技术中相关知识对图像进行特征提取、特征匹配等处理,从而实现弹痕识别功能。而以3D弹痕形貌数据作为弹痕识别的数据基础,则首先需要对数据进行三维重构,并最终通过比较三维数据相似度作为弹痕识别的依据。高精度枪弹痕迹的数据的采集技术是实现弹痕自动识别的前提保证,所以弹痕数据高精度获取和立体化显示是该领域研究的重要发展方向。由于枪弹痕迹属于细小痕迹,其最小痕迹在微米级,这就需要弹痕采集设备的精度至少要精确到 1 毫米或更高级别,高精度的数据采集是整个弹痕识别系统的保证。在基于弹痕数据的识别和显示方面,虽然 3D 弹痕数据较之 2D 弹痕灰度图像,能够更为准确地反映出弹痕信息,但由于 3D 数据的数据量较大,不仅消耗大量的存储资源,同时也增加了比对时间。研究三维数据通过压缩等方法,用于减少存储空间,并研究有效的基于二维弹痕图像的特征提取方法,实现更有效弹痕识别,作为弹痕自动识别系统关键技术,一直是国内外该领域的研究热点。同时,2D 弹痕图像也包含了较为丰富的弹痕信息,且更富符合人类的视觉习惯,所以,有效的 2D 弹痕图像和 3D 弹痕数据融合方法研究是该领域的研究热点。由于国内采用的弹痕识别方法还主要是人工识别方法和基于 2D 弹痕图像间的相似度对比方法,由于基于 2D 弹痕图像的识别方法研究较少,且 2D 弹痕数据不可靠,均导致识别精度很低。因此利用将 3D 弹痕数据与 2D 图像融合的图像,并设计多种特征提取方法和匹配方法进行弹痕识别,是提高弹痕自动识别系统可靠性的发展趋势。随着社会进步和互联网技术的发展,网络化信息技术已经越来越受到人们的关注,随着跨区、跨国性案件数量的增加,建立一套具有网络共享的国际化弹痕识别系统是迫切需要的,通过互联网技术将各区域、各国间建立系统连接,实现资源共享,不仅扩大了数据容量,能够进行更为有效的查询检索,同时便于全世界弹痕比对工作者相互合作,能最大程度打击犯罪。本节还介绍了一套基于三维枪弹痕迹测量技术获取的高精度弹痕数据的检测系统,并以高精度的弹痕数据为基础进行有效的特征提取与匹配识别,最终通过多特征融合的多级检索策略实现的弹痕自动识别系统,针对该系统中的各部分模块的关键技术进行了介绍。

4.2　痕迹检验的数据化研究

4.2.1　痕迹采集的数据化

在痕迹检验过程中,任何现场的痕迹都需要被用作证据而应当从现场提取下来并保存其原有形态,供检验人员使用。提取痕迹的主要方法有:转移法,如通过特定的方法将痕迹物质转移到特定的载体上;制模法,如针对立体痕迹利用橡胶或石膏液制作痕迹模型;复印法,如用静电吸附提取粉尘痕迹;原物提取法,如针对小体积的痕迹实物和承痕客体直接进行采集提取;照相法,是在痕迹采集过程中各种痕迹提取都能使用的方法,既能做到无损采集,又能进行多次采集过程,而且照相法也是现在痕迹提取前必须进行的工作步骤,是保证痕迹原始性的必要手段。

痕迹的采集包括图片的采集和文字的采集,它是一个专业性很强的工作,只有全面、正确地采集才能反映现场勘查和痕迹检验的实际工作情况,痕迹的基础性作用才能得到发挥。

4.2.1.1　图像采集的数据化

图像自 1839 年发明后就已经被应用到取证之中,进入数字化时代后,图像的使用频率变得更高,模拟图像的替代者——数字图像因其具有环保、采集失误率低、使用便捷等优点在痕迹检验过程中发挥着愈来愈重要的作用。在痕迹检验数字化中,数字化图像的采集是痕迹采集的重要方式之一,主要是指接收现场中物体反射或放射出来的光波,并记录和储存,或通过其他科学技术设备获得图像资料的过程。图像的采集方法有很多种,目前我们最常用的采集方法有四种:利用数码相机直接拍照获取、将模拟图像利用扫描仪扫描、捕捉和利用绘图软件创建。在痕迹检验中,痕迹的采集必须是真实的、客观的反映,因此痕迹的图像采集主要利用前三种方法。

（1）利用数码相机直接拍照获取

检材的获取可利用数码相机直接对实物或痕迹进行拍照获取,并按数字格式存储。普通相机是通过物理和化学方法将被摄特征发射或反射的光线成像在焦平面并将影像记录于卤化银感光胶片上,然后经过冲洗得到能如实反应被摄物体的照片的机器。在传统的使用银版摄影法进行拍照时,拍照当时是不能对照片进行检验观看的,而只能在对底片进行冲洗等化学制作环节之后才能检查拍摄的具体情况,这时再对拍摄效果不满意已经无从改变了。而数码相机则是普通相机和电子计算机相融合的产物。数码相机相较于普通相机增加了一个信号转换机制,能将普通相机采集的光电图像转换为电信号后进行处理,并将其存在介质中,数码相机可直接与计算机相连,通过软件可将拍摄的数字图像数据转换成计算机中的图像文件并进行编辑处理,利用数码相机内部的程序还可在液晶显示屏上进行简单必要的图像编辑处理。

（2）将模拟图像利用扫描仪扫描

我们所获得的检化可能是实物痕迹拍摄成的模拟图片或已经打印的数字图片等非数字化的信息,在没有备份检材的情况下,将检材进行扫描转化为数字图像,即可减少对后续检验的影响,尽量做到无损检验,又能简化检验过程。常见的扫描仪有手持式、平板式和滚筒式三种。基本可满足扫描的需求,而技术的进步已经研制出三维立体扫描仪,已能对立体痕迹直接进行多方位的扫描。扫描过程中配合一定的扫描软件的应用可以预先确定扫描的区域、扫描类型、选定图像分辨率、确定扫描比例,调整图像的明亮度与对比度和进行一些基本的图像预处理,快捷地完成一些连续操作,提高工作效率。

（3）视频的捕捉

目前,计算机处理视频信号能力在不断加强,对摄像机、监控视频中的视频信号进行视频捕捉,可将其直接存储成数字图像文件,而在具体的痕迹检验工作中,视频信息也通常是通过捕捉为图像信息发挥作用的。对视频信号进行帧捕捉既可通过视频采集卡进行采集,也可利用操作软件进行视频截图。

4.2.1.2　文字采集的数据化

开展痕迹检验工作不仅仅需要获得检材,还需要查验现场勘验检查笔录。查看检材来源,了解案件发生的基本情况,如案件发生的时间、地点和现场勘查等情况,弄清现场痕迹遗留的情况、形成痕迹的条件、提取保管痕迹的方法和过程等,了解以往鉴定机关、鉴定人员鉴定的过程,鉴定结论及其依据分析的情况,然后对送检材料进行检查,检验材料的采集过程是否合理合法,能否作为检材使用,校对检材是否完整、有无变形,并从数量和质量上研究是否具备检验条件,进一步了解检验目的要求、设计检验方案。在进行检验鉴定后需要制作包含检验过程和检验结论的检验鉴定书,制作检验鉴定书是检验工作的最后一道程序,即完成了痕迹采集的另一个工作——文字的采集工作。因此,鉴于痕迹检验工作中文字发挥的重要作用,有必要对文字采集的具体工作进行深入的研究和探索。本节通过现场勘验检查笔录和检验鉴定书的基本制作过程和数字化的制作过程来探索文字采集的过程。

（1）现场勘验检查笔录的制作

现场勘验检查笔录是侦查人员在犯罪现场勘验、检查过程中,对与犯罪有关的场所、物品、尸体、人身等进行勘验、检查时,为固定犯罪现场状态,记录勘验、检查过程和结果而制作的非常重要的法律文书,是刑事诉讼中重要的证据之一。查看人员对犯罪现场上的物体变化状态和空间关系及对检查、勘验结果利用文字作出真实客观的记录描述即现场勘验检查笔录。现场勘验检查笔录是犯罪现场记录的主体部分,同时它和现场绘图、现场照相、现场录像作为重要的附件组成现场笔录证据体系,在侦查破案和刑事诉讼中具有重要的证明作用和证据价值。在制作现场勘验检查笔录时应当注意制作的顺序应当与现场勘验检查的实施顺序相同,并且记录的内容需要客观、准确,逻辑性强,简明扼要,重点突出。记录的语言文字要准确、精练、规范,计量单位均应当使用国家标准,在现场勘验检查笔录制作完成后,应当由勘查人员对其内容进行核对审查,确认无误后签名盖章。

（2）检验鉴定书的制作

许多物证都必须进行检验、鉴定,才能发现和固定物质属性、外部特征,发现其证明作用,进而派生出一种新的证据形式,即鉴定结论。而对物证的检验、鉴定的过程和鉴定结论的记录工作即是检验鉴定书的制作过程,检验鉴定书是鉴定结论的物质载体。检验鉴定书是痕迹检验的最后一道程序,它是揭露和证实犯罪的诉讼证据,同时又是审查、研究检验过程和结果是否科学和可靠的客观依据。因此在制作检验鉴定书的过程中应当依照痕迹检验鉴定书的制作规范要求进行编写,不能自行省略或添加内容,描写过程要客观、简练。检验鉴定书中的检验部分和结论部分确定的内容都应当有根据,并且经过严格论证,这样形成的检验鉴定书才能够具有证据意义,发挥证明作用。

（3）现场勘验检查笔录和检验鉴定书制作的数据化

在公安机关办案实践中,现场勘验检查笔录和检验鉴定书是公安机关人民警察执法活动的客观记录和书面反映,是公安机关执法活动中固定证据、记录执法活动过程和结果的文字载体,是保存执法活动资料备检查公安工作合法性的必要手段和重要文字材料。制作好公安机关现场勘验检查笔录和检验鉴定书对于痕迹检验工作意义重大,不仅关系到痕迹检验鉴定过程能否顺利开展、得出准确的鉴定结论,更关系到能否为刑事工作的展开提供有效线索,提升公安机关执法办案的水平。

数据化的文字采集技术的优点主要有:解决了传统纸质文件使用中交流和传递过程因载体原因受到的限制,实现了远距离网络化传输;能够利用计算机调整运算能力和强大的逻辑判断能力,实现高速检索;实现了文字资料高密度、大容量、小型化、低价格的海量存储;依靠多媒体技术,实现文字、图片等多种信息的有机结合和一体化处理;利用现代化管理技术,可实现文字资料的采集、流转、立卷、归档过程构成一个连续、步骤明确的整体,从而大大提高办案效率和执法效果。计算机系统中的文字处理软件和公安部门组织研发的系统化软件在全国公安机关的推广使用,促进了文字采集工作由传统的手工方式向数字化方式的转变,改变了手工制作现场勘验检查笔录和检验鉴定书耗时费力的现状,实现了制作现场勘验检查笔录的规范化和检验鉴定书的标准化。

4.2.2　痕迹检验的数据化

4.2.2.1　预处理过程

痕迹检验预处理是指在对痕迹及图像视频进行数字化采集后,对采集效果一般的痕迹及图像视频先进行简单的预处理过程,如对图像进行几何处理、算术处理、图像增强、图像恢复和图像的压缩编码等数字图像的处理等,这些处理可为提高痕迹检验的准确率和后续工作的开展提供基础保证。数字图像处理是指利用计算机将图像信号转换成数字格式并进行处理的过程,最早出现在 20 世纪多少年代。在痕迹检验中,数字图像处理技术可对模糊图像或视频进行处理,在提取物证时对淹没或隐藏在各种介质中的细节信息进行提取和增强,并消除与案件无关的信息,提高证据的可检验度。数字图像处理的主要方式有:合成、增强、编码、变换、恢复及分割等方面。应用技术涉及数字、计算机、模式识别等多个学科。根据痕迹检验学科的实际需要,从痕迹检验预处理的角度来看,需要对图像进行的处理包括五个主要内容:图像的几何处理、图像的算术处理、图像增强、图像恢复和图像的压缩编码。

(1)图像的几何处理

图像的几何处理是指对图像进行放大、缩小、旋转、移动等一些简单的操作过程,还包括扭曲图像的校正和数幅图像的配准等。图像在形成过程中,由于成像系统自身在非线性中拍摄时视角的不同,会产生的图像几何失真,这时就会需要一幅标准图像去校正另一幅失真图像中景物的几何形状,即图像的几何校正。在刑事现场中遇到圆柱、凹凸面或倾斜表面的痕迹,还有鱼眼镜头拍摄的变形照片等,均需要对失真的图像进行精确的几何校正,一般校正的内容包含对图像空间坐标的变换和确定校正空间中各像素点的义度值两项。

(2)图像的算术处理

图像的算术处理是指对多幅图像进行矩阵点的相加、相减、相乘、相除运算而得到新图像的一种运算,另外还可以通过适当的组合而得到更复杂的算术运算,有时也可能涉及对多幅图像的运算。图像的加法运算是对两幅同样行列像素数的图像,将对应的像素灰度值相加的运算。为了消除图像中的随机噪声,可把拍摄内容相同的数张影像进行叠加,另外在多光谱图像中,通过加法运算可以加宽波段,如将绿色波段和红色波段相加可得到近似的全色图像,绿色波段、红色波段和红外段图像相加可到得全色红外图像。图像的减法运算就是对拍摄的相同内容的景物在不同时间段分别进行拍摄的图像或相同内容的景物在不同波段的拍摄图像进行减法运算,这种处理方法可以有效地消除图像背景、将混合图像进行分离或者用于检测运动物体。图像的乘法运算则主要可以用来遮盖图像的部分区域,实现灰度变换并获得掩膜图像。图像的除法则是用来校正图像中的灰度阴影或者用来消除空间可变的量化敏感函数。

(3)图像增强

图像增强是人为地进行选择,对图像中感兴趣或机器分析有用的信息部分进行加强,对图像中无用的信息或没有兴趣的部分进行消除或弱化的一种处理技术,它是数字图像处理技术的基本内容之一。图像增强的目的是突出图像上感兴趣的内容,使得从视觉效果上看,图像的某些特定信息能够得到加强,变得明显,而处理效果的评价依据人的主观感受为主。值得注意的是,图像增强不是信息的增加,它只增大所关联的信息的动态范围,使之更加便于观察和检测。

（4）图像恢复

图像恢复也即图像复原，是对模糊图像进行校正处理、滤除退化痕迹，恢复图像本来面目的一种图像处理技术，其操作主要是针对图像退化的原因所做的补偿，消除干扰因素，去除模糊部分，恢复图像的初始面目，使恢复后的图像尽可能地接近于原图。

（5）图像的压缩编码

图像的压缩编码是为了方便图像的存储、传送和处理而诞生的一种图像处理技术。通常情况下对一幅图像经过采样和量化的处理后会到得到一个数据量非常大的二维数组，比如，一幅 320×240 像素的 24 位真彩色图像，其数据量为 320×240×24 位，需要占用约 112 KB 的存储空间，相当于 11.5 个汉字，因此对图像进行距缩编码是极其必要的。一般情况下，因为经过处理的原始图像中大量冗余度的存在，而且当用户对图像的失真在一定范围内作出许可时，对图像进行压缩也是切实可行的；另外用户对图像的信息不完全感兴趣，这样就可以利用特征提取或图像识别的方法，丢掉大量无用信息而只提取有用的信息。目前最常用的方法有去除冗余编码、变换编码、神经网络编码等。

4.2.2.2 痕迹检验过程

在痕迹检验当中，样本是已知的物品或痕迹，用来与被称为检材的原始物证材料进行属性、特征比较的客体，样本不具有证据的意义，它可根据检验工作的需要收集或通过实验获取。在痕迹检验中，样本可细分为实验样本和自然样本两种。实验样本是利用嫌疑工具或使嫌疑人在模拟现场痕迹形成的条件下再现的痕迹形象，如用送检的嫌疑工具在模拟现场条件下制作的工具痕迹样本。而自然样本是指嫌疑人或物在平时自然状态下遗留的痕迹，如嫌疑工具在平时使用中留下的痕迹，可收集来供比对检验。痕迹检验过程中最基本的检验方法是对样本和检材的观察与比对，检验方法可分为直接观察、实验和图像比对三步。

（1）直接观察法

直接观察是痕迹检验的初始，也是痕迹校验最基本的方法，是痕迹检验技术人员通过感官或借助某些工具、仪器，有目的、有计划地认识痕迹特征及其周围事物的联系。

在数字化的痕迹检验观察过程中，要借助一些现代化及数字化的工具、仪器对某些细小或不易见的痕迹进行观察与测量，观察与测量仪器和工具是人体感觉器官功能的延伸扩展，它可以克服观察主体的某些感官局限性，扩大感知的范围，还可克服感官的不精确性，使观察结果达到精密的量化，克服感觉器官反应速度的局限性来了解运动着的客体形态。例如：人的视力在正常视力距离内的分辨能力为 0.09~0.1 毫米，借助显微镜观察，可使分辨率达到 200 埃（1 埃 = 10^{-10} 米），人的视网膜只能感受波长为 390~700 纳米的设备，对黄绿光的视见率为 1，对红外线和紫外线的视见率为 0，若借助多波段光源等光源仪器，便可以拍摄客体反射红外线或紫外线的图像；人的两个神经冲动之间的感官反应周期一般为 1/50 秒，如用高速摄影器材可观察弹丸脱离枪口飞速运转的轨迹。但观察仪器不是万能的，它缺乏直接观察那种生动的整体效果，有时还会因为仪器功能和设计等问题而出现观察误差。因此，应根据观察客体的性质和观察任务决定是否采用仪器观察，及选择何种功能的仪器进行观察，如足迹检验，一般可采取直接观察的方法进行，而工具痕迹的检验则需要应用显微镜等观察仪器进行。

（2）模拟实验法

痕迹检验中的实验,是通过对现场痕迹形成时的条件等因素进行模拟,通过人为控制的方法使痕迹再现的过程。通过实验可实现以下三个目的:验证痕迹形成的条件和过程,正确分析犯罪情节,以便准确地提供侦查线索和范围;验证痕迹特征变化的原因,正确地评断痕迹检验中发现的差异点,从而有助于作出正确的鉴定结论;制作可供比对检验用的实验样本。为了获得理想的实验效果,必须先对痕迹形成的条件,包括造痕体遗留痕迹的部位、作用力的方式和角度、承痕体的性质等因素进行认真分析。在实验过程中应当坚持不得破坏物证和检材的基本原则。痕迹检验工作数字化后,检验人员可以直接将分析得到的影响痕迹产生的各种因素输入到现场模拟的各种软件中,用数字化技术将痕迹产生过程进行重现,并且能够制成各种情况下的痕迹实验样本,减少人工进行实验时由于人为因素对实验的结果造成的不良影响,最终保证实验的准确性和有效性。

（3）图像比对法

图像比对检验是痕迹检验比较检验的核心,它主要是将检材与样本的图像进行对照分析,发现特征的异同点,为综合评断做准备的过程。在痕迹检验过程中供比对的图像主要包括:原物图像,即物证本身和样本的形象及其投影图像;复制图像,即采用摄影、复印、铸模等数字化手段制作的物证和样本的图像;分析图像,即通过仪器对客体的属性进行分析所获得的图像,如光谱图像等。利用数字化技术展开的痕迹检验工作可以省去手工对图片进行检验和比对的烦琐工作,直接在计算机的图像处理软件中进行图像测量、特征的标注、图像的比对等各项工作,而痕迹检验数字化后的比对工作又可结合人工进行审查,通过计算机自动比对和人工审查两个环节不仅加大比对的范围,同时又能够提高比中的概率,使得痕迹检验工作的开展更为有效、便利。

4.2.3　痕迹档案管理的数据化

痕迹档案的收集、整理、统计、保管、检索、利用等都是痕迹档案管理的重要内容。本节将从各步工作的具体数字化发展技术来研究数字化对痕迹档案管理工作的影响。

（1）痕迹档案的收集

痕迹档案的收集工作是通过一定的制度和手段,将分散的痕迹资料采取、收集,形成档案部门的专门档案资料。痕迹档案的管理工作是从痕迹收集开始的,由于各级刑侦部门和公安派出所在侦破处理案件中所涉及的涉案痕迹数量众多,高度分散,因此需要由专门的机关对基础档案管理部门对案件中的痕迹进行采取、挑选、收集,保证所收集的痕迹材料符合档案要求,并指定专人负责痕迹材料的检收、登记工作,充分认识档案收集工作的重要性和档案资料的保存价值,增强做好痕迹档案建设的自觉性。痕迹的采集由最初的原物采集法到数字照相法到最新的痕迹采集仪,经历了由复杂烦琐的采集办法到一站式采集办法的转换工作,如样本手印痕迹的采集,最初时需要采用涂染按捺的方式在卡片纸上获取。随着样本手印数据库的建设,可采用数字照相法对按拾样本手印采集入数据库进行统一管理。现阶段的样本手印痕迹采集已经发展到使用采集仪直接对手印进行采集,如最新的活体指掌纹采集仪,利用最先进的光学成像对指纹、掌纹痕迹进行采集,采集图像清晰度高,采集结果可直接入痕迹档案数据库进行管理,免去痕迹收集过程中由于再次采集造成的痕迹质量的缺损和工作的重复。

（2）痕迹档案的整理

痕迹档案数量非常浩瀚，种类和类型极其复杂。痕迹档案的整理就是为了解决指纹档案数量庞大、存放凌乱无序的状态，利用查档的特定需要与档案量的巨大之间的矛盾推动人们去探索查找所需要的痕迹档案的优选法并对痕迹材料进行整理。痕迹档案的整理是痕迹档案管理工作的重要部分，是保证整个痕迹档案管理工作有序开展的重要基础性工作。痕迹档案整理的主要内容包括：编号登记、分析、校核、储存、档案整理。

痕迹档案的整理工作从阶段上又可分为前期整理和后期整理。前期整理主要是针对痕迹采集部门报送的尚未整理的痕迹材料，对这些材料进行整理存储；而后期整理则是针对已经储存的痕迹档案中的材料，清理那些已经失去作用的、重复的痕迹档案。在痕迹档案发展至自动化管理阶段，痕迹档案在采集时就已经由计算机系统直接进行分类整理并存储，并对已经采集的重复痕迹材料进行定期删除整理，大大地提升了痕迹档案整理的工作效率。

（3）痕迹档案的统计

由于痕迹档案的数量较多，要实现科学管理，还需要对档案的各类情况进行全面了解，做到心中有数，并为痕迹的研究工作提供数据。痕迹档案的统计工作是对痕迹的种类、类型、档案的收集、删除、整理、保管、利用等数量和变化情况进行统计，便于了解情况，规划工作。为了对痕迹档案实行自动化、数字化管理，各有关部门和公司机构研制的各式各样的痕迹数据样本库都包括对痕迹档案的自动整理和统计功能。

（4）痕迹档案的保管

痕迹档案的保管是痕迹档案管理的一项长期的、重要的基础工作，具体包含档案的日常维护和管理，及确保档案的完整和安全等重要内容。由于自然的、社会的和人为的各种原因，痕迹档案会发生不同的变化，如痕迹的损毁、纸张变质、字迹褪色，甚至可能发生突发事件造成不可避免的损失。为了更长远、更好地利用痕迹档案，需要采用一切科学技术手段和方法保护痕迹档案不受到损害，采取各种保护措施，保证档案的完整、齐全，以延长痕迹档案的使用年限。

（5）痕迹档案的应用

痕迹档案的运用是指运用一定的方法和手段，通过对痕迹档案的检索、查对、鉴定或直接或间接的方式将痕迹档案资料提供给利用者，向刑事侦查部门直接提供痕迹档案信息，为刑事侦查破案服务的工作。痕迹档案的应用有两个方面的含义，一是运用痕迹档案，二是痕迹档案提供运用。运用痕迹档案是痕迹检验部门为了检索、查对、鉴定痕迹来到痕迹档案管理部门使用痕迹档案；痕迹档案提供运用，是指痕迹档案管理部门为了满足运用，向痕迹检验部门服务的工作。运用痕迹档案是痕迹检验部门的任务，提供运用是痕迹档案工作者的职责，两者结合才能充分发挥痕迹档案的作用。痕迹档案的应用是痕迹档案工作为痕迹检验乃至刑事侦查工作服务的手段，它的应用体现了整个痕迹档案工作的作用，是痕迹档案存在和发展的基础，做好痕迹档案的应用工作，对于痕迹档案事业的发展具有重要意义。

4.3　数据挖掘在指纹识别中的应用

4.3.1　基本原理及流程

指纹识别技术通常是通过取像设备对指纹图像进行读取,然后利用计算机识别软件提取指纹的特征数据并进行一些数据处理,处理后的数据才可以用于指纹匹配,最后通过匹配算法得到最后的识别结果,根据结果确定匹配者的真实身份。指纹识别技术主要涉及指纹图像的采集、指纹图像预处理过程、特征提取和分析、数据的整理和保存、特征值的比对等过程。先是通过指纹采集仪设备采集到人体指纹的图像,并对采集后的原始指纹图像进行初步处理,使指纹图像中拥有的特征信息更明显。然后,建立指纹特征数据库,将提取的指纹特征转化为数字信息并存入指纹数据库,显然这种转化是一种单方向,不可逆的,即可以从指纹转换成特征数据,却不能从特征数据再转换成为指纹,而两个不同的指纹是不会产生相同的特征数据。特征文件存储的是从指纹上找到被称为"细节点"并转化为数据信息的数据,这些"细节点"也就是那些指纹脊线上的分叉点或者末梢点。有些算法把特征点融合了方向信息从而组合产生了更多的数据,这些方向信息说明了各个特征点之间的关系,也有的算法直接处理了整幅指纹图像。总之,上面所说的这些数据,通常称为模板。不管它们是怎样组成的,至今仍然没有一种很好的模板标准,也没有一种大家公认的抽象算法,一般都是各个厂商自行其是。最后,通过计算机模糊比较的方法,将两个指纹的模板进行特征比较,计算出它们之间的相似度,最终得到两个指纹匹配的结果。

指纹识别系统的基本流程主要是指指纹获取、指纹图像预处理、指纹特征提取、特征匹配等几部分组成。

指纹获取是指利用指纹取像仪器来获取目标手指指纹。指纹取像仪器可以分为三类:光学取像仪器、晶体传感器以及超声波扫描。光学取像仪器主要依据指纹的生理特征和光的全反射原理设计。

在指纹识别系统中,指纹图像的预处理过程是指在进行指纹特征提取、指纹匹配等操作前的准备过程。在指纹图像采集过程中,由于表面皮肤的特性、采集条件及成像传感器性能差异等各种原因的影响,采集后的指纹图像是一幅含多种不同程度噪声干扰的灰度图像,比如指纹脊线可能被断开、桥接或者很模糊等,这种粗糙的指纹脊线结构严重地影响了指纹识别系统的性能。

指纹的全局特征主要是用来进行指纹分类的。将指纹按照其全局特征进行初步分类并存储在数据库中,这是一个很重要的数据库索引方法,能减少查询花费的匹配时间。但是由于指纹的全局特征不能唯一地识别指纹。指纹的唯一性是由其局部细节特征来决定的。科学家Gallon最早在指纹分析中引入细节特征点的概念,他指出指纹存在的四种基本细节特征点:断点、分叉点、短线和眼型线。后继的研究者在此基础上又进行了扩展,到目前为止已经约有上百种不同的局部细节特征点。但这些细节特征出现的概率并不是均等的,他们在很大程度上受到输入条件和指纹本身的影响,并且大多数细节特征在一般情况下并不出现。

指纹中最常见的两种细节特征点:脊线端点和脊线分叉点,它们一般被用来作为指纹的区分重要标志,这些细节特征点的相对位置可以来表明指纹的特征。脊线端点是一条脊线终止处的位置;而脊线分叉点定义为两条脊线相交的位置。一幅质量较好的指纹图像中应该有 70~80 个这样的细节特征点,而在质量比较差的指纹图像中大约只有 20~30 个这样的细节特征点。细节特征的坐标可以直接标识该指纹,因此特征提取的好坏直接影响了以后指纹匹配的结果,所以特征提取是指纹识别系统的最为关键的一部分。如果输入图像的质量很好,就很容易确定其结构,而此时的特征提取就只是从细化的脊线上得到细节特征点的简单过程。但实际上,因为受很多因素的影响,输入指纹图像并不能具备很好的脊线结构,这使得特征提取的准确性受到很大的影响。

在进行特征提取的过程中一般都要进行细节特征点处理。一般在提取细节特征点之前,我们将对细化后的指纹图像进行去噪,这样就可以大量减少伪端点和伪分叉点的数量。尽量去除指纹图像边缘的细节特征点,特别是在图像边缘提取出的端点,几乎 100% 是伪端点。细节特征点提取后还要进行伪细节点的去除但目前大多数算法都是经验算法,如相邻细节特征点距离不能小于一定像素,否则认为其为伪细节点。对最终取到的每个细节特征点,我们一般会记录其类型、相对参考点的位置关系。有些系统记录了更多的信息,如细节特征点的相互位置关系、细节特征点到其他细节特征点的距离、细节特征点到图像中心点的距离、细节特征点之间的脊线数等。像这样,就将一幅指纹图像转化成了一个由细节特征点组成的平面点集。

指纹匹配方法中最典型的是根据指纹的细节特征点进行唯一匹配,指纹的细节特征往往很多,根据他们出现的概率和稳定性,我们常选用脊线端点和脊线分叉点来进行指纹匹配。统计数字表明,每个指纹中平均有一百个细节特征。在人工查对时,两个指纹间只要有十二个细节特征点类型及其相对中心点的位置相同,便可以断定这两个指纹是从同一个人的同一个手指上得到的。在整个指纹识别系统中,指纹图像预处理和细节特征提取是两个关键步骤,直接关系到最终结果的好坏。图像预处理的主要目的就是由输入的灰度图像得到适合于细节特征提取的图像,细节特征提取一般采用的是脊线跟踪法的基本思想,直接对灰度图像进行脊线跟踪,并在跟踪过程中检测细节特征点。

4.3.2 算法分析与研究

传统的基于细节特征点的指纹识别算法忽视了指纹图像中丰富的脊线纹理信息。因此如何将指纹的纹理信息与细节特征点融合起来,是一个提高指纹识别算法准确率的研究方向。

Gabor 滤波器以其在空域上良好的方向选择性,以及良好的频域选择性而在计算机视觉领域特别是纹理分析方面和人脸识别技术上得到了广泛的应用。本节将利用 Gabor 滤波处理的方法将指纹纹理信息融合到细节特征点指纹识别方法中,提出以细节特征点为中心在四个方向上进行 Gabor 滤波处理的算法,通过滤波方向标准偏差距离的方法来计算指纹间的相似度。传统的基于细节特征点的指纹识别算法主要依赖的细节特征点是末梢点和分叉点,我们知道细节特征点的选取直接影响了指纹匹配的最终结果,本节在对细节特征点类型上进行了扩充,丰富了细节特征点的选取,考虑到每个细节特征点权重是不同的,因此在指纹识别上应该各有侧重点,于是对不同的细节特征点进行权值分配,保证了指纹识别的可靠性。

通过第二章的介绍可知,指纹的细节特征类型选取决定着指纹识别的最终结果。指纹上的这些局部特征,是人各不相同的本质所在。针对这种情况,我们在对传统的细节特征点的基础上进一步划分为末梢点、分叉点、环、毛刺、桥、孤立点六种类型。

我们利用细节特征点的拓扑和结构信息对细节特征点进行可靠性标记,将可靠性较高的细节特征点标记为"最可靠的细节特征点",可靠性中等的细节特征点标记为"较可靠的细节特征点",可靠性最差的细节特征点标记为"不可靠的细节特征点"。最后将细节特征点可靠性的方法应用到了指纹细节特征点特征匹配中。

分叉点的各个分支和邻近的脊线基本是呈平行关系,而位于中心点区域和三角点区域的分叉点则不满足这种关系,依据细节特征点的可靠程度的不同而呈现出不同的平行程度。根据这一特征可以用来判断分叉点可靠性。

相邻的脊线之间一般距离保持不变,呈平行关系。而脊线的末梢点则不满足这种关系,不同可靠程度的末梢点根据其拓扑结构的不同会呈现出不同的几何关系。这一特性则可以用来判断末梢点的可靠性。

对于其他细节特征点,由于出现的频率不是很大,我们都将他们标记为不可靠细节特征点。利用细节特征点可靠性的方法对细节特征点匹配算法进行改进,对待不同的细节特征点在匹配时给予不同的权重,使不同细节特征点在匹配过程中的重要程度得以区分。

在图像处理、模式识别以及计算机视觉等领域中,Gabor 滤波器得到了广泛的应用。Gabor 滤波器是一个用于边缘检测的线性滤波器。Gabor 滤波器的频率和方向表示接近人类视觉系统对于频率和方向的表示,并且它们常用于纹理表示和描述。一个二维的 Gabor 滤波器是一个正弦平面波和高斯核函数的乘积,可以在空间域和频率域同时取得最优局部化的特性,与人类生物视觉特性非常相似,因此能够很好地处理对应于空间频率尺度、空间位置及方向选择性的局部结构信息。Gabor 滤波器是自相似的,也就是说,所有 Gabor 滤波器都可以从一个母小波经过膨胀和旋转产生。实际应用中,滤波器可以在频域的不同尺度,不同方向上提取相关特征点。

Gabor 变换是一种短时傅里叶变换方法,其实质是在傅里叶变换中加入一个窗函数,通过窗函数来实现信号的时频分析。当选取高斯函数作为窗函数时,短时傅里叶变换称为 Gabor 变换。

用 Gabor 变换进行特征匹配的算法,首先需要在整个图像中找到一个参考点作为中心以这个中心对整个图像进行分块处理再将图像分成 m 个分块,然后对图像进行 Gabor 滤波变换,最终形成 n 个滤波变换后,利用 m * n 个分块内的标准方差作为特征值,形成维特征向量进行相似性比较。

基于 Gabor 滤波变换融合纹理信息的细节特征点算法是在利用 Gabor 变换进行特征匹配的算法基础上,以图像中的每个细节特征点作为中心进行分块和 Gabor 滤波变换处理,以对应分块对应滤波方向的标准偏差的距离作为特征进行相似性度量,具体流程如图4-1 所示。

本节应用融合算法在公安指纹信息系统时,首先将该算法在 MATLAB 环境下实现,从公安指纹库中抽取部分指纹样本导入 MATLAB 中,作为算法实验的对象,考虑到公安指纹信息系统采用 B/S 架构,基于 Java 语言实现,在将融合算法应用于该系统时,可以通过 Java 调用 MATLAB 文件包实现。

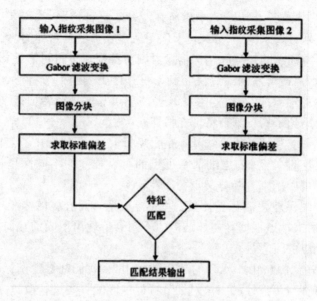

图 4-1 基于 Gabor 变换的指纹匹配过程

4.3.3 方法的验证与应用

我们选择从公安指纹信息库(NEC)中的指纹图像来测试本书提出的算法。数据库对指纹进行了分类,形成具有针对性的指纹信息类库,覆盖了各种质量、各种类型的指纹,具有非常高的应用价值。我们对上面中提出的指纹识别改进算法进行测试。同时,为了分析和比较基于多种方法融合和单一的指纹识别方法之间的性能差异,还测试了用于融合的每一种指纹识别算法,即总共测试四种指纹识别算法。我们对这四种指纹识别算法都使用相同的测试步骤,以方便进行比较。

评价一个指纹识别算法,应该从指纹识别的准确性、速度、占用内存等多个角度进行全面的评价,以下是一些比较常用的测试指纹识别性能的指标:

● 识别率(RR):指识别正确指纹的比率。

● 拒识率(FRR):又称拒真率或错误拒绝概率,是指将相同的指纹误认为不同的指纹而加以拒绝的出错概率。

● 误识率(FAR):又称认假率或即错误接受概率。

● 平均每枚指纹匹配时间(MRT):每次指纹匹配所需要的平均时间。

● 存储模板的大小:登录指纹时每枚指纹的模板所占用的空间。

本节使用识别率、拒识率、误识率、平均匹配时间来作为指纹识别算法优劣的评测标准。对 NEC 中的指纹数据库进行测试,每个数据库测试样本数量为 1 000 枚指纹图像。结果见表 4-1。

表 4-1 NEC 指纹数据库测试结果

方法	RR(%)	FRR(%)	FAR(%)	MRT(s)
传统细节特征点算法	88.7	5.2	4.1	0.113

表 4 – 1(续)

方法	RR(%)	FRR(%)	FAR(%)	MRT(s)
基于 Gabor 特征的识别算法	95.2	1.9	2.3	0.272
细节特征可靠性标记算法	91.4	1.4	2.0	0.191
Gabor 特征与细节特征的融合算法	97.2	1.0	1.5	0.303

可以发现,指纹图片质量越好指纹识别效果也将越好。另一方面基于特征的指纹识别方法以及细节特征点可靠性标记的改进算法都有效地降低指纹识别的误识率和拒识率。从表中我们也可以看出,引入纹理信息之后,一枚指纹的匹配时间比传统的细节特征点方法长很多,这是因为利用变换引入纹理信息的方法需要对每一对待识别细节特征点和模板细节特征点进行匹配,其算法复杂度为 $O(n^3)$。在实际的实时指纹识别系统中,可能不需要较高的识别率,但对指纹匹配时间要求非常高的时候,这种方法就并不一定非常适应。但是如果是离线的指纹识别系统对指纹识别率要求非常高,但对指纹的识别时间不是非常严格的时候,基于特征和细节特征点可靠性标记的融合算法会有一定的应用前景。

4.4　数据挖掘在枪弹痕迹识别中的应用

4.4.1　弹痕图像的预处理

枪弹痕迹图像的采集是弹痕识别的基础,高质量的弹痕图像更是提高识别率的关键保证。在基于弹痕图像的弹痕识别过程中,采集的弹痕图像质量的好坏将直接影响基于弹痕图像的特征提取以及基于提取特征的分类等一系列操作,不准确的识别过程将无法保证识别的精度。因此,采集高质量的弹痕图像是基于弹痕识别、检索性能好坏的前提保证,下面将就基于弹痕数据采集和预处理环节的关键技术进行研究。

弹痕识别是基于枪弹痕迹检验技术的基础上进行的研究,弹痕检验技术主要是通过子弹表面的立体痕迹对两发子弹进行比对、识别。根据第一章中的介绍可知,传统的弹痕识别方法,多弹痕 2D 图像数据,结合图像处理技术,对弹痕的纹理特征、结构特征进行研究。但在二维图像的过程受外界干扰较大,对拍摄环境、拍摄角度和拍摄质量等拍摄指标要求很高,而且通过灰度变化反映纹理信息的方法也会造成有效信息的丢失,不能保证弹痕实际形貌信息客观表达,已经无法满足弹痕比对的实际要求。此外,由于弹痕纹理信息的微观性质,比如,手枪子弹的弹头膛线痕迹宽度大约为 1.3 毫米左右,而线纹深度最小分辨率仅为 0.9 微米,如何能够将这些细小线条准确地采集,对数据采集系统的精度要求很高。

根据以上需求分析,本书的弹痕自动识别系统中的弹痕数据采集分系统采用了一套高精度、速度较快且操作简捷非接触式三维弹痕测量设备。

枪弹痕迹图像采集过程分为弹头痕迹采集和弹壳痕迹采集两部分,通过分析弹头痕迹和弹壳痕迹有效特征的形成原理和出现区域,采集特定区域的弹痕特征提高弹痕识别率的有效方法,弹头痕迹和弹壳痕迹的获取过程中首先要将弹头样本和弹壳样本固定到弹痕采集配套的载弹器上,并将载弹器固定在云台上,其中弹头需要水平放置,弹壳需要垂直放置。由于放置样本过程通过人工完成,所以子弹样本放置位置、方向可能会存在差异,即使微小的差别,同一发子弹的弹痕数据也会出不同程度的旋转、平移。而且实际应用中,子弹个体之间的尺寸、变形程度也不尽相同,所得到的弹痕图像中痕迹的大小不一致,这些都不利于进行弹痕识别。针对这些问题,本书提取出了有效的弹痕特征采集区域定位策略。

通过对弹壳痕迹的研究可知,弹壳痕迹主要通过撞针痕迹和弹底窝痕迹反映了枪机结构的形象特征和条纹特征。所以针对弹壳痕迹图像,本书的感兴趣区域主要集中在撞针痕迹区域和弹底窝痕迹区域,所以针对弹壳痕迹识别特征区域图像采集过程如下:

整个弹壳底面区域中包含了弹底窝痕迹和撞针痕迹的弹壳痕迹区域。利用三维弹痕采集系统中上位机软件界面中添加了弹壳痕迹定位功能,在弹壳识别特征采集区域定位软件中的区域定位功能测定采集区域,首先,基于手动调整圈定弹壳弹底窝区域、撞针痕迹区域(如图4-3a所示)。然后,通过软件的中的图像截取功能,手动圈定具体弹壳识别特征的区域(如图4-3b所示)。最终通过调节截取框的比例,固定采集图像的尺寸、分辨率,保证了图像的采集条件一致。本书中所采用的2D图像大小均为672×460,同时保存相同分辨率的3D数据,如图4-3c所示。

图4-2　弹壳痕迹识别特征采集区域定位过程

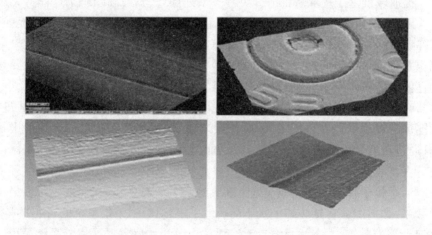

图4-3　利用三维点云显示软件显示的3D弹痕图像

由于在弹壳痕迹图像中,还包含了很多由于枪支建档的标识和如指示杆痕迹、抛壳挺痕迹等弹壳宏观痕迹特征,这些特征都作为弹痕检索中的相关信息用于一级检索,并不适用于本书设计的弹壳痕迹特征提取方法,所以采用上述弹壳痕迹识别特征采集区域定位策略是十分必要的。

　　三维枪弹痕迹采集设备能够获取了反映子弹表面形貌信息的三维点云数据,三维点云数据必须使用三维点云显示软件才能显示,如图4－4所示。

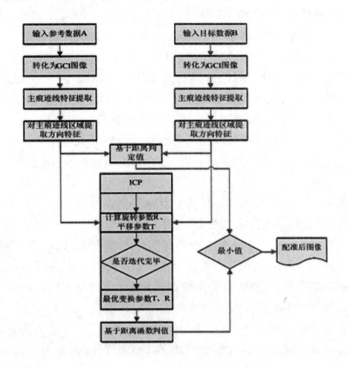

图4－4　基于 ICP 的配准算法流程图

4.4.2　弹头痕迹的特征提取与匹配

　　第二章介绍了弹痕痕迹的形成原理、形成过程、存在区域、特征类型等弹痕痕迹特征,其中分析弹头痕迹的一般特征和个别特征,其中线膛痕迹中膛线数量、旋向、膛线宽度作为弹头痕迹的宏观特征,可以通过直观观察进行区分,且公安机关对该类痕迹特征测量的方法也较为完善,所以弹头痕迹宏观特征可以作为弹头痕迹的相关信息直接录入到弹头痕迹图像数据库中,丰富知识库信息,用于初级识别检索。而弹头上细小微观纹理痕迹间差别是无法单纯通过人眼进行区分的,需要通过显微技术才能观察细节,但这些微观擦划痕迹才是区分枪支枪管内部枪机结构的主要比对特征,所以在本节中,主要研究了基于纹理丰富的弹头痕迹图像的特征提取方法。

　　目前,弹头痕迹特征提取方面研究主要有:黄志松等提出的提取弹头展平面标志线法,乔培玉提出的提取弹头膛线切线的高斯中线法;此类方法都是针对弹头痕迹切线的研究,但受到弹头表面自身粗糙度和偶然痕迹的干扰,通过分析切线提取弹头痕迹特征是不精确的。由于弹头比对痕迹为线膛痕迹和坡膛痕迹区的纹理痕迹,本书通过分析现有纹理痕迹特征分析方法,结合弹头痕迹自身特点,分别根据弹头痕迹图像的结构特征和纹理提出具体的特征提取算法。

　　通过上一节中介绍的弹痕识别特征采集区域的定位,本书采用的弹头痕迹图像中痕迹是指以弹头次棱线为中心,近弹头底部区域的坡、线膛痕迹。该区域弹头痕迹主要通过擦划线纹组成的,所以对弹头痕迹图像的特征提取方法可以参考纹理特征提取方法。

基于图像纹理特征的提取方法主要可分四类:其基于纹理结构方法、基于统计信息方法、基于子空间方法和基于信号处理方法。每类特征描述方法中又包含很多具体的特征提取算法,每种算法都有其对应的使用范围,本书通过比较了国内外相关领域的研究成果,结合弹头痕迹自身特点,根据坡、线痕迹的痕迹深浅程度并不相同,分为主痕迹线和小线纹,其中主痕迹线可视为描述弹头痕迹结构的独有特征,如次棱线就明显的主痕迹线。且主痕迹线较之小细纹更为稳定。由于坡、线痕迹形成区域和阶段不同,所以两种痕迹重叠区域的相交痕迹线相交方向机分布位置也是重要的识别依据。所以根据主痕迹线及方向判别特征,提出了基于弹头痕迹结构方法提出了主痕迹线特征提取算法。由于在弹头痕迹表面除了主痕迹线纹外,还有小线纹纹理痕迹,有这些线纹特征共同组合成为弹头痕迹,是弹头痕迹识别的重要依据,所以基于弹头痕迹图像的全局纹理特征提出了基于 Log – Gabor 小波变换的特征提取算法。

在众多纹理特征提取方法中,灰度共生矩阵是公认的既简单又有效的方法,它具有较强的鲁棒性和适应性,但是灰度共生矩阵只对高频纹理信息的获取能力较强,缺少全局信息的利用,与之相反,Gabor 小波变换法对高频部分不敏感,却能精确捕获低频和中频纹理信息,弥补了灰度共生矩阵的不足,为了更全面地描述全局内容,针对 Gabor 小波的不足,将采用基于 Gabor 小波基础上,更适合弹头纹理特征提取的 Log – Gabor 小波变换方法与灰度共生矩阵相结合作为弹头痕迹图像的纹理特征提取方法。

在弹头痕迹检验识别技术中,除了通过比较弹头坡、线痕迹的主痕迹线方向、结构特征的方法外,坡、线痕迹区域的小线纹痕迹也具有其稳定规律,是弹痕痕迹对接比对中的重要依据,但由于这些痕迹产生机理不同,包含了多种擦划痕迹,纹线强度差别较大,且存在方向上变化,这些都是弹头痕迹纹线特征提取的难点。弹头纹理痕迹的方向性大体一致,但由于存在多种痕迹重叠,也存在交叉线纹,所以单从某一个方向提取痕迹线不能够提取出完整的弹头痕迹纹线特征。Gabor 变换不仅具有局部时频分析能力,而且具有方向性。基于 Gabor 小波变换的能够很好地提取弹头痕迹纹理特征,但该方法也存在一定的局限性,即对于高频信息的纹理提取并不是很理想。对于本书所研究的弹头痕迹图像,由于 3D 弹痕图像的灰度信息是对弹痕形貌的 z 轴信息的反映,所以高频信息所反映的是细节的小线纹痕迹特征,也是重要的识别依据,所以,对于具有丰富纹理的弹头痕迹图像,能否将存在于高频部分的纹理特征提取出来,将直接影响到弹头分类识别效果。近年来,一种新的 Log – Gabor 小波滤波器被用于分析图像纹理特征,该方法有效地克服了 Gabor 小波在对图像纹理特征提取时,由于包含直流分量而无法有效提取高频信息中纹理的缺陷。因此,提出了一种基于 Log – Gabor 滤波器的弹头痕迹纹理特征提取算法。

考虑到在弹头痕迹图像获取过程中,由于人为放置、弹头变形等因素导致的不同弹头痕迹图像的旋转、偏移误差,为尽可能减少误差对识别精度的影响,本节中还提出了一种基于弹头主痕迹线特征了的 ICP 图像匹配算法。通过分析了弹头痕迹特征特点,在这一章中,本书重点研究基于 2D + 3D 融合的弹头痕迹图像的特征提取算法,并进一步介绍了基于每种特征的相似度匹配方法。但由于基于弹头痕迹图像特征提取时,并没有考虑到在弹痕图像采集过程中由于弹头自身形状存在差异,且通过人工放置子弹等因素导致获取图像痕迹部位存在一定旋转、平移误差,而弹头痕迹属于微观痕迹,这些误差足以影响着特征匹配精度。所以在两幅弹头痕迹图像进行图像特征提取前,首先需要对两幅图像进行配准。本章提出了一种基于弹头主痕迹线特征的 ICP 配准算法,该方法主要是通过的配准弹头痕迹图像,能够有效减少旋转、平移引起的误差干扰。在经过基于主痕迹特征和 ICP 算法配准后,对查询弹头痕迹图像进行特征提取及相似度计算,得到的相似度更能够真实反映两个弹痕图像的相关程度。迭代最近点(ICP,iterative closest point)算法主要是用于三维数据的配准。由于 ICP 算法是基于点与点之间的相似匹配过程,所以在对两个点集进行配准时,对资源消耗较大,且耗时较长,所以在利用 ICP 进行数据配准前,对数据进行粗匹配能够有效地提高配准效率。

根据上述分析,弹头痕迹图像配准方法时,首先采用了基于主痕迹线特征粗匹配的 ICP 配准,但由于主痕迹线特征的对弹头痕迹图像描述的局限性,实际配准效果并不理想,基于 AFRT 特征提取方法中的方向分量,本书采用了一种基于弹头痕迹图像的主痕迹线特征与方向特征结合辅助的 ICP 图像配准算法。由于弹头痕迹方向较为稳定,所以引入方向特征能更加准确地对弹头痕迹定位,从而提高了 ICP 算法可靠性。具体的算法流程如图 4 - 4 所示。

4.4.3　方法的验证

为验证该方法,采用了 70 组弹头痕迹数据测试了本节提出的基于主痕迹线特征及方向特征的 ICP 算法的配准方法,根据图 4 - 5 所示,首先通过配准精度和配准速度验证算法可行性。并进一步根据每种特征匹配方法比较配准前后弹头痕迹图像的匹配正确率,对该算法有效性进行了评估。

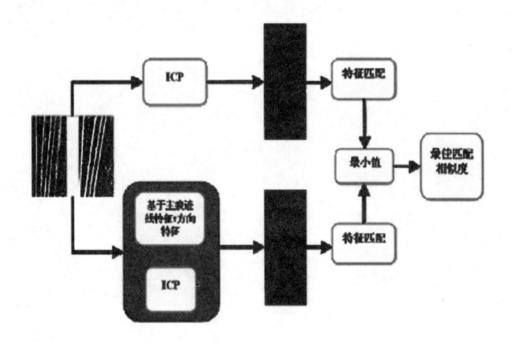

图 4 - 5　图像配准算法示意图

通过比较由不同枪支和同种枪支构建的弹头样本,通过上文中的特征提取与匹配算法,按照本书设计的实验方案,对配准前后的两幅弹头痕迹图像的匹配相似度进行比较,经过配准后来自相同枪支的弹头痕迹图像匹配正确识别率提升了 15.37% ;而不同枪支的弹头痕迹相似度变化不大,说明通过图像配准后,能够有效地矫正具有相同结构特征的弹头痕迹图像的偏移误差,而对于不同枪支发射的子弹却有较好的区分性,从而提升了识别正确率,充分证明了 ICP 配准方法能够有效地提升识别精度。

综上所述,经过 ICP 配准后,基本能够将两幅弹头痕迹图像通过主痕迹线(如次棱线痕迹)对齐。这样就减少了由于旋转、平移等因素在特征匹配中的影响,能够有效提高了特征匹配和识别的精度。

4.5　本章小结

本章探讨了大数据背景下,数据化手段和数据挖掘技术在刑事侦查鉴定方面的应用,首先介绍了数据化刑事侦查鉴定检验的具体实施步骤和要点。然后以指纹识别和枪弹痕迹识别为例介绍了几种在数据挖掘背景下的实用有效的算法,以辅助办案人员对各类痕迹进行勘验和鉴别。总而言之,采用数据化方法,可以排除人为判断的主观性,是信息时代刑事侦查的有力武器。

第五章　刑事侦查数据仓库的建立和应用

5.1　引　言

5.1.1　背景及现状

随着我国经济、社会变革的深入推进,社会治安形势也日益复杂。当前,犯罪率明显上升,1956 年我国犯罪率为万分之 2.3,2001 年达到万分之 28;大案、要案所占比例也在增多;新型犯罪不断涌现,比如各类经济犯罪、智能犯罪迅速崛起,而且增长速度非常快。这一局面给公安机关侦查破案工作带来了极大的压力,要求公安机关必须进行警务创新,提高执法效率、以快制快,更有效地打击与制止犯罪。

公安部于 2003 年开始实施了公安信息化工程,即金盾工程。目前,随着金盾工程的基本完成,各地、各警种初步建立了一系列警务应用信息系统,包括全国公安快速查询综合信息系统(CCIC)、城市公安综合信息系统、治安管理信息系统、刑事案件信息系统、出入境管理信息系统、监管人员信息系统、交通管理信息系统、禁毒信息系统和办公管理信息系统等,拥有各种数据库,包括案件管理数据库、户籍管理数据库、重点人员数据库、机动车数据库、指纹数据库、通缉犯数据库等,在社会治安和刑侦工作实践中发挥了重要作用。

但是,由于存在以下主要问题,使得警务应用信息系统的业务数据共享程度和综合利用水平低,难以发挥数据的整体效应。第一,各警务数据库之间彼此缺乏联系,警方各部门间的信息不能共享,形成一个个"信息孤岛"。第二,公安机关内各业务部门的信息标准不统一。各地各部门的信息存量、运行方式乃至软件版本等,都存在着一定的差异,兼容性不强,即便是连通了网络,也难以沟通。第三,许多公安应用软件功能单一、不配套,只能在网络上进行简单的文件传输,整个系统的运行效率很低。

基于花费了大量人力财力建立起来的数据库,如何进一步提高系统的运行效率和警方执法效率,已成为一个迫切需要解决的课题,而将数据挖掘技术应用于刑侦工作对于解决上述问题具有重要意义。

大数据和数据挖掘可以在海量的数据中提取需要的知识与规则,让警务人员方便地得到原本需经领域专家复杂分析才能得到的知识和结论,为警方进行科学决策提供必要的帮助。

在案件侦破方面,总结各类案件的发生规律,预测未来的防范重点,确定犯罪嫌疑人的特点和范围,对案件进行串案并案,为案件侦破提供侦查方向和线索。在交通管理方面,监测路面状况和交通流量,总结交通事故的发生规律,及时制订有效对策,疏导交通,减少交通事故的发生。科学、合理地安排警力,以应对突发事件;在消防调度决策中对人员、车辆配置、水源安排、最佳路线选择等方面提供最佳方案。

本章对面向刑侦应用的数据挖掘问题开展研究。在理论上,可拓展数据挖掘的研究范围,丰富其研究内容,体现数据挖掘研究面向领域、面向最终用户和面向实际应用这一发展趋势。在实践上,本课题的研究成果可直接用于刑侦决策支持系统的构建,为警方进行高效、科学的决策提供必要的帮助,在刑事侦查、交通管理、消防、应对突发事件及维护社会治安等方面有极大的应用价值。

1989 年以来,国外高校、IBM、Microsoft、SGI、SAS、GM、Oracle 等大公司以及 NASA 等机构竞相投入大量资金以推动数据挖掘的理论和应用研究。早期的研究主要以算法研究为主,目标是实现鲁棒的和自动的数据挖掘。在进行概念描述、关联分析、分类与预测、聚类分析、孤立点分析、演变分析以及复杂类型数据挖掘等方面,可以运用决策树、粗糙集、模糊集、神经网络、遗传算法、贝叶斯方法、统计分析、专家系统等工具,并涌现出了大量算法,已在上一章中进行了详细介绍。现阶段的研究重点逐渐转向系统应用,目标是使得用户可以在数据密集型环境中实现自助的数据挖掘,并注重多种挖掘策略和技术的集成,以及多学科之间的相互渗透。在应用研究方面,已出现了一批应用系统或原型系统,在科学研究、金融投资、市场营销、保险、医疗卫生、产品制造以及电信等行业得到应用。典型的系统包括:SPSS Clementine、SGI Mineset、IBM Intelligent Miner 和 Simon Fraser 大学的 DBMiner 等。这些系统主要分为两类,即应用于特定领域的专用数据挖掘工具和通用的数据挖掘工具。

特定领域的数据挖掘工具主要针对某个特定领域的问题提供解决方案。例如,IBM 公司推出的 Advanced Scount 系统,针对 NBA 数据,帮助教练优化战术组合;加州理工学院喷气推进实验室与天文科学家合作开发的 SKICAT 系统,帮助天文学家发现遥远的类星体;芬兰赫尔辛基大学计算机科学系开发的 TASA,帮助预测网络通信中的警报。这些特定应用领域的数据挖掘工具针对性都比较强,往往采用特殊的数据挖掘算法处理特殊的数据,实现特殊的目的,发现的知识可靠度也比较高。

目前,国外警方已实现了对数据挖掘的初步应用,使用的是通用或商务数据挖掘工具。例如,美国警方将地理信息系统 GIS 与犯罪信息数据库 NCIC 相结合,从中发现犯罪线索、总结发案规律和进行犯罪预防等;FBI 使用 Micro Strategy 商业智能平台的报表及分析软件进行反恐及调查工作;借助于 SPSS Clementine 快速的数据挖掘建模环境,英国西米德兰警察局通过数据挖掘确定关键案件的模式和趋势,发现案件线索间一些意想不到的联系,帮助解决旧的案件,并确定新的犯罪行为的模式。

我国警方业务信息系统对信息的处理还基本停留在增、删、改、查询、统计等传统功能上,尚缺乏智能化的分析功能,具备关联性的规律、趋势等仍然潜藏在大量业务数据后面,有待挖掘和提取。造成这种状况的原因除应用研究不足之外,还在于刑侦应用中的原始数据有其自身的特殊性。

5.1.2 可行性论述

如果将传统的数据挖掘模型及相关算法直接应用于刑侦工作中,会遇到一些难以解决的实际问题,这是由于公安工作的特殊性,使得刑侦应用中的原始数据存在一些突出特点,主要有以下三个方面:

第一,由于原始数据产生于不同的软硬件平台和业务系统,并在体制上归属于不同的业务部门或单位进行封闭式管理和使用,导致刑侦应用中的原始数据在空间上表现出高度的分布性、独立性和复杂性;

第二,随着犯罪方法和犯罪形式不断变化,刑侦应用中的原始数据在时间上呈现出明

显的动态性;

第三,由于业务系统在不同平台上开发和运行,且原始数据生成的时间和标准不统一,导致刑侦应用中的原始数据存在异构性,具有规范性和一致性较差的问题。

面向刑侦应用的数据挖掘,必须充分考虑上述特点才能满足刑侦工作的实际需要。

5.2　刑事侦查数据仓库的设计

刑侦数据仓库的构建是在刑侦领域成功应用数据挖掘技术的基础。本节对刑侦数据仓库的原始数据来源及其特征进行深入的分析,通过研究数据交换平台技术,提出刑侦数据仓库的构建方法,并对一个刑侦数据仓库进行了设计。

5.2.1　刑侦数据仓库的原始数据积累

与主要面向业务处理的传统公安数据库不同,刑侦数据仓库面向复杂数据分析和高层决策支持。刑侦数据仓库不仅要存储、提取和维护来自异地、异构的不同公安应用系统的集成化和历史性数据,还要融合吸收其他社会领域信息系统的原生数据信息,共同为全局范围的刑侦决策和社会治安长期趋势分析提供有效的支持。

对原始数据的来源进行深入分析是构建刑侦数据仓库的基础。从数据来源的范围看,刑侦领域的数据挖掘除了需要公安机关户籍管理、犯罪信息、交通管理、消防管理等信息系统的数据之外,还需要金融、电信、税务、海关、审计等其他相关机构的数据信息。幸运的是,目前国家共重点建设了十二个大型信息系统,即除金盾工程之外,还有金融、电信、税务、海关、审计等部门的金卡、金信、金税、金关、金审等信息工程,号称"十二金"工程。这些部门的信息系统所存储的数据可以而且应当成为在刑侦领域进行数据挖掘的重要数据来源。

如图 5-1,刑侦数据仓库原始数据的来源可以分为四个层次:

第一层是业务应用层,由各公安信息系统构成。其中,全国公安快速查询综合信息系统(CCIC)主要包括在逃人员信息系统,失踪及不明身份人员(尸体)信息系统,通缉通报信息系统,被盗抢、丢失机动车(船)信息系统;治安管理信息系统主要包括常住人口和流动人口管理信息系统;刑事案件信息系统主要包括违法犯罪人员信息系统,涉案物品管理系统,指纹自动识别系统;出入境管理信息系统主要包括证件签发管理信息系统、出入境人员管理信息系统;监管人员信息系统主要包括看守所在押人员信息系统、拘役所服刑人员信息系统、行政(治安)拘留人员信息系统、收容教育人员信息系统、强制戒毒人员信息系统;交通管理信息系统主要包括进口机动车辆信息系统,机动车辆管理信息系统,驾驶员管理信息系统,道路交通违章信息系统,道路交通事故信息系统。各公安信息系统数据库通过互联网相连接,为刑侦数据仓库提供原始数据。

第二层是数据仓库层,包括银行、税务、海关、电信等其他相关机构的数据库或数据仓库。各机构的数据库或数据仓库通过互联网互相连接,共同为警方提供所需的原始业务数据信息。

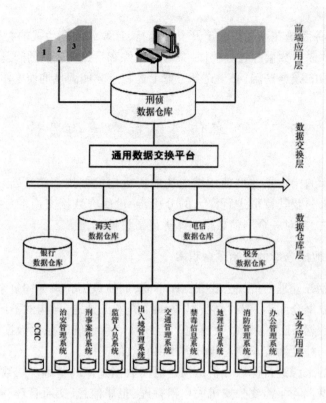

图 5 − 1　刑侦数据仓库原始数据的来源

第三层是数据交换层,包括数据交换平台和刑侦数据仓库。利用数据交换平台自动完成具体的数据访问和数据预处理工作,并依时序生成一系列面向刑侦主题的挖掘数据库,灌入刑侦数据仓库储存备用。

第四层是前端应用层,包括统计查询工具、联机分析处理(OLAP)工具和数据挖掘工具等前端应用系统,对数据仓库中的数据进行深入的分析和统计。

随着数据库技术和互联网技术的不断成熟和广泛普及,以上主流业务应用系统已基本建立,或已移植到 Internet/Intranet 网络架构上,并实现了网络通信和数据传输标准的统一。这为我们冲破"信息孤岛"的限制,实现跨平台、跨系统的数据交换和数据共享提供了良好的技术和经济条件,跨系统进行数据访问、数据集成和数据整合将不再成为难以逾越的鸿沟。下面将引入数据交换平台技术研究刑侦数据仓库的构建方法。

5.2.2　数据的交换与集成

数据交换平台是以物理隔离网闸 X − GAP、消息中间件 Tong LINK/Q 和软总线技术应用集成平台 Tong Integrator 等中间件平台产品为基础来实现的,从而保证在物理隔离网络环境下实现高效的、安全的、可靠的数据交换,并为系统提供更好的灵活性和高可扩展性。数据交换平台的拓扑结构如图 5 − 2 所示。

对于数据交换业务,可以根据需要在数据中心配置 Tong LINK/Q 负责整个网络环境下的数据传递;各应用系统均可通过 Tong LINK/Q 编程接口和相关适配器与其相连,由于编程接口规范,所以系统具备强大的可连接能力。由于整个数据交换环节中包含多个网络、

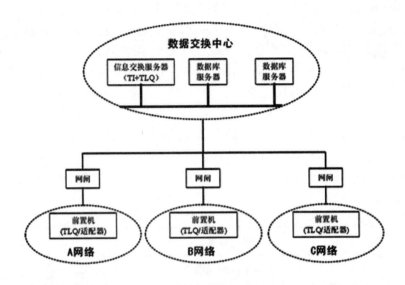

图 5 - 2　数据交换平台拓扑结构

多个应用系统,涉及各种不同的具体应用,因此这些分布的应用系统需要进行数据交换和一定程度的数据共享,其在结构上属于典型的松耦合结构。在这种架构下,每个应用系统的数据结构都不统一,还需要类似 Tong Integrator 这样的产品,以便能简单灵活地集成各个数据库和业务子系统,并自动实现数据采集和分发。Tong LINK/Q 作为消息传输中间件,主要负责数据中心和各个业务系统之间实现可靠、快捷的数据交互,它需要安装、部署在数据中心以及各业务系统的数据交换服务器上。根据应用数据交换系统的业务需求,各个业务系统在整个平台上位置对等,故将其 Tong LINK/Q 配置为对等节点。基于消息队列(Message Queuing)的消息中间件 Tong LINK/Q 在不同的网络协议、不同的计算机系统和不同的应用软件之间提供可靠的消息传递。

在实际应用系统中,各子系统通过 Tong LINK/Q 编程接口和相关适配器,把自身的数据作为数据源传输至 Tong LINK/Q;Tong LINK/Q 采集到数据后,根据客户自己定义的规则智能地分发给需要该数据的应用子系统,子系统接收到的数据就是发送方发送的数据格式,可以直接进行处理。因此,采用中间件不但实现了良好的数据传输支持和应用系统的灵活集成,同时使系统具有管理更简单、更灵活以及可扩展性更高等特点。Tong Integrator 作为数据转换和应用集成的中间件平台,主要负责数据中心和各个业务系统之间的数据格式转换、过滤和应用系统的集成,它需要安装、部署在数据中心。在各个共建单位的业务系统的数据交换服务器(前置机)上,可以通过 Tong Integrator 提供的相关适配器,提供所需的数据格式化和应用集成功能。应用集成平台 Tong Integrator 能够为需要数据集成的应用提供数据流服务,即解决数据从何而来,哪个应用对其感兴趣,以及如何被每个系统使用等问题。Tong Integrator 通过把信息提供者和消费者进行隔离来构建灵活的系统,使得这些系统既不会受到数据的物理位置的影响,也不会受到需要存取数据信息的应用个数的影响。这样,每一个系统不需要进行特别的定制处理,就可以在系统之间实现信息的集成。

物理隔离网闸是运用物理隔离网络安全技术设计的安全网闸,能够保证内部网络与不可信网络间的物理隔断,阻止各种已知或未知的网络层和操作系统层攻击,提供比防火墙、入侵检测等技术更好的安全性能。同时,通过强大的协议检查、内容审查、用户审计等手段来确保在线式实时访问不可信网络(如 Internet)时的数据安全交换。物理隔离网闸采用"2+1"结构,包括双主机系统和一个固态介质存储交换系统,通过在物理隔离的网络之间提供链路层的数据存储转发功能(没有网络协议通过物理隔离网闸,两网之间无直接访问),解决两个物理隔离的网络之间的数据"摆渡"问题。因此,物理隔离网闸与 Tong LINK/Q、Tong Integrator 之间不存在直接的调用关系。通过物理隔离网闸与 Tong LINK/Q、Tong Integrator 的配合使用,既解决了数据在物理隔离的网络之间的"摆渡"问题,又解决了消息传输与数据集成,最终实现了网络、数据、业务三者之间安全良好的互通。

数据交换平台体系结构如图 5－3 所示。基于中间件平台的数据交换平台系统,大致可以分为三层:

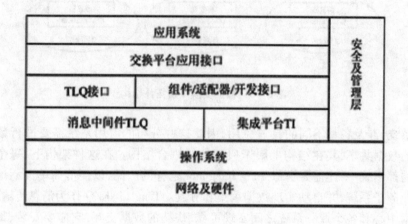

图 5－3　数据交换平台体系结构

● 应用接口层:通常由系统集成商根据用户需要封装中间件接口而成;
● 中间件层:是数据交换和集成的核心部分,由中间件组成;
● 安全及管理层:通常由中间件层提供,也可以选用第三方的产品。

应用接口层负责在应用系统和交换系统之间提供各种形式的数据接口;中间件层由成熟、稳定的中间件产品构成,除了负责屏蔽网络环境、操作系统和数据格式的差异,实现架构不同的系统之间稳定、可靠的数据传输之外,还提供不同中间件、应用和数据之间的互通和集成功能;安全及管理层则负责对交换系统其他各层进行配置、监控等管理。

消息中间件 Tong LINK/Q 能够极大地减少系统结构的复杂程度。因为在这种情况下,每个信息的提供者针对同一个中心接口程序编码,而这个程序则通过网络将不同的应用系统连接在一起。当增加新系统时,只需要编写一个新的消息接口,就可以与已有的其他系统实现通讯。

在数据交换平台服务器上需要部署应用集成平台,在各个专业子系统和信息管理子系统数据交换服务器上部署消息中间件。应用集成平台作为一种灵活易用的数据交换平台,涵盖了异步通讯、可靠传输的功能。

数据交换平台的设计,充分考虑了实现数据信息交换、业务处理、监控管理的实际需要。通过数据交换平台可以方便地实现各种业务的对接、整合、协同和数据共享。基于中间件的数据交换平台具有流量控制、优先级别控制、断点续传、独立队列处理、交换任务和管理任务分离、同步/异步传输机制、支持大规模并发处理、支持多级交换模式及交换中心的应用模式、提供基于 XML 的交换、提供推和拉的处理模式等功能。数据交换平台的功能具体表现在以下几个方面：

实现多个物理隔离的网络、各业务应用系统之间的数据传递。数据交换平台具有多个物理隔离的网络、各业务应用系统、各数据管理和维护系统之间的数据交换能力。应用系统之间的集成是松耦合方式，应用或数据消费对象可以通过适配器配置轻松实现集成，也可以通过撤销适配器来摘除该系统在数据交换总线中的挂接。

支持多种数据格式，支持数据智能路由。数据交换系统支持数据库数据转换到 XML 数据，和由 XML 数据到数据库更新、数据映射；支持进行数据内容增删、数据类型转换；可以根据数据的内容将其发送至一个或多个目的节点；支持用户自定义接口，实现复杂的业务逻辑转换。在数据的共享与交换过程中，数据可以采取 XML 格式进行传送。数据交换平台能够支持多种数据格式，提供各种数据格式之间的转换；支持多种数据库（比如 Oracle、Sybase、MS SQL、DB2 等），可以在多个数据库中实现数据同步。该平台对数据具有广泛的接受能力，从而提高系统对繁杂的应用种类和技术类别的适应能力。

支持多种通讯方式。系统支持应用之间的多种通信与远程访问方式。对具体协议与通信的支持，通过实现适配器来完成。目前，应用集成平台已经实现了常用的标准适配器组件，可以支持 JDBC、MQ、Tong LINK/Q、FILE、TCP Socket 等，并为用户提供简便开发自定义的适配器组件。

支持断点续传，保证传输高效、可靠。当消息在传输过程中出现应用程序失败、主机崩溃或网络故障等情况而导致数据传输失败时，Tong LINK/Q 将在系统恢复后，从传输失败点进行续传，从而保证传输的可靠性。

提供广泛接口。基于消息中间件和应用集成平台产品开发设计的数据交换平台，提供对数据流产品的支持，并提供直接的开发接口，方便应用系统通过程序代码完成数据的自动交互。

支持软件集群，提供均衡负载，具有并行处理能力。数据交换平台可以实现动态均衡负载，有效管理系统中存在的计算资源。比如，能够将多个请求分配给不同的主机；能够对服务进程进行统一管理、调度，使较少的服务进程支持较多的业务请求；具有并行处理能力，支持多种应用类型，同一个应用中可以有多个进程并行工作。

提供实时网络监控及管理功能。通过监控画面，系统管理员可以及时发现网络故障及系统运行的异常情况，并通过系统提供的相关工具进行处理。可以在系统运行过程中，对节点的通讯状态进行控制，既可以打开或关闭某些节点，也可以改变某些结点的连接关系。

提供安全易用的安全保障机制。通过口令字等方式，对数据交换平台的接入节点进行身份认证，防止伪节点加入；可以对交换过程中的传输数据进行加密，防止数据被篡改，保证数据完整性；可以对应用程序进行认证，防止伪应用程序加入。

信息系统之间的数据交换需求的特点是数据库异构、应用系统异构，并且提取的数据内容因不同业务需求而多种多样。利用中间件平台提供的关系数据库服务组件及逻辑路由组件，并配以适配器服务组件，可以构成数据交换平台，从而保证数据及时可靠地在各应用系统之间传递和完成入库操作，并保证数据的一致性。

对已经建设的各类业务系统，出于系统集成工作的效率和便捷性考虑，数据交换平台融合了"应用集成软总线"技术。通过这样的软总线，我们可以实现对现有的各个应用系统的良好集成,最大限度地减少对各应用系统的改动。因此,数据交换中心的各种业务系统可以通过适配器灵活地接入数据交换系统,在数据交换中心可以对消息流进行转换和路由,从而实现集中配置、统一处理。这种结构处理方式可以大大简化应用集成和数据转换等烦琐而复杂的问题。

由于应用系统多种多样,各种数据的格式、精度以及含义描述等随着采集设备和采集单位的不同会有所不同,因此需要对这些数据进行标准化处理。对现有业务系统中使用的数据,可以不进行标准化改造,但是需要对现有数据进行翻译,转换成标准化的中间表达,以便在不同系统间进行数据交换。由于整个系统构建在中间件平台框架之上,所以所有数据可以容易地采用 XML 格式记录并用于交换。XML 标准为构造内容和数据提供了一种方法,XML 文档内的数据结构在数据类型定义(Document Type Declaration,DTD)中加以说明。支持 XML 的应用无须事先相互了解就能相互通信和交换数据,只要它们能够共享或能够转换 DTD 即可。XML 定义了一种超越任何平台、任何语言的数据表示格式,在 XML 所传输的信息中除包括用户数据外,还包括对数据格式的描述信息,使任何接收端的 XML 都能够方便地"解码",并将 XML 标准格式的数据转换成接收端程序所能识别的本地数据。这样便可实现不同硬件平台、不同操作系统平台、不同语言的应用之间顺畅地通信。

数据交换通过消息通信进行。消息是数据的基本单位,由消息头和消息体两部分组成。消息头由一串域组成,其长度和格式是固定的,包含与消息访问以及消息转发相关的重要信息,如消息的标识、目的队列、长度、标题、消息组标识、优先级等。消息体的长度是不固定的,取决于用户每次发送多大的数据,消息的意义由应用程序来解释。系统设计成消息驱动的形式。考虑到各应用子系统基于不同的平台,所以要提供跨平台的消息通信,将原有系统、现阶段建设系统以及以后的新系统高效统一地联结起来协同工作,这样既能有效地保护已有投资,又能避免形成信息化系统的"孤岛"。根据系统中将要完成的任务和处理的事件,统一定义系统中的消息及其产生的条件和紧要级别;根据任务把应用系统定义为一个或多个消息的处理者;应用系统启动时将自己登记为所定义消息的监听者;系统数据处理服务处理到达的各种数据,根据数据处理结果生成各种消息,并把消息发送给所有登记为该类消息监听者的应用程序;应用程序在得到消息通知后,根据自己的任务、消息的具体内容和紧要级别作出相应的处理。

可靠消息传输提供系统在远程节点之间对消息通信的高级管理和服务,支持消息通过复杂的网络环境跨平台可靠传递,并对消息的传递提供管理和维护。需要交换的数据在进行相应格式变换后封装成消息,经由消息路由发送到目的队列。数据交换平台的传输网络,提供松散耦合的消息通信机制。消息通信由消息中间件完成。消息中间件负责将交付的消息传送到目标节点的目标队列,消息的发送者和消息的接收者完全不需要关注对方在什么位置,他们之间通过队列实现点对点的消息传输。队列是消息的保存地,也是消息传输的目的地。消息被传送到目的队列之后,到被应用取走之前,它都一直保存在该队列上。一个队列中可以保存一个或多个消息,这些消息按照一定的方式进行组织。同时,基于消息中间件的数据交换系统,也支持发布/订阅模型的消息传输。由于进行数据交换的几个网络之间是物理隔离的,所以,高效、安全、可靠的传输是数据交换的保证。消息中间件 Tong LINK/Q 提供了良好的网络适应能力和跨网络能力;可以配置的队列,起到了良好的数据缓冲和隔离功能;高效可靠的数据连接通道,"传且只传一次"的传输机制,为各个部门与信息交换网络之间的数据交换与传输提供了可靠保证。

为说明数据交换平台的工作原理,下面以将 A 网的数据交换到 B 网为例(如图 5 - 4 所示),

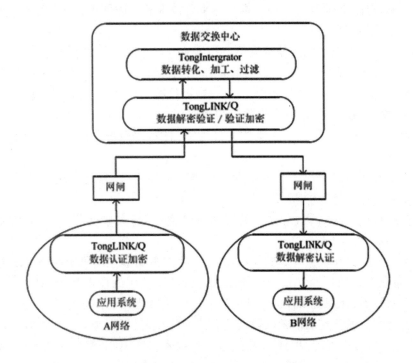

图 5 - 4 数据交换平台的工作流程图

1. 首先将 A 网中需要交换到 B 网的数据,发送到 A 网的 Tong LINK/Q;

2. A 网的 Tong LINK/Q 对发送过来的数据,进行认证加密处理,按照优先级进行排队,并放入到消息发送队列中;

3. 执行消息发送,将数据发往数据交换中心;

4. 通过 A 网与数据交换中心之间的网闸,将消息数据摆渡到数据交换中心网络端;

5. 数据交换中心端的 Tong LINK/Q 从己端的消息接收队列中取出数据,经解密验证后交给应用集成平台 Tong Intergrator;

6. 应用集成平台 Tong Intergrator 对数据进行转化、加工、过滤处理,把数据发送给数据交换中心端的 Tong LINK/Q;

7. 数据交换中心端的 Tong LINK/Q,对数据进行验证加密后放入消息发送队列中;

8. 执行消息发送,将数据发往 B 网;

9. 通过数据交换中心与 B 网之间的网闸,将消息数据摆渡到 B 网络端;

B 网络端的 Tong LINK/Q 从己端的消息接收队列中取出数据,经解密认证后,交给 B 网的应用系统或数据库系统。

5.2.3 刑侦数据仓库设计

本书将刑侦数据仓库作为一个普通的信息节点,所不同的是,刑侦数据仓库存储的是一系列预处理后的、面向刑侦数据挖掘主题需要的可用挖掘数据。

针对一个特定的刑侦应用数据挖掘主题,可以借助数据交换平台自动生成一组满足数据挖掘要求的、并且具有时序标签的刑侦数据集市;所有刑侦数据集市的集合,便构成了本书所指的刑侦数据仓库。换言之,数据集市实际上就是一个数据库"容器",数据仓库则是一个更大的数据库"容器"。因此,数据交换平台技术的应用使得以往构建数据仓库必须经历的繁杂过程变得简单、清晰。

采用这种方法构造出的刑侦数据集市和刑侦数据仓库具有如下特点:

●由于继承和保留了原始数据的动态性,形成的数据集市和数据仓库也具有动态性。因此,数据挖掘结果的时序演变才得以揭示,数据挖掘的应用价值得到提高。

●借助数据交换平台,不仅数据集市和数据仓库的生成速度和自动化程度得以极大的提高,更减少了以往人为干预所带来的各种数据污染,因而可以更好地保证挖掘数据的客观性。

●全面支持各种跨平台、跨系统、跨网络业务应用系统,具有高度的灵活性与扩展性,可以无数量限制地支持各种数据来源。

●系统可自适应网络状态,充分利用网络带宽资源,大幅度节省人力、物力和财力的投入。

●由于数据集市和数据仓库的简约化,整个系统的可靠性与稳定性均得以提高。

显然,建立刑侦数据仓库是在刑侦领域进行数据挖掘的技术基础,但由于管理体制以及经费等方面原因的限制,以社会各部门应用系统为数据来源的刑侦数据仓库一时尚难以真正建立起来。为了满足刑侦领域数据挖掘任务的需要,根据金盾工程的现状和公安业务的特点,结合联机分析处理 OLAP 和数据挖掘等技术,基于相关警务应用系统,本节介绍了刑侦数据仓库的设计过程,为警方进行数据信息的统计查询、分析和挖掘提供技术支持。

数据仓库的设计大致可分为规划分析、设计实施和使用维护三个阶段。一般情况下,这三个阶段不是简单的循环往复,而是不断完善提高的过程。刑侦数据仓库的具体设计过程如下:

(1)确定主题

首先必须明确用户的需求,要对管理层尤其是决策层用户的需求进行深入的了解和分析;然后根据这些需求的迫切和重要程度确定主题。对于公安系统来说,用户最关心的是自己辖区内的社会治安状况和重特大恶性案件的预测、分析和处理。对于社会治安和刑侦有重要意义的指标大致可归纳为以下几个方面,如图 5-5 所示:

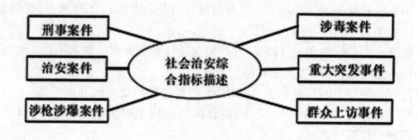

图 5-5　辖区治安刑侦指标描述

通过对公安系统的业务分析，将主题确定为刑事案件分析、治安案件分析、涉毒案件分析、涉枪涉爆案件分析和群众上访事件分析。每个主题都是对治安指标的详细描述，主要包括事件发生的时间、地点，涉及人物的性别、年龄、职业、住址、人物关系等。

(2)概念模型的设计

概念模型是联系主观与客观之间的桥梁。通过概念模型，可以用适合计算机世界的模型和语言对客观世界中的问题进行具体的描述。信息包图是一种公共的、紧凑的概念模型设计工具，它用二维表格的形式来反映用户使用数据仓库进行数据挖掘处理的需求。信息包图由事实、维度、粒度组成，所以概念模型的设计步骤如下：

●定义事实：事实是决策者分析的目标数据，它可以帮助决策者了解全局及作出相应决策。这里确定以案件发生数量、案件破获率、案件同比增长率、群众满意度为系统的度量指标。

●定义维度：维度是事实的属性信息，也是考察事实的角度。主要包括如下维度：

●时间段维：根据不同的时间段进行相关分析；

●刑事案件维：记录刑事案件的各属性要素；

●治安案件维：记录治安案件的各属性要素；

●涉枪涉爆案件维：记录涉枪涉爆案件的各属性要素；

●涉毒案件维：记录涉毒案件的各属性要素；

●群众上访事件维：记录群众上访事件的各属性要素。

●定义粒度：粒度是维划分的单位，体现着数据单元的详细程度和级别。数据越详细，粒度越小，级别越低；数据综合程度越高，粒度越大，级别越高。在本书中，所属单位的粒度为省局、市局、县局、派出所四层，时间段划分为年、季度、月、旬四层，各种案件按事件的要素分为时间、地点、起因、经过、结果、人物、影响七层。

所形成的二维表主要包括事实、维度、粒度三个元素，如图 5－6 所示。

维度 →

粒度 ↓

辖区所属单位	时间段	刑事案件	治安事件	涉枪涉暴案件	涉毒案件	群众上访事件
省局	年	时间	时间	时间	时间	时间
市局	季度	地点	地点	地点	地点	地点
县局	月	起因	起因	起因	起因	起因
派出所	旬	经过	经过	经过	经过	经过
		结果	结果	结果	结果	结果
		人物	人物	人物	人物	人物
		影响	影响	影响	影响	影响
治安情况事实：案件发生数量、案件破获率、案件同期增长比、群众满意率						

图 5－6　概念模型

(3)逻辑模型的设计

根据模型所定义的事实、维度和粒度及其之间的相互关系，进一步定义该数据仓库的逻辑模型。本书采用星形模型结构，如图 5－7 所示。星形模型的中心是分析的内容，对应事实表；四周是访问的角度，对应维度表，每一维又可以分为不同的粒度，每一个维度表通过一个关键字直接与事实表相关联。事实表中每条记录都包含指向各个维度表的外键和案件发生数量、案件破获率、案件同比增长率、群众满意率等事实数据。维度表中记录的是有关这些维的属性。例如,刑事案件维度表中就包含了案件发生的时间、地点、涉及的人物等信息。

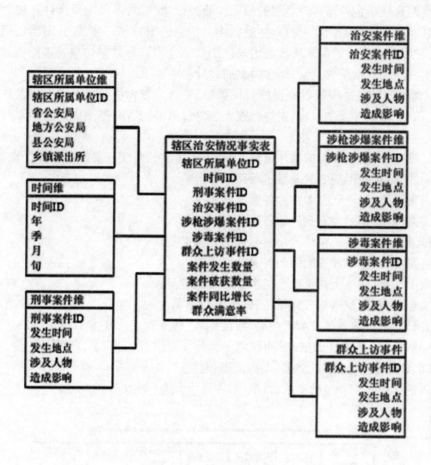

图 5-7　逻辑模型

(4)物理模型的设计

从星形图逻辑模型转向物理模型设计,在这个阶段遵循传统的数据库设计方法,主要完成以下任务:

●选择开发工具:目前公安系统有一部分数据库采用 Oracle 构建,有一部分采用 SQL Server 构建,本节选用 Oracle 9i 和 SQL Server2005 作为数据仓库开发工具。

●创建数据表:首先利用数据库管理系统 Oracle 9i 创建数据库,然后,在数据库中根据逻辑模型所设计的事实表和维度表来创建数据表。数据表包括:辖区治安情况事实表、时间段维度表、刑事案件维度表、治安案件维度表、涉枪涉爆案件维度表、涉毒案件维度表、群众上访事件维度表。

●创建索引:由于数据仓库的数据量巨大,并且数据稳定,很少更改,因此需要创建索引来加快信息的检索速度,优化查询的响应时间。在创建数据表时,对每一个维度表都设置了主键索引,而对事实表则设置了组合主键索引,图 5-7 中钥匙图标表示主键。

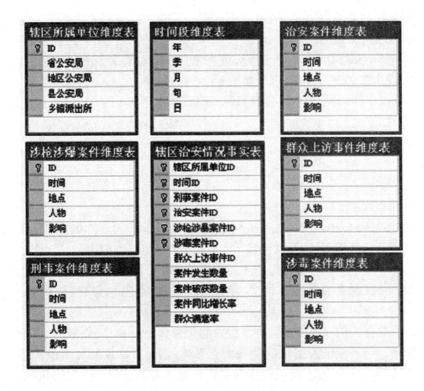

图 5 – 8　刑侦数据仓库逻辑表

基于上述设计的刑侦数据仓库包括以下模块：

●数据源

主要有两个数据源，一个是本局内的警务动态管理系统中的案件、嫌疑人数据（存放在 SQL Server 2005 数据库），另一个是刑警大队的刑事案件管理系统数据（存放在 Oracle 数据库）；本书选择 SQL Server 2005 作为数据库管理工具。

●数据管理模块

数据抽取转换使用 SQL Server 自带的 DTS 工具，目的数据库是 SQLServer 数据库；数据仓库管理工具采用 SQL Server Analysis Services。

●数据分析模块

在 Analysis Services 中建造 OLAP 多维模型，提供高度交互的联机分析处理功能，对数据仓库或数据集市中的数据进行多维分析。可以及时进行反复分析、切片、切块、旋转、钻取等操作，并迅速获得所需的结果。

●数据应用模块

将 OLAP 分析的结果以适当的形式展示给决策者，并对数据仓库、数据集市中的数据进行查询、挖掘、分析等应用。

该刑侦数据仓库可实现以下主要功能：

●加载数据

将数据清洗转换，并存入数据仓库。加载的数据源有两个，一个是 SQL Server2005；另一个是 Oracle 数据库。在 SQL Server 2005 的企业管理服务器中，借助数据交换平台，导入 Oracle 数据库中的数据，并把抽取转换出来的数据放在一起，建立刑侦数据仓库准备区；对准备区里的数据经过清洗以后,存储到刑侦数据仓库中。向数据仓库装载历年的数据时,根据应用需求重新组织表的结构和格式。简单的数据清洗转换系利用数据转换服务设置(Data Transform Service,DTS)包来进行,复杂的数据清洗和转换,需要使用 ADO 的 Recordset 编写程序来实现,具体实施步骤如下:

(1)连接数据库,即数据准备区,清空数据库表;

(2)调用 DTS 包;

(3)清洗;

(4)转换;

(5)转换后数据存入刑侦数据仓库。

●建立 OLAP 数据库

在 OLAP Manager Console 中创建 OLAP Services 数据库。首先对数据源进行编辑,再连接项选择服务器和源数据库,这样就创建了与数据仓库中数据的连接。

在 OLAP Manager Console 中创建基于源数据表的各个维度。用新建维度向导或维度编辑器建立维度,对新建维度要进行处理,使处理后的维度能进行维度层次和维度数据的浏览。

用新建多维数据集向导或多维数据集编辑器创建多维立方体,将数据仓库事实表和相关各维连接起来。一个多维数据集就是一个立方体,是包含维度和度量值的多维结构,其中维度定义立方体的结构,而度量值提供最终用户感兴趣的数值。事实表包括案件和嫌疑人表。多维数据集创建完毕后,在多维数据集编辑器中给度量值定义聚合函数 COUNT。最后进行多维立方体处理,然后就可以浏览数据。

●数据更新操作

数据仓库加载更新数据以后,OLAP 数据库中的维度数据和立方体数据并不会随之更新,需要手动控制这部分操作。立方体的处理排在维度处理之后,否则会出现错误处理。维度更新处理包括增量更新和重建维度结构;立方体的处理包括增量更新、刷新数据和完整处理。增量更新是将数据追加到多维数据集,而不会重新计算聚合。要想周期性地更新数据仓库,也必须定义更新周期,调用增量更新包,这是用 VB 中的 DSO(Decision Support Object)模块编程实现的。DSO 更新算法为 Dso Refresh 算法;输入为 OLAP 数据库名;输出为更新数据成功或失败。

OLAP 数据的前台展示

要访问创建的多维立方体必须用到两种技术:MDX 语言和 ADOMD 组件。我们用 VB 的 ADOMD 编程展示 OLAP 立方体的数据分析结果。具体过程如下:前台应用程序根据用户的查询条件生成多维表达式(MDX),然后将此表达式提交给 ADOMD 的 Cell Set 对象执行,Cell Set 对象根据此表达式从多维数据集中返回相应的数据。

●为数据挖掘应用提供数据服务

利用 Kohonen 的 SOM(Self Oganizing Maps)作为交互式可视化数据挖掘的起点,由用户动态选择感兴趣的区域进行深入分析。为数据挖掘提供的服务如下:SOM 模型定义;SOM 模型管理;SOM 图形生成及显示;关联规则算法库。

基于刑侦数据仓库的原始数据具有动态性、多数据源的分布性和异构性等特征,本节引入数据交换平台技术,提出了刑侦数据仓库的构建方法。数据交换平台是以物理隔离网闸 X-GAP、消息中间件 Tong LINK/Q 和软总线技术应用集成平台 Tong Integrator 等中间件平台产品为基础来实现的。本章分析了数据交换机理,所有数据采用 XML 格式记录并通过消息通信进行交换,这样可以保证在物理隔离网络环境下数据交换的高效、安全和可靠,并为系统提供更高的灵活性和可扩展性。

针对一个特定的刑侦应用数据挖掘主题,借助数据交换平台,生成一组满足数据挖掘要求的、并且具有时序标签的刑侦数据集市;全部刑侦数据集市的集合,便构成了刑侦数据仓库。最后,阐述了刑侦数据仓库的设计过程,设计了一个简单的刑侦数据仓库。

5.3 数据挖掘在刑事侦查数据仓库的应用

关联规则挖掘是数据挖掘研究中的一个热点问题,常常能够提供数据之间潜在的、不易发现的联系,在刑侦应用中对总结发案规律、发现犯罪线索等工作具有十分重要的意义。本节主要以刑侦数据仓库为中心,通过对刑事案件的侦查流程的研究,利用数据挖掘技术中的关联规则挖掘分析,对刑事案件中的作案规律进行分析和研究。在刑侦数据仓库基础上,本章研究了面向刑侦应用数据挖掘的一般方法。关联规则挖掘是数据挖掘研究中的一个热点问题,在刑侦应用中对总结发案规律、发现犯罪线索等工作具有十分重要的意义。通过深入研究 Apriori 算法,结合刑侦工作的应用实际,本节对 Apriori 算法进行优化改造,提出了基于新犯罪敏感性和基于权重参数的 Apriori 算法优化。

上一节详细分析和设计了刑侦数据仓库的构建过程,本节的数据挖掘方法就是基于刑侦数据仓库并以刑侦数据仓库为中心,由于刑侦数据仓库中的数据经过了清洗、转换、加载等预处理,保证了数据的正确性和一致性,因而基于刑侦数据仓库的数据挖掘能更有效地支持刑侦领域的关联规则分析。首先各信息源来源于公安各部门原始的数据库系统,数据经过打包和集成到刑侦数据仓库;基于刑侦数据仓库的数据挖掘,是通过模型库和方法库的协助,对刑侦数据仓库进行数据挖掘,从而获得分析和决策支持的。由于刑侦数据仓库集成了公安内各部门的全面的、综合的数据,因此基于刑侦数据仓库的刑侦数据挖掘能够发现关系更为复杂的刑侦数据间的关系,也能更好地满足高层决策的要求,而且,由于在刑侦数据仓库中,收集了各公安部门的数据,并且这些数据是经过清洗、转换、合并处理过的数据,因此,大大降低了刑侦数据挖掘的障碍,使得在进行数据挖掘的时候,不用再花力气进行数据准备的阶段。

5.3.1 面向刑侦应用的数据挖掘

近年来,随着金盾工程的建设,公安机关的信息化水平大幅度提高,大量数据库被用于侦查破案、治安管理以及交通管理等工作。在打击犯罪的斗争中,为了充分利用信息资源,进一步提高执法效率,在刑侦领域研究和应用数据挖掘技术是必然的选择。公安部门的警务应用信息系统积累了海量的、以不同形式存贮的数据资料,例如案件资料、户籍资料、出入境管理资料等。由于警务应用系统的数据具有分布、异构和动态特性,因此,要从中发现有价值的信息或者知识,将是非常艰巨的任务。而由于刑侦数据仓库中的数据经过了转换、清洗等预处理,因而能更有效地支持刑侦领域的数据挖掘。

基于刑侦数据仓库的数据挖掘方法,是以刑侦数据仓库为中心,各信息源由原始数据库,经过打包和集成到达刑侦数据仓库;通过模型库和方法库的协助,对刑侦数据仓库进行数据挖掘,从而获得分析预测结果和决策支持。图 5 – 9 给出了刑侦数据挖掘的流程,图 5 – 10给出了基于刑侦数据仓库的数据挖掘方法。

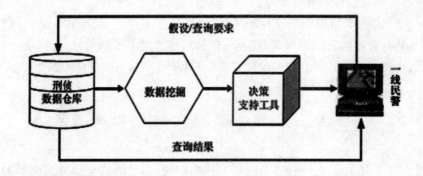

图 5 – 9　刑侦数据挖掘流程

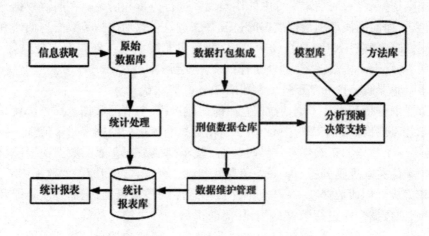

图 5 – 10　基于刑侦数据仓库的数据挖掘方法

基于刑侦数据仓库的数据挖掘有如下特点:

● 规模

刑侦数据仓库中集成和存储着来自若干分布、异质的信息源的数据,这些信息源本身就可能是一个规模庞大的刑侦数据库,因此,刑侦数据仓库会有比一般数据库系统更大的数据规模。

● 历史数据

传统的刑侦数据库系统为了获得最大的执行效率,往往存储尽可能少的数据量,因为拥有的数据越多,数据组织、重构、浏览、索引和监控的难度越大。传统刑侦数据库系统在"时间"方向的长度很有限,而刑侦数据仓库则进行长时间的历史数据存储,这使我们可以进行数据的长期趋势分析。

● 数据集成和综合性

从全局的角度看,刑侦数据仓库集成了各部门不同粒度的、全面的、综合的数据,能够支持多层次、多种知识的挖掘。

●查询支持

刑侦数据仓库面向决策支持,保证查询和分析的实时性。而一般的联机事务处理系统主要要求更新的实时性,对查询的性能要求相对较弱。刑侦数据挖掘对查询的强大支持,可以使挖掘过程实时交互,使决策者的思维保持连续,有利于挖掘出更深入、更有价值的知识。

刑侦数据仓库和数据挖掘研究和应用所面临的主要问题有以下几个方面:挖掘的对象:更大型的数据库、更高的维数和属性之间的复杂关系;多种形式的输入数据;领导和一线干警参与以及领域知识的融合;确认技术(Validation);知识的表达和解释机制;知识的更新和维护;多平台支持、与其他系统的集成。

5.3.2 关联规则 Apriori 算法

关于发现关联规则的算法相当多,但绝大部分是对经典 Apriori 算法的演绎和改进。下面通过研究 Apriori 算法,结合刑侦工作的应用实际对 Apriori 算法进行优化改造,提出了基于新犯罪敏感性和基于权重参数的 Apriori 算法优化方法。

Apriori 算法是阿格拉沃尔在 1993 年提出了挖掘关联规则的一个重要方法,它是关联规则挖掘算法的基础,主要将发现关联规则的过程分为两步:第一步是通过迭代,检索出源数据中所有的频繁项目集,即支持度不低于用户设定的最小支持度阈值的项集;第二步是利用第一步中检索出的频繁项集构造出满足用户最小置信度的规则。

Apriori 算法产生频繁项集采用迭代方法实现,第一次迭代包括两个步骤:产生候选项集;由候选项集中产生频繁项集。称第 k 次迭代产生的候选项集为候选 k 项集,记为 C_k,第 k 次迭代产生的频繁项集为频繁 k 项集,记为 L_k。第 k 次迭代产生的项集长度为 k,具体流程图见图 5-11 所示。

Apriori 算法利用候选项集和频集的相互作用,得到了全部频集,并通过对候选项集的剪枝,大大地减少了候选项集的尺寸,获得了令人满意的结果。然而,当面对挖掘对象具有繁多的频繁模式、长模式或者用户给定的最小支持度的阈值较低时,Apriori 算法因为有可能造成系统的巨大开销而面临困境。

具体说来,在处理大量的候选项集方面,如果算法得到了大量的 1-项频集,那么,在产生 2-项候选集时,会遇到大量 2-项候选集难以处理的情况。例如:假设算法得到的频繁 1-项集的数量是 10^4,则根据 Apriori 算法,会产生超过 10^7 个候选 2-项集,由于候选 2-项集没有剪枝,因此所有这些候选项集都需要检验。此外,当频繁模式的尺寸较大时,同样会产生大量的候选项集需要检验。在内存等其他条件都为理想状态的情况下,这种由算法的内在属性所决定的开销,无论采用什么实现技术都无法回避。所以,在有大量候选项集产生的情况下,Apriori 类的算法基本无法运行。目前,有不少研究者正致力于对 Aprioir 算法的改进优化,以提高算法的运算效率。

在刑侦应用中,Apriori 算法可用于挖掘案件之间的关联规律。但是,由于刑侦领域存在的特殊问题,使得该算法在犯罪行为分析中存在着一些固有的难以克服的缺陷,无法有效满足刑侦应用的要求,主要表现在两个方面:

一是传统 Apriori 算法对新项目的敏感性问题。犯罪行为记录总是在不断地变化,比如一些原始的犯罪行为会消失,而一些新型的犯罪行为会不断地出现,所以犯罪行为数据库中的项目就会不断地更新。而减少或增加项目会使项目间的关联发生变化,从而产生新的

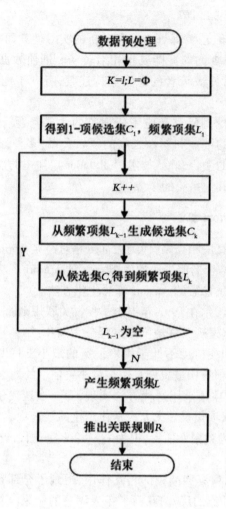

图 5-11　传统 Apriori 算法

关联规则。但是传统的 Apriori 算法并没考虑到这个问题,也就是说即使增加新的项目,在求各个项目集的支持度时,它们都是以整个数据库的犯罪行为记录总数作为基数,因此不能发现最新出现的频繁项目集,也不能产生最新的关联规则,这显然不能完全满足刑侦工作对关联规则挖掘的需要。

二是传统 Apriori 算法忽略了不同项的重要性问题。算法仅仅考虑了被分析的项在数据库中的出现频率,而没有考虑不同的项具有不同的重要性。由于这些项只是简单地被视为具有等同价值,因而常常会导致忽略那些具有重要价值但是出现频率却相对较小的项。在刑侦应用中,采用传统 Apriori 算法进行犯罪行为分析时,往往很容易忽略那些情节特别严重、社会危害特别大的恶性犯罪行为。

下面结合传统 Apriori 算法在刑侦工作中存在的问题进行算法的改进优化。

5.3.3　基于新犯罪敏感性的 Apriori 算法优化

基于新犯罪敏感度的 Apriori 优化算法主要是通过改进频繁项目集的发现过程,只需要根据以前发现的频繁项目集和新增的数据集动态地更新原来发现的频繁项目集,因此获得新的关联规则不需要考虑以前产生的频繁项目集数据集,只需要考虑新增加的数据集及在这之前发现的频繁项目集,从而节省了频繁项目集发现的时间,整个关联规则挖掘的效率得到了提高。首先引入参数 $c(1 \leq c < \infty)$,c 的取值根据刑侦领域专家的意见来确定。设最小支持度 minsup $= s$,在旧数据集中发现频繁项目集的过程中,保留支持度 $\sup \geq s/c$ 的频繁项目集;当数据库中有新增的数据集时,如果新增加的项目在新的数据集中的 1 - 项集为非频繁项目集,那么新增的项目对发现频繁项目集的结果没有影响,只需要考虑以前产生的和新增的 $\sup \geq s/c$ 的频繁项目集。

为了说明问题,现取新旧数据集 D 和 d 为例。设原有犯罪记录数据库中的数据集记为 D,新增加的数据集记为 d,则整个记录数据库为$(D+d)$,如表 5-1 所示。设 minsup $= 0.4$,$c = 2$,则传统 Apriori 算法和改进算法的频繁 1 - 项集如表 5-2 所示。

表 5-1　犯罪记录数据库中的数据集(D + d)

D		d	
TID	Itermset	TID	Itermset
1	A,D	11	A,B,E
2	A,B	12	A,B,C
3	B,C	13	A,D,E
4	A,B	14	B,C,E
5	A,B,C	15	A
6	B,C	16	B,E
7	A		
8	A		
9	B,C		
10	B,C,F		

表 5-2　传统算法中 1 - 项集与改进算法的对比

传统算法		改进算法	
Itermset	Support	Itermset	Support
A	10/16	A	10/16
B	11/16	B	11/16
C	7/16	C	7/16
		E	4/16

从表 5-1 中可以看出,在传统算法中,项目集$\{E\}$是非频繁项目集,而在改进的算法中$\{E\}$是频繁项目集。由以上的比较可知,传统算法对新项目 E 不敏感,而改进的算法对新项目 E 是敏感的,对挖掘新犯罪行为的关联规则是有效的。

5.3.4　基于权重参数的 Apriori 算法优化

为了使数据挖掘不忽略那些情节严重、社会危害大的恶性犯罪行为,本书提出基于权重参数的 Apriori 优化算法。就是通过引入权重参数,以不同的权值来衡量各种犯罪行为的性质,同时设计出一个支持度函数,从而挖掘出重大犯罪行为的关联规则。

对任意一个 $X = \{x_1, x_2, \cdots, x_r\} \subseteq T$,其中,$xi \in I$ 表示项集 X 的第 i 项($i = 1, \cdots, r$),W_x 表示项集 X 的权值,$W_x \in [0,1]$。项集 X 从其所包含的各项中获得它的权值,也就是说,项集 X 的权值是利用某个函数对项集 X 所包含项的权值进行计算得来的,这个函数的形式为:$W_x = F(W_{x1}, W_{x2}, \cdots, W_{xr})$。函数中参数的具体取值需要结合刑侦领域专家的意见来确定。

定义了权值之后,支持度函数可以定义为:$f(X) = W_x \times num\ Tids(X)/num\ Tids(D)$。

下面通过一个模型来演示利用改进的算法挖掘关联规则的全部过程。假设有一个犯罪记录数据库,如表 5 - 3 所示,各分析项的权值如表 5 - 4 所示,支持度阈值为 0.15,即 minsup = 0.15,可得到频繁 1 - 项集的集合,如表 5 - 5 所示。

表 5 - 3　犯罪记录数据库

TID	Itermset
1	A,C,D
2	B,C,D
3	A,B,C,E
4	B,E

表 5 - 4　各分析项的权值

Item	Weight
A	0.6
B	0.3
C	0.4
D	0.1
E	0.3

表 5 - 5　各分析项的权值

Item	Support	Weight	Weight * Support
A	0.5	0.6	0.3
B	0.75	0.3	0.225
C	0.75	0.4	0.3
E	0.75	0.3	0.225

利用频繁 1 - 项集,可以产生频繁 2 - 项集和频繁 3 - 项集;利用以上所产生的频繁项集,就可以得到所有的关联规则。假如设置信度阈值为 0.65,即 $minconf = 0.65$,那么产生的所有关联规则如表 5 - 6 所示。

表 5 - 6　产生的关联规则

Association Rule	Confidence
A = >C	1
B = >C	2/3
B = >E	1
C = >A	1
E = >B	1
E = >C	2/3
B = >CE	2/3
E = >BC	2/3
BC = >E	1
BE = >C	2/3
CE = >B	1

以上模型验证结果证明了改进后的算法对权重较大的项和项集具有敏感性,显示出对挖掘重大犯罪行为的关联规则的有效性。

综上所述,基于新犯罪敏感性和基于权重参数的两种 Apriori 优化算法均是有效和可行的,能够解决 Apriori 算法在刑侦工作中存在的某些问题。

本节研究了数据挖掘在刑侦数据仓库中应用的一般方法。Apriori 算法通过逐层搜索的迭代方法发现频繁项目集。由于传统 Apriori 算法存在对新项目不够敏感以及忽略了不同项的重要性等问题,因而难以适应刑侦应用的需要。通过分析 Apriori 经典算法的局限性,提出了基于新犯罪敏感性参数和基于权重参数等两种 Apriori 优化算法;并通过模型验证,证明了两种优化算法的可行性和有效性,可以解决传统 Apriori 算法在刑侦工作中存在的问题。

5.4　本 章 小 结

随着犯罪信息的数字化和网络化,在现代刑事侦查及公安工作中,利用数据仓库与数据挖掘技术进行侦查破案,运用系统科学优化数据仓库以及多层多目标交互式决策建立和优化数据仓库等,显得越来越重要;而将数据挖掘技术这门新兴科学有效地应用于刑侦工作不但是顺应潮流,而且是目前公安工作现实斗争的迫切需要。在我们实际的刑事侦查工作中,各地区一线的刑侦部门已经积累了大量的刑侦档案文件,这些数据通过刑侦数据仓库的模型设计,实施其跨平台的海量数据的信息整合和数据挖掘,然后就可以获取大量的有用知识,这些知识不仅对于刑侦研究还是对于一线的刑侦工作都具有非常深刻的科学理论意义和重要的实用价值。本书针对刑侦档案数据,对刑侦数据仓库模型设计和数据挖掘进行了初步的探讨,同时,面向刑侦数据仓库,给出了刑侦数据挖掘的系统框架及挖掘方法。我们将针对刑事侦查研究与实际工作中的一些实际问题,在未来的研究中,逐步完善试验平台,结合科学技术的发展,尝试给出不同的解决方案,进一步深入研究相关算法在实际中的应用。

第六章　大数据时代刑事侦查的创新和思考

6.1　大数据与侦查思维创新

6.1.1　数据与侦查

侦查,是国家法定的侦查机关和侦查部门根据国家刑事诉讼法关于"打击犯罪与保护人权"相结合的中心任务和指导思想,依照国家有关刑事实体、程序法律,在刑事诉讼活动中开展的查明案件事实、收集有关证据、依法证实犯罪、查控缉捕犯罪嫌疑人等专门调查工作和采取的强制措施的总称。

侦查是国家宪法和其他法律法规明确规定并赋予有关机关的重要法定职责,只能由法定的侦查机关和侦查部门来行使,其他任何行政机关、社会组织和单位个人都无权行使和干涉。是国家为了维护国家和社会安全,良好公共秩序,公民人身、财产等合法权益,体现统治阶级意志,而开展的针对犯罪行为的专门专业活动。根据我国宪法和刑事诉讼法的有关规定,国家安全机关、公安机关、检察机关是侦查机关,分别在各自的法定权限范围内依法行使侦查权,对各自管辖范围的各类刑事案件进行立案调查,开展分析研判和侦查活动。对军队内部发生的有关刑事案件是由军队安全保卫机关来统一进行侦查,监狱对正在执行刑罚的罪犯在监狱内的实施的有关犯罪行为有权立案侦查。

侦查活动的本质和基本任务是及时发现犯罪,预防制止犯罪,揭露证实犯罪和依法准确将犯罪分子缉捕归案。侦查技术是将现代科学技术手段广泛应用于揭露、证实犯罪和查获罪犯等领域,有效提高侦查工作质量、效率和水平的专门工作。一般包括在侦查工作中辅助观察、固定、记录、提取、保存、传递、分析、鉴定、应用证据及证明效力的各种科学技术手段。目前国内侦查工作运用的侦查技术主要有照相摄像技术、文件检验鉴定、痕迹物证分析、生物理化检验、地理特征测试、电子侦查取证、情报研判技术、语音识别技术、面部特征识别技术、空间测绘技术等专门技术类别。

侦查技术手段根据所承载的功能和表现出的社会特征,可划分为:

1. 勘验检查技术是侦查主体对侦查客体的性质、状态、形成原因及与违法犯罪的关系等方面进行全面细致观察检查的专门技术工作,可细分为痕迹勘验、物品检查、枪弹痕迹检验、尸体解剖检验、人体损伤检查、犯罪物品检验等具体技术内容。

2. 侦查记录技术是侦查主体对侦查客体、客观对象的空间位置、存在状态及性质特点等内容进行客观、准确的描述记录和依法固定的技术工作,例如:对犯罪现场的照相、录像工作,现场空间的平面立体测量工作,周围情况的走访记录工作等技术内容。

3. 检验鉴定技术是指刑事诉讼专门工作中,侦查机关为依法查明案情,对案件中的专业性问题进行鉴别认定的专门技术工作,具体可分为真伪性、mA鉴定、同一性鉴定、种属性鉴定等技术内容。

4.侦查数据信息技术是指服务支持侦查工作的各类数据资料检索,情报信息的传递反馈,专门保密通信技术等内容。

侦查技术构成了侦查工作的主要内容,是决定侦查工作成败的基础和关键。没有侦查技术,侦查机关开展的各项侦查工作将成为无源之水、无本之木。而侦查机关的专门侦查工作和应用的全部技术手段,从本质上来看,都是由数字、数据、符号、图形、代码等内容所构成。也可以说,数据是侦查工作各项内容的组成部分和基础前提,侦查工作的基础在于数据,关键也同样在于数据。对数据占有分析应用的范围越广,内容越丰富多样,分析挖掘越透彻深入,就能为侦查工作带来更为准确及时的侦查线索、详细可靠的证据材料、科学高效的侦查决策,也就可以帮助侦查机关准确及时查明案件事实真相,真正做到不冤枉一个好人,也绝不放过一个坏人,确保法律的正确有效实施,推动侦查工作的科学更好更快发展,实现有效预防违法、准确打击犯罪、维护保障公民法益的根本目标任务。

6.1.2　小数据时代的侦查

侦查活动是侦查机关以刑事犯罪案件为目标,通过侦查策略和专门手段,发现收集犯罪证据,及时制止、揭露证实打击犯罪的特殊性、专门化社会活动。侦查活动作为一个整体性的逻辑系统,有其内在的发生发展和演变趋势规律。侦查机关组织开展的各项专门、专业化工作,从本质上来看,都是由数据信息所构成的,数据信息是确保侦查活动依法有效开展的基本单元和组成要素,缺少数据信息的全面充分参考支持,侦查方向难以确定,侦查范围难以划定,侦查措施难以实施,侦查工作难以进行。小数据时代的侦查,一般体现出以下特点:

(1)数据采集抽样化

侦查机关由于工作装备计算机运算、存储能力,数据处理传递效率,工作整体科技信息化水平等方面的发展不平衡,侦查机关在20世纪八九十年代所组织开展的侦查专业工作,一般主要通过公开走访、深入摸排、现场勘查、询问群众、调查取证等方式来开展相关侦查数据信息的采集固定工作。随着计算机、互联网等现代信息通信技术设备的普及应用,侦查机关将早期主要侦查案卷、纸质档案、索引卡片等数据资料信息的记录方式,逐渐更新为计算机自动化采集、录入、存储、使用。随着侦查机关办案系统、网络监控视频系统的广泛建设应用,现场勘查绘图,讯问询问录音录像,有关图片视频等半结构化、非结构化的数据信息迅猛增多,传统的侦查数据范式和具体工作体制机制,已难以真正满足大规模、巨量级专门工作数据信息的存储研判应用,体现出小数据时代侦查工作数据抽样化的显著特征。

(2)数据质量精确化

小数据时代,由于数据信息采集、存储、传递、分析、运用技术手段的局限性,难获取占有某个研究工作客体对象的全部数据信息,为避免数据信息量少、内容单一、范围较小等带来的无法全面充分反映侦查工作事实,为侦查科学决策提供准确参考的弊端,侦查机关一般采取通过尽可能地提高数据质量的精确度,来为侦查工作提供有益参考借鉴。但无论侦查机关采取什么样的抽样化采集分析和统计办法,抽样都只能是抽样,决定其他数据只能"被代表",传统小数据时代侦查数据的以偏概全,永远无法代表数据信息的全部。侦查机关一般综合应用数学、物理、化学、生物等技术工具方法,通过计算分析、理化实验、成分检验、生物显现等方式,提高数据质量水平,体现出侦查数据质量的精确化特点。

(3)数据作用因果化

侦查工作方法论里一个重要的指导原则是要遵循整体性原则,开展整体性研究和把握,是指侦查机关和部门通过运用系统整体论去分析把握事物发展变化规律的一个基本原则。这一原则主张把侦查客体对象作为一个有机联系的整体,从对象构成的要素、关联、因果等方面来分析把握。侦查工作中运用系统论的整体性原则,是把侦查系统分解为侦查主体、侦查客体、侦查对策、侦查手段、侦查情报、技术装备等子系统,每个子系统又由许多要素的引起与被引起构成,侦查活动就是收集汇总若干子系统与诸引起与被引起要素之间的逻辑演绎关系。实际侦查工作中,侦查人员往往按照因果关系,只收集与侦查工作相关的数据信息,而对于其他形式内容上无关的数据则一般不予关注,甚至丢弃不予保存,体现出小数据思维方式下传统侦查工作十分关注数据作用因果性,而没有重视利用数据内在关联性的思维方法论特点。

6.1.3　大数据侦查思维创新的路径

深入分析和全面把握人类科学技术文明发展的历程可以发现,从最根本上来说,是以思维、范式不断创新的科学方法论去感知、描述和解释客观事物存在变化的规律特点,努力实现思维与存在哲学层面的有机统一。从事大数据研究的权威专家、英国学者维克托·舍恩伯格认为,所谓大数据思维,它是人们的一种意识,认为通过数据的及时公布和科学恰当的处理应用,就可以为千百人遇到的急需解答的问题提供答案和依据。就当前大数据与侦查哲学方法论的交叉研究和批判反思角度来看,大数据侦查思维创新的方法论路径主要有以下几点。

第一,把握数据的集合性

大数据是未来网络信息社会的表现形式和主要载体,本质上是各类数据信息的科学集合。这一集合的范围到底有多大,许多学术观点和发表的文章都用了"海量"这个词来概括和表达,用来形容大数据立体化的数量、深度和广度,就像大海一样的浩瀚漂缈、无边无际。而现实生活中的大海,通过航海技术、测绘技术等数据采集手段,大海的各项数据指标都是可以收集获取的。随着信息技术的发展应用和现代网络信息技术手段的广泛普及,以2013年为例,世界采集存储的各类数据资料就已高达1.2ZB之巨(泽字节,是用以表示数据的量为十万亿亿的字节),如果进行形象生动比喻的话,这么多的数据如果把它们全部记录在册,这些资料的平铺面积可以覆盖整个美国约加余次;如果把这些数据刻录存储在激光存储盘上,这些光盘如果可以被堆成5个柱状物体,每个光盘柱的高度都可以延伸远达月球的表面。有计算机、数据信息方面的研究专家认为,自人类社会萌芽建设以来,从来没有在哪个时期和年代出现过如此大规模的数据大增长、大积累、大爆发、大传播。不管如何对数据进行量化、比喻式的表达,归根到底数据体现出的是集合的无穷性。大数据的"大"字,其范围指称的就是无边无际的数据广度和无穷无尽的发展深度,只能通过大脑想象或早已超出了人工想象。大数据的集合化,还决定于人类的认知水平和技术工具能力。数据认知和数据分析处理技术提高到什么程度,对数据信息的理解把握才能扩大到什么程度。大数据的大不是简单的规模大,不仅是数量上的简单累积和堆搁。集合性还体现出大数据之间的结构性、联系性、整体性。例如植物学界关于各类植物生长进化规律的研究,如果研究人员只是简单机械地记录地球上每类植物的年生长状况,这个数据虽然规模较大,准确性也较高,但从本质上来看,却基本都是没有逻辑和价值化不大的简单初步积累。如果研究人员能够详细准确记录每类植物的季节喜好特点,栽种区域,植物的种类区分和生长龄,当地气候的季节变化和周边生态环境对植物的作用影响等各类数据信息,这个数据可称之为大数据,也就初步具有了数据"大"的集合性特点,通过数据的不断集合和相互作用影响,所能提炼产生的参考决策价值也不断提高。

在侦查专业领域中,例如对犯罪嫌疑主体的通讯情况进行依法调查了解的过程中,如果只是记录掌握犯罪嫌疑主体通讯联络的每个相关对象的时间、内容等信息,其辅助侦查的参考价值就较为有限。如果能够发散思维、拓展范围,同时对犯罪嫌疑人主体的书信、电话、网络、活动轨迹的综合联络数据信息及案件前后的行为表现特征、密集化行为庭向予以全面采集存储和分析研判,这个数据就具备了大数据思维的整体性、集合性特征,也许就能够出其不意、攻其不备、取得奇效,从中快速研判获取新的线索启发,迅速锁定抓获犯罪人,及时查明案件事实,依法准确地惩治打击犯罪,有效避免侵犯公民法益情况的发生。

第二,认识数据的本体性

数据一般可以理解为事实的客观存在,在拉丁语中是已知的含义,数据代表着对某个事物外在表现和内在规定性的描述。大数据的"大",是由万物皆可体现为数据,或者说一切皆有可能进行数据化所表征的。首先要明确数据化与数字化的重要区别。所谓数字化,是指在计算机信息技术应用中,把模拟数据信号转换成计算机可以识别提取应用的,以0和1来记述表达的二进制的符号代码。例如:侦查机关建设应用的电子信息化侦查办案系统,把传统的纸质案卷和各类法律文书、流转程序全部录入到了预先设计的计算机系统,进行自动化的运算,这就是数字化转化的应用结果。而数据化,是在数字化的基础上,进一步认识数据本体性的根本属性,是把传统的数字化数据信息拓展为包含各种数据信息类型、属性各异的大数据进程。数字是基本描绘,数据是科学认识,从逻辑上看是过程性与综合性的考虑,能够更加全面准确地体现数据信息内在的逻辑结构和信息要素。社会生活中的全部行为人主体也可以被视为是一个本体数据产生源,每个行为主体的个性化行动方式方法,时时刻刻都在产生源源不断的数据信息,进行着人与人、人与其他生物、人与计算机网络信息终端之间的数据交流交换。仅就人体本身来看,身体的每个部位都可以产生数据并进行数据本体化的转变。例如:日本科学家在开展汽车高科技产业的研发过程中,在汽车的部件上安装设置多个人体工学动态传感器,即时采集存储传谨驾驶人的乘坐姿态、靠背姿态,将驾驶人对汽车驾驶员座椅施加的作用力进行数据化,准确有效识别是否为汽车主人或允许驾车人的身份,通过对驾驶人及共同乘车人的眼睑动作、头部角度、制动距离等数据的采集分析,及时预警可能发生的疲劳驾驶、追尾事故、单方侧翻事故等具体道路交通危险因素等级,做好减少给油、控制车速、振作精神等自动安全提醒,有效预防道路交通事故的发生,减少人员的伤亡数量。挪威科学家通过手机自动感应装置,自动收集分析持手机人走路时的步态、步幅,以识别是否为手机主人,作为手机解锁的安全识别系统。美国研究人员为手机装置医学仪器,时时监测身体器官运作和血液循环状况,有效预防心血管、神经系统等相关疾病。美国苹果公司的前CEO乔布斯在得知自己罹患癌症后,自费投资大数据技术研究,将身体基因数据进行了全面统计分析排序,根据数据特征状况进行精确性给药治疗,将自己的生命延长了几年的宝贵时间。在侦查专业领域中,侦查工作对象的社会交往、生活状态、行为方式,都可通过数据的形式和载体被全面客观记录,人体情绪的变化如呼吸,汗液,心跳,脉搏,血压,皮肤电阻,手掌、手指、声音的纹路,地方语言、语速等各类数据,都可以被大数据所收集和掌握,可以帮助侦查实践工作去伪存真、指明方向、及时破案。大数据本体性的思维方式特点帮助人们认识到世间万物无论静与动、有形与无形,都是皆可数据化的,大数据在某种意义上可以视为社会客观存在的本源,万物皆可由数据来构成和表征。

第三,坚持数据的全面性

大数据的"大"不是传统意义上面积、体积的大小,而是指种类范围的"大"、全数据模式的"大",也就是说要求收集占有相关研究事物的"所有"的数据信息。例如:全国性的经济普查、人口普查等大范围的数据收集工作,一般是通过问卷、走访、层级上报等形式,调查统计经济社会发展指标,人口基数及社会分工结构的组成,能够把相关电话、问卷调查扩展到全国13亿多人的范围,这就是大数据的"大",如果由于各种条件的局限,调查的人数只有几亿人口,这个就不是大数据的"大"。调查了解一个客观事物,只要是把有关于该事物的数据资料全部收集汇总好,也就是实现了"大"的要求。小数据时代,由于社会资源和技术手段条件的局限性,一般获取的调查统计数据信息是通过系统抽样、定量抽样、分层次抽样等随机采样调查的方式得到的。人们为了避免抽样调查取样的以偏概全,难以客观反映和全面代表某种事物的全貌特征,只能尽最大努力地提高抽样数据的准确度、时效性,所获得的采样分析效果可以作为参考,但却存在着无法避免的先天性缺陷,例如:抽样样本无法保证绝对客观随机,众多重要数据信息容易"被代表",重要细节易被忽略不予关注,以及抽样调查中还容易受具体承办人员主、客观因素、条件等方面的影响等,都会造成抽样调查数据的不够准确,难以代表大数据的全面性。大数据创新思维的变迁和大数据时代的迅速到来,推动了数据信息采集存储处理应用技术的量变和质的提升,帮助人们在未来经济社会发展和科学技术研究事业中,能够有更充分的条件和强大的能力对各类大数据信息进行全面科学处理和高效充分的利用。大数据思维的全面性,根本要求是针对对象事物或某个事件,要及时收集获取与该事物、事件息息相关的所有数据信息,拒绝、避免抽样采集、蜻蜓点水式的有限数据资料。

在侦查专业领域大数据思维全面性的理念树立和实践中,美国波士顿爆炸案是个著名的大数据侦查的经典成功案例。2013年4月美国马萨诸塞州的波士顿市,在举行马拉松比赛的过程中发生了造成3人死亡、260余人受伤的恶性爆炸案件,当地警方迅速开展案件侦查,及时调取案发地周边全部监控视频数据,收集附近各个街区广大居民私人拍摄、录像终端的图片视频资料,通过对与案件有关的海量数据的全面占有及现场数据采集鉴别比对,仅用时3天时间就迅速缩小范围确定了爆炸案犯罪嫌疑人的图像特征,对后续确认嫌疑人身份,明确侦查方向和成功抓捕嫌疑人发挥了至关重要的作用。比如,我们分析研判某个地区侵财犯罪的现状及趋势发展,一般习惯于分析汇总该地区此类案件的近几年立案、破案数据,从中发现规律特点为决策提供参考。如果按照大数据全面性的思维要求,仅仅分析上述数据还远远不够,还需要将该地区所有侵财犯罪案件的发生时间地点、手段工具、销赃渠道、转运途径,以及被抓获惩处的犯罪嫌疑人的个人资料、前科情况、社会交往,能否串并案侦查等数据信息和工作资料全部掌握。一般认为,与侦查对象直接或间接相关,可能对案件分析研判产生关联作用影响,能够有效采集存储、分析利用的各类数据信息,均属于大数据"全面性""所有"的概念范畴要求。当前,对于侦查工作大数据的采集应用还受限于特定操作环境主客观条件的限制,依赖于人们的知识实践和认识判断,还未形成一个科学严密的哲学思维逻辑范式。强化和坚持大数据的全面性思维特点,深入开展大数据与侦查哲学本体论、方法论的批判研究,指导侦查科学、侦查技术、侦查系统工程的科学建设,是当前研究思考的重要课题内容。

第四,体现数据的价值性

大数据之所以在近年来越来越受人关注,原因是取决于它潜在的巨大的社会与经济价值。2012年,美国政府就通过官方途径将大数据的地位上升为"未来国家发展的战略新能源、新石油、新动力",认为一个国家或地区的综合竞争力中将越来越多地体现为一个国家占有数据的规模,以及大数据认识、规划、解释和利用的能力。国家对于大数据的占有利用突出表现为一种数字主权,这是对关系国家安全和经济社会发展的重要大数据信息的完全占有和有效控制,数字主权将成为继领土、领海、领空主权之后,另一个大国博弈的重要平台和广阔空间。现实社会生活已逐渐并将更加充分地证明,在不远的将来,大数据将广泛普及并深刻影响人们生产生活的各个方面,在节能减排、环境保护、统一标准、提高效率乃至国家和地区公平角逐和竞相发展中发挥举足轻重的作用,将深刻影响改变人们的思想认识、价值标准、知识结构和工作生活方式。就侦查专业领域来看,侦查工作中对于各类侦查对象信息采集、加工、存储、传递、应用的过程,所体现的就是对于侦查数据的收集把握。侦查机关和部门的每一项工作都在制造数据、存储数据、利用数据,同时在未来的侦查实践中也更多地依赖并受益于侦查大数据。大数据是侦查的基础,对于侦查工作具有决定性的意义与价值。如果离开了数据的参考与支撑,侦查工作将难以开展甚至无从谈起。侦查实践具体工作的开展都要建立在大数据的基础上,在大数据的参考指导下有效完成。

6.2　数据认知与案件事实认定

6.2.1　数据与科学认知

近代西方欧洲哲学发展历史上延续达二百多年的经验论思想与唯理论思想的论辩,是人类科学知识、科学认识文明发展史上的一个重要的代表性问题,从总体看来,经验论学派和唯理论学派,都曾为人类科学文明和科学认识的发展作出了重要贡献,对后来科学技术哲学的发展有着深远的影响力。两个学派深入探讨关于科学认识论的诸多问题,包括了像认识的对象是什么、认识的途径和来源有哪些、检验科学真理的标准依据是什么等内容,同时还思考探讨了哲学的其他方面问题,如世界的统一性存在的问题、物质的属性、事物的运动变化发展的问题。科学知识的来源是什么,或者说科学认知的途径和方式有哪些,这是近代科学技术哲学和科学研究发展领域深入反思、激烈争论、进行批判的重要问题,主要分为经验论和唯理论两大理论派别和学说思想。两种学说派别争论的焦点,从最根本上来说,就是对于科学真理的认识起源问题和实现途径问题的争端分歧和斗争上。也正是因为有了这种斗争与分歧,人们也越来越深刻地认识到感性认识与理性思辨的矛盾发展关系,从而也更加深化了科学探索和社会实践中感性与理性的认识。

从广义上来看,经验论和唯理论思想都有比较深刻丰富的思想文化渊源。比如:古希腊原子论思想的代表人物德谟克利特主张的"影像说"观点,与古代哲学的重要奠基人柏拉图提出的"回忆说"观点,到欧洲中世纪经院学派哲学思想中的"唯名论"与"唯实论"的激烈争论,都具有经验论思想与唯理论思想的性质和影子。具体来看,经验论学派非常推崇凡在理智中,就无不在感觉中的指导思想原则,主张一切科学认知和客观规律的把握都是源自人们内心的认识和经验判断。没有感觉经验就没有科学的认识,感觉经验就是科学认知唯一正确和非常可靠的途径来源。

如何区别经验论学派思想和唯理论学派思想,其标准就是看其如何看待和回答关于科学认知的基础和来源途径的问题。一般认为能够坚持科学认知来源于人们主观经验感觉的,是属于经验论者;认为科学认知源于理性思辨的,属于唯理论者。同时也要注意,经验论思想与唯理论思想在其他领域方面的问题争论分歧,是不能成为二者区别的根本标准的,比如:关于认识对象的问题,知识是否具有可靠性的问题,是否承认感觉、知觉、理性作用的问题等。相反,在上述问题的某些方面,反倒是相互影响、彼此包容、共同促进的。经验论学派和唯理论学派都不否认人既可以通过感性经验获得认知体验,也可以通过理性思辨获得规律把握,两个学派只是在争论什么样的认知才是科学可靠的,才能划归真理认知的标准和范围。正在迅速兴起的大数据本体论、认识论的哲学革命提出了不同于以往经验论或唯理论的新观点,认为要超越传统小数据时代经验或理性的因果关系问题思考,大数据的到来让"相关比因果更重要",我们只需要知道"是什么",而没有必要事事都刨根问底地知道究竟是"为什么"。大数据哲学思想的新理念让数据正成为新时代科学认知的重要标准和基础来源依据。

6.2.2 数据认知与事实认定

现代科学技术哲学思想的研究发展过程中,科学认识的活动规律,科学发展的逻辑变化轨迹一直被人们特别地关注重视和进行深入的思考追问。当代著名的科学家哲学家卡尔·波普尔提出当代科学认识论的主要目标就是批判反思科学知识的产生和增长问题,他本人对于科学知识的增长问题也作出了创新且富有新意的哲学思考判断。大数据时代主张提出的攫辑客观数据主义的新认识,让侦查工作的事实认定能够建立在大数据科学认知的客观基础上,成为侦查事实准确认定和依法有序开展侦查活动的重要哲学前提和思想来源。

(1)数据挖掘:事实认定的基础

数据挖掘,其思想最初源自于模式鉴别,机器自动处理,统计需求和数据库建设等数据计算运用的具体实践活动。随着信息技术的迅速应用发展,人们对数据信息分析应用的种类、规模和广度、深度都在不断深化。

互联网的出现和应用又大大增加了数据的数量,加速了数据传播的速度,大大拓展和扩大了数据应用的领域范围。以商业界为例,他们以电子商务为媒介工具,通过市场驱动和创造利润的角度,进行了大数据挖掘的有效探索,美国亚马逊电子商务公司很早就启动了关注整理挖掘每个顾客浏览网页,关注商品信息的偏好、需求等所有行为数据信息的收集分析工作,也包括对顾客的上网行为、浏览习惯、链接点击、搜索操作等内容。大数据学术研究者开始思考如何从规模宏大的数据海洋中获取目的需求的科学认知,参考知识和有效信息。数据挖掘在早期较长的时间里一般被称作"基于数据库基础上的知识新发现",也有的将数据挖掘翻译为数据探勘、数据采矿、数据掘金等称谓。数据挖掘所体现出的是从浩瀚的数据"海洋"或广阔的数据"沙漠"中,通过运用数据科学的工具方法,深入分析探究科学认知、科学知识的逻辑过程。人们比较普遍的对于数据挖掘的概念定义为是一种从存储大量数据的资源库中分析整理归纳提炼出内在隐含的、先前未知的且有巨大潜在价值知识信息的过程。数据挖掘通过以海量数据为基础，通过对数据的分析建模，发现把握隐藏在数据背后的模式规律和微妙关系。数据挖掘的开展有两个抓手和着力点，一是对数据的描述性分析，以此总结过去，发现内在规律；二是对数据的预测性分析，面向未来，预测趋势发展。

数据挖掘从技术层面来看，是从大量数据信息仓库中提取所需要的信息的过程。从社会层面看，是从大量社会与个人行为数据信息中，提取可以辅助开展社会治理、商业营销、行为引导的关键参考性数据的过程。数据挖掘的基本过程主要包括了挖掘的准备，规律的寻找和认知的表达等三个逻辑阶段。挖掘的准备是依托相关数据源，选取所需数据并整合为可进行数据挖掘的数据集合；规律的寻找是运用专业方法将数据集合中所包含的内在逻辑规律提炼出来；认知的表达是以用户可知晓理解的方式将提炼的规律、新的认知体验记述表达出来。同时还需注意的是，并不是所有的信息发现都是数据挖掘的范畴。如利用数据库系统或互联网搜索引擎查找关键词或特定页面的行为，就属于信息检索的手段而非严格意义上的数据挖掘整理分析。

传统小数据时代运用抽样、实验，经验判断的工具方法收集数据难以代表客观全面，导致侦查事实认定可能存在偏差错误甚至造成冤假错案等重大损害后果。大数据时代的侦查事实认定是建立在客观自然条件下采集存储的海量数据信息，获取科学认知和开展事实认定之前，人们对各类纷繁复杂的数据信息并没有任何目标或目的性，只是在组织开展具体侦查活动的过程中，为了探究某个事实的内在真相，揭开某个神秘面纱，才制订侦查工作方案，依巧大数据资源合库，通过数据挖掘的工具方法，从中发现可以辅助服务侦查工作实践的内在规律性、富有价值性的资料和认知，如果通过开展小数据与大数据时代横向比较的话，可以发现小数据时代的人们是先明确目标后采集运用数据，而大数据时代是充分占有各类混杂性的海量数据信息，后根据各种研究目的，依托大数据开展的各种数据挖掘、预测、应用的专业活动。大数据框架内的各类数据资源更具客观真实性，通过数据挖掘的方式就把科学认知或具体的侦查事实认定建立在了客观、真实、海量的大数据上，就像波普尔所主张描述的"科学客观知识"数据信息世界的基础上。

（2）数据预测：事实认定的核心

数据科学这个命题的提出，距今已历时约30年左右的时间，其发端最早源于计算机科学研究的不断深化，是在1960年由彼德·诺尔提出的。数据科学这门新兴的学科涵盖涉及了多学科领域的认知成果，具体来说包括了数学、统计学、高速运算、数据建模、存储传输等学科理论和技术内容。具体从事研究实施的人员被称为数据工作者或科学家，他们是从事数据科学研究，遵循基本学术道德，运用所掌握的数据科学技能来全面系统研究分析解决专门数据理论与实践问题的科学共同体。数学科学的发展目的是为了从数据信息中发现把握新的规律，获得新的科学认知，让数据信息释放出新的价值。

大数据为数据成为科学，开展事实认定提供了一种客观基础和逻辑方法。大数据哲学的研究发展，形成了逻辑数据主义的数据认知新思想，从科学技术哲学的视野出发，也就是由科学始于观察，到科学始于经验，再到当今大数据时代哲学思想中科学始于数据的不断进化发展完善的新思想，让侦查工作的事实认定有了新的哲学思想建构和科学行动指南。数据认知基础上的事实认定，就是一切从客观实际出发，将侦查工作中的事实认定完全建立在海量的、客观的、真实的、不被人为主观因素影响干扰的数据认知的基础上，既消除了逻辑实证主义将科学认知建立在少量抽样数据的先天不足的局限性，又避免了逻辑经验主义波普尔式的漫无边际的各种主观推测。大数据时代的科学认知，帮助人们理解世界不必再是"建立在假设的基础上"。人们不用再预先设计模型，提出理论假设，只需要通过建立在大数据基础上的科学分析，提取出符合目标任务的各类知识，予以归纳总结使用即可。大数据时代的到来和大数据哲学的兴起，让科学认知增添了一条新途径，也成为侦查专业领域开展事实认定的逻辑新通道，这就为建构在大数据基础上的数据挖掘，开展行之有效的数据预测提供了依据和可能。

通过数据挖掘，人们可以总结过去，科学把握事物发生发展的规律，在全面准确掌握科学规律的基础上，人们就可以开展大胆富有创造性的科学试验和数据预测。建立在数据相关关系逻辑基础上的数据预测是大数据的核心。大数据的真正目的就是要通过科学数据预测来实现对未来发展的计划和掌控。通过数据挖掘，把握科学规律是开展数据预测的前提和基础，从科学哲学的历史发展来看，主要通过科学归纳的方法来把握科学规律，科学归纳法又可细分为完全归纳和不完全归纳两种方法。完全归纳法由于涵盖了所有的数据信息资料，因此具有更加显著良好的真实性、准确度和可参考性。而不完全归纳法由于只是通过抽样调查、局部剖析等方法，依据的数据信息资料还不完全具备很高的准确性，而是具有了更多的或然性和不确定性，在此基础上所总结归纳得出的结论也就只能作为参考可能性了。大数据哲学方法论，近乎涵盖了全部数据信息资料，数据仓库里存储的各类混杂数据可以在当前的数据采集存储应用技术条件下说就是数据的全部和整体，人们把握科学规律，获得科学认知，可以全面建立在"全数据模式"的基础上。大数据的科学归纳法已非常接近和类似于完全归纳法，在当时的条件来具体判断的话，归纳是具有客观性和确定性的，可作为科学认知和事实认定的参考依据。同时，还要注意的是，大数据哲学、科学的研究应用发展是与时俱进，不断发展的，所以只能是接近或近乎完全归纳法，但还不是真正意义的完全归纳法的逻辑范畴。随着数据信息资料全面性、客观性和准确度的提升，所归纳总结把握的规律科学性、确定性也随之增加。建立在大数据基础上的数据预测，有效融合了不完全归纳法的可操作性特点，又吸纳了完全归纳法的可靠性特点，形成新时期信息社会发展的一种科学方法论。数据预测分析不是深入探析数据信息窥探公民的个人信息，不会侵害公民的隐私权等合法权益。

数据预测是从数据海洋中获取需要的信息，从数据矿藏中提炼有用的资源。从侦查专业领域视角看，大数据的核心要义就在于全面充分运用物联网、云计算等先进数据收集、计算技术，做好各类数据信息的收集存储和分析应用，通过建构智能数据工具模型，对占有的海量数据进行深度数据挖掘分析，从而为侦查实践工作提供精准预测和科学参考，服务好侦查决策和案件事实认定。

6.2.3　数据认知视角事实认定的路径

确立大数据侦查哲学理念。当前，社会瞬息万变，经济快速发展，面对大数据的"滚滚春雷"，侦查机关和侦查部门要高度重视、提高认识，应势而动、顺势而为，努力把握形势发展变化，不断强化与时俱进、开拓创新精神，树立大数据视野下的侦查哲学思维和数据认知是侦查工作科学认知的发展理念，把大数据侦查哲学思想、大数据侦查科学思想、大数据侦查技术应用、大数据侦查工程建设等方面有机统一，科学指导服务侦查具体实践，推动侦查整体工作的更好更快发展，主动回应社会发展的新要求，维护公平正义和公民法益的新期待。要深入开展大数据环境下的侦查工作体制机制创新和理论技术的研究应用，把大数据贯穿于全部侦查工作的始终，努力下好先手棋、打好主动仗、赢得主动权，抢占大数据侦查工作信息化建设的制高点，主动接近大数据，广泛应用大数据，深入探索寻找开启大数据侦查哲学之门的钥匙，让侦查工作与大数据发展同频共振、共同成长、整体推进，实现侦查工作查明案件事实、依法证实犯罪、维护公平正义、保障公民法益的任务目标。

加强数据基础和计算建设。2003年，国家有关主管职能部门就以国家信息化领导小组名义，联合下发了《关于加强信息安全保障工作的意见》，就数据信息系统建设和安全保障工作提出明确要求。结合侦查机关和有关侦查部门实际，就是要按照法定侦查机关和有关侦查部门的职责要求，建立全国统一的侦查工作系统的大数据基础和计算应用平台，在基础数据信息采集存储、整理传递、分析应用的过程中，注意按照数据信息的种类分门别类，同时高度重视硬件、软件和网络安全工作，认真制订和及时完善大数据信息安全应急处置工作预案，充分考虑自然灾害、人为破坏、程序缺失、病毒侵犯等各类突发情况，科学规划选址做好跨地域侦查数据备份中心建设。建立健全侦查数据信息采集录入机制，制订各类数据信息的资源共享权限等级，互换数据动态，互相备份共享，把以往侦查工作中存放在档案室，还处在"沉睡休眠"状态中的各类侦查数据资料规范录入、全面激活、高效利用，真正让大数据辅助侦查，用事实来说话和依法查明证实。

健全数据队伍培养和工作机制。大数据时代需要大量专业的系统研发、数据挖掘、应用数学、统计计量、社会心理等方面的专业人才，目前全国各级侦查机关和侦查部门在这方面存在着认识还不够到位、机制还不够健全、专门人才还比较匮乏等突出问题。能够熟练进行侦查数据建模，大数据侦查分析应用的专业技术人员还比较少。要加强数据专家和人才培养，全面提升队伍素质能力，充分发挥大数据领军人物和专业技术人才的带头推动作用。要挖掘内部潜力，加强统筹协调，大力整合侦查机关和部门内部数据信息资源，完善大数据应用工作机制，实现传统侦查业务系统与大数据侦查系统的无缝高效衔接，努力打造专业内行、服务实战、精干高效的数据侦查人才队伍。要争取外部支持，强化数据开放共享思维，广泛收集汇总直接或间接与侦查专业工作相关的社会各类数据信息资源，争取社会各行业领域和广大群众的理解支持，形成通力协作、群策群力的社会侦查工作机制，为侦查工作的有效开展提供坚实充分的大数据基础保障。

6.3　数据伦理与公民法益维护

6.3.1　大数据的伦理学精神

大数据从最初的创生提出，到逐渐被社会多个学科和行业的关注热议，再到开展大数据哲学的反思批判，这些都有效丰富拓展了科学技术哲学的基础理论和研究范围。大数据科学的建构发展，进一步拓展了科学理论思想的前沿阵地，大数据技术的研究应用，进一步影响变革了人们的经济社会生活，大数据工程的设计实现，正帮助人们进入一个全新的智能型、学习型、创新型的社会发展阶段。科学技术是一把双刃剑，人们在紧跟信息技术革命的大数据时代浪潮，享受网络信息技术带来的新奇便捷时尚的数字化、数据化工作生活的同时，也带来了侵害隐私、贩卖信息、人肉搜索、网络谣言、网上煽动扰乱秩序、黑客攻击、网络犯罪、网络依赖成瘾等诸多大数据伦理层面上的问题。

2014 年 2 月 27 日,国家研究成立中央网络安全和信息化领导小组,下设领导小组办公室,与国家互联网信息办公室重新组建为一个机构两块牌子。国家部署强调要牢固树立和进一步强化没有网络安全就没有国家安全、没有信息化就没有现代化的科学理念,从准确把握国际国内两个发展大势出发,总体布局、统筹各方、创新发展,努力把我国建设成为网络文化强国。结合大数据时代的来临和发展实际,就是要主动适应大数据时代和网络信息发展新趋势,进一步加强和做好大数据和网络技术治理的顶层设计、道德建设、伦理规制以及行业和个人数据网络行为的监管。大数据的伦理学精神主要体现在以下方面。

(1)中性与风险

与所有的科学技术一样,大数据本身并没有贴上"真"与"伪"、"善"与"恶"、"美"与"丑"、"好"与"坏"、"积极"与"消极"等社会标签和进行积极消极评价性质的区分,关键在于掌握应用大数据的主体是谁,因主体的不同而有区别划分,并由此决定是否会带来各类社会风险。如果被社会行为主体用于提高工作效率、维护公平正义、造福人类生活、促进社会发展,此类大数据的行为就被认为是真、善、美、好和积极正面的,有利于促进社会生产力的发展和生产关系的不断完善,促进人自由、全面、充分地发展。如果被社会行为主体用于黑客攻击、网络犯罪、传播消极、侵害隐私,那么此类大数据的行为就是伪、恶、五、坏的和消极负面的,就会影响社会的文明进步,造成社会公德的缺失和人与人之间的理解信任的鸿沟,阻碍人积极向上的进步和发展,将会可能引起让人们感觉意料这外的巨大风险。

(2)数据身份权

传统意义上的身份权,一般是指公民因自然出生、死亡而获得的一个国家或地区公民的基本资格和权利义务。公民在开展经济活动、社会往来、法律行为等过程中,还会形成经济身份权、社会身份权、法律身份权等多种具体身份权。数据身份权的前身是数字身份权,是随着信息革命和网络信息技术的深入发展和广泛普及,运用网络信息和安全密码保障技术而产生的一种新型公民身份权。结合现代网络信息社会生活来看,人们在工作中运用网上办公系统,学习中注册网上学习会员,开展网上学习交流和课件资源分享,生活中注册运用公共交通、电子商务、生活旅游、相亲交友等网络信息服务过程中,都会产生多个不同的数据身份,享有诸多数据身份权利,也要认真履行文明、诚信、守法等数据身份义务。

(3)隐私与安全

隐私权是公民依法享有的个人空间的安宁,以及个人信息受保护,不被外界组织或个人非法侵扰、搜集、利用与公开的人格权的基本内容。隐私权作为一种基本人格权利,是一项法定权利。1890 年,沃伦和布兰戴斯在合著的《论隐私权》一文中首次提出隐私权的概念,最初是表现在侵权行为法的约束和规范内容中的。20 世纪中期,《世界人权宣言》《公民权利和政治权利国际公约》等国际组织相关文件均陆续规定了隐私权是人应普遍享有的一项基本权利。隐私权的主体一般是自然人,内容具有私密性和真实性,一般包括生活安宁权、通讯自由保密权、信息保密权等具体权利项目。隐私权的提出与形成普遍共识,逐步纳入各国宪法、法律保护的重要内容,这个过程是伴随着人类文明发展对自身权利、尊严、价值的体现而逐渐提出和健全的。网络信息技术发展之初,使用者往往认为网络虚拟,一切皆可匿名隐藏,所做的一切行为皆不必负什么法律和道德责任,承担受惩罚的后果,就毫无顾忌地通过网络信息手段开展病毒入侵、黑客刺探、网络犯罪、人肉搜索等违法犯罪行为,疯狂窃取入侵广大民众网络信息系统的个人信息、银行账户、隐私生活等内容,严重扰乱破坏网络秩序和数据信息安全,严重侵犯了公民正常工作学习生活的安宁与秩序,给当事人未来的社会行为造成了巨大压力和心理阴影。数据安全是大数据未来健康发展广泛应用的基础和前提保障,数据挖掘、预测分析的核心过程是要坚决反对侵害公民隐私权的行为。这是未来侦查专业研究应用领域亟待重点研究和有效解决的社会民生课题。

（4）共享与公平

在网络信息技术刚刚提出还未影响普及之前,人们对于各类数据信息,在接受服务、教育培训、联络通讯等方面所能享有的权利和内容是不对称、不均衡的。随着网络信息技术的快速发展和普及应用,以教育为例,美国斯坦福大学、麻省理工学院尝试开设了网络公开课,让全球向往学术、爱好学习的人们有了一个公开平等的在线学习交流平台。国内教育部组织开展的网上公开课,诸多大学通过内部校园网、超星网上课堂等平台,着力打造学习学术交流的平台,让人们足不出户,就可感受大学文化底蕴、拥有优秀教育资源、享受精神文化大餐,促进自身综合素质能力的不断提升,这也是教育公平、机会公平、权利公平国家政策精神的具体落实体现。大数据的发展,在公民享有的交通出行、居住保障、教育医疗、安全保障等权利条件的基础上,又增加了数据信息权,大大方便了人们的经济社会交往,及时互通共享数据信息,开展快捷高效联络,促进了人的自由、民主、平等、全面、充分的发展,这也是大数据伦理精神的重要内容。

6.3.2 数据伦理与公民法益维护

数据是对客观事物的一种度量标准和表现形式,是一种获取科学认知、把握客观规律的认识工具,人们要科学掌握运用数据这个工具,而不能被工具所控制和左右。大数据时代的到来给经济社会带来了新的变革和发展,深刻影响了人们对事物本质、发展变化及规律把握的习惯定式,为人们带来了新颖独特的科学新认知和规律新把握。但同时,大数据的伦理关注和反思批判也应纳入哲学思辨的重要内容,列为研究追问的重要议程。美国研究关注大数据与伦理方面的学者 Kord Davis 和 Doug Patterson 二人在合作的《大数据伦理学》著作中主张认为,大数据作为新时代的技术创新,像其他技术革命一样在给人们带来新的机遇与发展的同时,也对社会科学与伦理层面提出新的挑战,人们要努力在科技创新与规避风险两者间找到一个科学制衡标准,对大数据科学技术的研究应用开展进行适时有效的伦理约束与规范。伦理规制的根本出发点和最终落脚点都是为了切实保护公民隐私,维护公民合法权益。具体到侦查专业领域,就是在切实强化大数据侦查思维科学理念,充分运用大数据科学技术手段辅助侦查决策、科学事实认定、依法惩治犯罪的同时,还要高度重视大数据侦查伦理的研究思考,切实保护社会公民合法权益不受侵犯。

（1）规范数据侦查,维护公平正义

在经济全球化的大背景下,面对新型违法犯罪不断凸显的科技化、智能化、高端化、复杂化趋势,侦查机关和部门如何抢占侦查科学技术的制高点,通过开展大数据挖掘与数据预测,实现对与某个案件或调查对象相关的痕迹、数据、文本、指纹、图片、音频、视频等数据的全面存储应用和高效识别比对,努力实现最大化的精准分析,辅助科学决策和迅速查明案件事实真相。大数据视角下的侦查工作,从本质上来看是坚持"全数据范围"的客观视角,根据拟侦查事实和既定调查目标,所开展的大数据采集、存储、传输、分析、研判、应用的科学事实认知过程,着力维护国家司法和法律适用的实体公正与程序公正。

规范数据侦查,维护实体公正。侦查工作作为一项国家法律行为,是侦查机关代表国家开展的司法活动,主要包括危害国家安全犯罪案件侦查、经济金融犯罪案件侦查、贪污续职等职务犯罪案件侦查、军事犯罪案件侦查、普通刑事犯罪案件侦查及监狱内犯罪案件侦查等内容分类。侦查的根本任务和目标即是为了查清案件事实、依法惩治犯罪、维护公平正义、保护公民法益。作为国家司法活动的第一道程序和重要前置关口，没有依法充分准确的侦查工作材料准备，后续的提起公诉、刑事审判活动也就成了无源之水、无本之木。侦查工作是提起公诉和进行审判的前提和基础，提起公诉和进行审判是在侦查查明案件事实、抓获犯罪嫌疑人的基础上的继续和深化，整个过程是相互制约、相辅相成的有机整体，构成了国家刑事司法活动的整个过程，由此彰显国家法治权威和社会的公平正义。

规范数据侦查，维护程序公正。程序公正关系到国家法律的正确适用，关系到公民合法权益的有效维护，程序公正是侦查行为的指导思想和基本准则，不能确保程序公正，实体公正就无从谈起，只有确保了程序公正，才能为维护实体的公正打下坚实的基础，程序公正是实体公正的前提和保证，实体公正是程序公正的必然和结果。大数据视域下的侦查，是法定侦查机关和侦查部门根据拟定的侦查目标，运用大数据科学与技术手段所开展的专门调查和法定强制措施工作的总称。侦查机关的专门调查，主要指国家《刑事诉讼法》赋予法定侦查机关现场勘验、物证检查、工作搜查、侦查实验、组织辨认、追缉堵截、查询冻结、讯问犯罪嫌疑人、询问证人等法定内容。侦查工作的专门调查与一般社会调查有质的区别和不同，要求必须遵循法定严格的程序，有计划、分步骤、分阶段地稳步开展。侦查工作从本体论上来看，是由各类数据信息构成。侦查的主要任务就是为了获取各类数据信息，依法查明案件事实真相，必须依照法定权限和程序进行，努力维护国家法律适用和公民法益保护的程序公正。

全面把握数据，维护公平正义。侦查工作作为国家开展刑事诉讼活动的开始阶段。侦查机关和侦查部门在接受公民和社会组织的报案、控告和举报后，经过审查核实，认为符合部门法定职责管辖范围的，依法立案并开展侦查专业活动，通过侦查获取各类数据信息，侦查活动特别注重侦查主体制订侦查方案，实施侦查举措、运用侦查专业知识方法的科学性和系统性，又着重突出侦查阶段对犯罪嫌疑人基本权利和合法权益保护的重要性，努力把国家刑事诉讼法规定的"打击犯罪与保障人权"的根本目标任务落到实处、作出成效，真正贯穿于侦查工作的每个过程和具体环节。侦查是后续司法活动的前提和保障，而数据又是侦查工作有效开展的前提和保障，侦查机关按照大数据时代的发展要求，要尽可能地全面把握占有各类相关性数据信息资料，深入挖掘整理分析，获取科学事实认知，迅速准确锁定犯罪嫌疑人并及时抓捕归案，努力在各项侦查工作中践行数据理念、查明犯罪事实、维护公平正义。

（2）规范数据运用，保护公民隐私

全球电子商务巨头亚马逊公司，努力打造让顾客满意的个性化服务推荐系统，十分重视用户及潜在顾客的浏览兴趣、链接阅读、搜索记录、读写操作等各类数据的收集存储和分析应用，公司通过相关大数据的分析筛选，及时精准地向顾客推送宣传广告，推荐每个顾客可能感兴趣的个性化书籍和商品。这种数据服务工作一方面大大地方便了公众用户及时挑选适合自己需求的商品和服务，另一方面也把用户的个人资料、兴趣爱好、购物内容、行为痕迹、隐私特点等内容予以保存，如若信息存储不善稍有不慎就会导致数据信息的泄露，则会严重扰乱社会秩序，损害公民合法权益。

综观人类科学发展文明的伟大历程，从事科学研究探索的方法论从整体上讲，主要包括整体论和还原论两种方法论思想体系。整体论思想主张把科学研究对象作为一个有机联系、结构完整、相互影响作用的"密闭黑箱"来深入探析,整体论思想要求维护科学研究对象的整体性,不能通过打开黑箱这个整体采取解剖麻雀的方式来开展科学研究,主要方法是通过整体分析计算,输入系统命令,研究对象整体的发展变化规律和系统输入输出的整个过程,来预估推断研究对象内部整体的性质构造和运行体制机制。还原论思想是自然科学研究的基础方法,也称为机械还原论,是一种与整体论思想截然不同的科学方法论,主张把研究对象打开分解为若干个组成部分,通过研究剖析每个具体部分的逻辑重建,归纳整合出整个对象系统的要素组成及运行机制,形成对整个系统规律的科学描述。侦查工作的核心理念和价值追求,是捍卫国家法治尊严、维护社会公平正义和公民法益。侦查哲学方法论整体上体现出的是哲学整体论与还原论思想的综合应用。例如在面对突发事件和各类违法犯罪行为时,一般只是掌握犯罪主体对犯罪客体所造成的危害后果,具体的有关犯罪人的信息资料,犯罪动机目的,犯罪前后的活动轨迹及藏匿地点一般都无从知晓,对于某个具体犯罪案件的侦查,也可以看作是一个尚未打开和破译的立体黑箱,需要在黑箱系统的输入输出、运作机制、零散数据信息的蛛丝马迹中寻找线索、发现规律、查缉犯罪嫌疑人。同时在开展犯罪现场勘查、物证书证检验、人身物品检查、法医解析化验等侦查过程中,又要运用到还原论思想,把每个侦查工作对象细分为具体的组成部分,深入分析探究每个具体的运动变化和发展规律,以从中发现有利于侦查破案的数据信息。

6.3.3　数据伦理视角法益维护的路径

（1）树立数据法治理念

根据国家互联网络信息中心的统计显示,截至 2014 年 12 月我国网民数为 6.49 亿人,其中使用手机上网数为 5.57 亿人,网民中用手机上网人数占比由 2013 年的 81% 提升到 2014 年的 85.8%。大数据时代的变化日新月异、飞速发展,同时数据法治理念要进一步树立、数据法律法规体系要进一步健全、数据伦理道德要进一步构建。我们要以社会主义法治理念为科学指导,切实强化时不我待的紧迫感和锐意进取的开拓精神,用大数据皙学思想指导促进数据法治理念的构建与践行,不断丰富数据法治的基本内涵和内在要求,教育引导政府部门、社会组织、公民个人一体遵行,共同维护,努力营造崇尚法治精神、科学数据运用、服务经济社会发展的良好氛围。要结合侦查专业工作实际,切实做好大数据侦查法治理念的教育引导,进一步强化侦查机关和部门工作人员树立法治理念、践行法治要求、履行法治义务的能力水平,以实际行动维护国家法治的尊严与权威。

（2）健全数据法律体系

德国被认为是世界上非常重视数据安全的国家之一,早在 1970 年,德国黑森州就制定颁布了首部地方性的数据保护法,1977 年,《联邦数据保护法》迅速制定公布,迄今已经历过3 次修订完善,该法对促进信息产业发展,保护主体数据安全发挥了重要作用。早在 2012年,我国也颁布施行了《全国人民代表大会常务委员会关于加强网络信息保护的决定》,明确了国家网络信息保护的法定职责和具体规定,为大数据时代的网络信息安全和个人信息的保护提供了有力的法制保障。在未来的社会发展中,要按照全面推进依法治国的要求,以建立健全国家大数据法律法规体系为总抓手,切实加强数据立法调研,广泛开展对外学习交流,借鉴国内外大数据立法先进经验,结合实际制定出台国家数据法律法规,进一步严格规范保护机关企事业单位法人和公民个人的信息资料安全,明确大数据主体的法定权利和应履行的义务,赋予数据法定主管部门必要充分又有效监督的行政监管手段,重点解决好我国大数据和网络信息安全立法滞后的问题。深入推进具有我国特色的大数据法制体系建设。

（3）完善数据管理机制

一要建立数据身份管理制度。统筹网上网下身份对应和备案管理制度，全面推动网络数据身份登记验证管理制度，进一步加强大数据的政府管理、社会监督和自我约束，严格数据信息使用过程的监管，确保数据信息的科学合理运用，杜绝数据滥用、侵犯隐私、贩卖信息等违法犯罪行为的发生。二要建立数据网络安全审查制度。对关系国家安全和公共利益的数据系统使用和重要技术服务，要把数据安全技术审查作为首要的前置程序，严格有关国家安全、社会公共安全的审查把关，重点检查数据技术产品的安全性和可控性，坚决杜绝非法获取、存储、使用数据信息行为的发生。三要推动数据信息公开共享。当前还存在着某些部门"数据垄断"、不愿公开的阻力和现实情况，期待我国法律法规和政府管理规定能够依法明确数据公开共享的规定和细则要求，为数据共享铺平道路，共同构建公开、透明、安全、共享的大数据发展环境。

（4）发展数据安全技术

大数据的安全问题源于数据技术保障的漏洞与不足，由此造成黑客的攻击侵犯和数据信息的被窃取。当前的信息安全技术环境下，攻击数据系统的成本越来越小，而安全防御的成本却越来越大，任何一个小的疏忽或设计瑕疵，都可能影响大数据系统的根本安全。大力发展大数据安全技术，要立足现有技术条件，及时修复技术漏洞，完善技术补丁。要建立符合新时期大数据发展的数据安全技术研发应用机制，充分发挥政府引导、社会参与、企业研发、市场竞争的重要作用，及时开发推出新的数据安全技术，主动防范潜在或可能的黑客、病毒的破坏攻击。比如，对于大数据的仓库存储，可否采用跨地域分布式的存储方式，通过物理隔离和全面备份的方式，避免"把鸡蛋放在一个篮子"的巨大数据安全隐患。按照安全接入、访问控制、全程记录、自动检测的要求，建立大数据研究应用自动监测记录系统，严格履行安全访问技术审批程序，配套开发强制记录技术、匿名保护技术、访问跟踪技术、使用溯源技术和数据水印技术等技术手段，有效杜绝数据信息使用过程中对社会秩序和公民个人隐私的侵犯。要不断提高数据存储仓库的扩展性、兼容性，加大安全预防、消除隐患的技术建设水平。侦查工作中针对数据信息应用的不同情况，严格审批规范授予相应数据访问使用权限和时限，全面推行数据应用黑匣子强制记录制度，加强数据信息使用的技术监管，确保侦查工作的有效开展和公民合法权益的不受侵犯。

6.4　结　　语

大数据的迅速兴起，引起诸多学科和领域的广泛研究和深切关注，作为以信息技术为主要代表的第三次技术革命发展的新阶段，大数据给人们带来了关于哲学、科学、技术、工程等诸多领域的深刻认识和诸多变革。大数据哲学思想，让人们重新审视自己赖以生存发展的世界的本原组成，认识世界的工具革新，以及改造客观事物的方法论创新。大数据科学，有效整合发展了数字科学、计算科学、工程科学、系统科学等诸多领域，推动了客观规律和科学知识内容的丰富发展。大数据技术，充分依托物联网、云计算等最新网络信息技术，正在经济社会发展和人们工作学习生活方面发挥着越来越大的作用。大数据的采集存储、传输应用、网络信息系统等工程的建设,有效挖掘整合各类数据信息,初步形成了大数据工程建设的框架和蓝图。大数据的提出和迅猛发展,与人类古代文明中对数的特别关注和深入研究是密不可分的,本书通过追溯归纳大数据的哲学渊源,深入思考数字、数学、数据与人类科学技术发展的辩证关系,提出数与人类文明发展是密切相关、休戚与共的。侦查,是国家司法行为的重要组成部分,但一直以来,大多关注的是侦查技术的研究应用,侦查科学方面虽有所涉及,但数量、深度都显单薄,侦查哲学方面的研究更是寥寥无几。面对未来国家安全的新形势和经济社会发展的新要求,侦查工作必须与时俱进,不断创新,才能有效肩负准确查明案件事实、依法惩治违法犯罪、维护社会公平正义、保护公民合法权益的神圣使命。从大数据的视角看侦查工作,从本体上是由数据构成的,侦查工作的科学方法论也是在依法调查各类数据信息的过程中形成的,数据是侦查工作的基础和前提,要在侦查中全面贯穿大数据理念精神,依托大数据组织开展好侦查工作,同时还要重点关注数据伦理要求,切实保护社会主体和公民个人的合法权益不受侵犯。